"十三五"国家重点图书出版规划项目
陕西出版资金资助项目

秦直道

QIN ZHI DAO

主编 王子今

岭壑无语
——秦直道考古纪实

张在明　王有为
陈　兰　喻鹏涛　著

陕西师范大学出版总社

图书代号：SK17N1150

图书在版编目（CIP）数据

岭壑无语：秦直道考古纪实 / 张在明等著 . —西安：
陕西师范大学出版总社有限公司，2018.6
（秦直道 / 王子今主编）
ISBN 978-7-5613-9619-3

Ⅰ.①岭… Ⅱ.①张… Ⅲ.①古道—研究—陕西—秦代 Ⅳ.① K928.78

中国版本图书馆 CIP 数据核字（2017）第 271831 号

岭壑无语——秦直道考古纪实
LINGHE WUYU —— QIN ZHIDAO KAOGU JISHI

张在明　王有为　陈　兰　喻鹏涛　著

选题策划 /	刘东风　侯海英
责任编辑 /	王丽敏　赵荣芳
责任校对 /	王丽敏
出版发行 /	陕西师范大学出版总社
	（西安市长安南路199号　邮政编码710062）
网　　址 /	http://www.snupg.com
印　　刷 /	重庆新金雅迪艺术印刷有限公司
开　　本 /	787mm×1092mm　1/16
印　　张 /	32
插　　页 /	2
字　　数 /	490千
版　　次 /	2018年6月第1版
印　　次 /	2018年6月第1次印刷
书　　号 /	ISBN 978-7-5613-9619-3
定　　价 /	360.00元

读者购书、书店添货或发现印刷装订问题，请与本公司营销部联系、调换。
电话：（029）85307864　85303629　　传真：（029）85303879

"秦直道"丛书编委会

编委会主任：王子今

编　　委：王子今　辛德勇　张廷皓　吴宏岐
　　　　　徐卫民　孙家洲　宋　超　焦南峰
　　　　　张在明　徐君峰　马　啸　孙闻博
　　　　　高彦平　刘东风　侯海英

总　　序

司马迁撰著《史记》，完成了被翦伯赞称作"一部以社会为中心的历史""中国第一部大规模的社会史"①的史学经典。徐浩说，《史记》"纵贯上下数千年，横及各国各阶层，举凡人类全体之活动，靡不备载"，又"叙述社会中各种现象"，并且"反春秋时代内其国而外诸夏、内诸夏而外夷狄之狭小眼光，为匈奴等民族作列传"。②李长之也曾经肯定《史记》的文化贡献，他指出，司马迁"是要在人类的生活经验之中而寻出若干范畴来"。③朱希祖也说，《史记》避免了一般史书"不载民事""未睹社会之全体"的痼病，能够"大抵详察社会，精言民事"。④《史记》超越了中国传统史学专注于政治史的撰述范式，给予历史整体特别是物质生产史、物质生活史以及下层社会的生存境况与心理体验相当多的关切。我们还注意到，对于交通史的关心和记述，也是司马迁《史记》"高气绝识"⑤、"雄

---

① 翦伯赞：《中国史纲》第 2 卷，大孚出版公司 1947 年版，第 656 页。
② 徐浩：《廿五史论纲》，人民文学出版社 1949 年版，第 42—43 页。
③ 李长之：《司马迁之人格与风格》，开明书店 1948 年版，第 238—240 页。
④ 朱希祖：《中国史学通论》，独立出版社 1943 年版，第 71—72 页。
⑤ 吕祖谦：《大事记解题》卷一二"著书百二十篇"条，明刻本。

视千古"①、"卓识远见"、"立意深长"②的表现之一。秦人重视交通的史迹，在司马迁笔下成为可以使历史观察者聚焦的显著现象。秦始皇兼并天下之后，辛苦巡行，又大举启动交通建设，形成了以驰道联结全国，各个地区各能通达，重要地点皆得"毕至"③的规模宏大而交通效能亦达到很高水准的交通网。秦王朝统治时期，是中国交通事业取得显著进步的重要历史阶段，而秦始皇执政后期规划发起的直道工程，更在中国古代交通史册上书写了极辉煌的一页。

司马迁在自己的史学著述中保留了对秦始皇直道的珍贵的历史记忆。《史记》卷六《秦始皇本纪》写道："三十五年，除道，道九原抵云阳，堑山堙谷，直通之。"④又《史记》卷一五《六国年表》："（三十五年）为直道，道九原，通甘泉。"⑤秦始皇去世，秘不发丧，车队经直道返回咸阳，"行从直道至咸阳，发丧。太子胡亥袭位，为二世皇帝"⑥。"鲍鱼车返，龙祖仙游"⑦，直道的规划者最终以极其特殊的方式经行这条道路。直道于是也成为秦帝国最高权力由"始皇帝"向"二世皇帝"交递过程的象征性符号。《史记》卷一一〇《匈奴列传》记载："始皇帝使蒙恬将十万之众北击胡，悉收河南地。因河为塞，筑四十四县城临河，徙適戍以充之。而通直道，自九原至云阳，因边山险堑溪谷可缮者治之，起临洮至辽东

---

① 黄震：《黄氏日抄》卷四七《读史二·汉书·司马迁》，1757年（清乾隆二十二年）汪佩鄂刊本。
② 陈子龙：《史记测议·序》，聚锦堂刻本。
③ 汉文帝时，贾山言治乱之道，借秦为喻，称《至言》，其中写道："为驰道于天下，东穷燕齐，南极吴楚，江湖之上，濒海之观毕至。道广五十步，三丈而树，厚筑其外，隐以金椎，树以青松。为驰道之丽至于此，使其后世曾不得邪径而托足焉。"见《汉书》卷五一《贾山传》，中华书局1962年版，第2328页。
④ 《史记》，中华书局2013年版，第322页。
⑤ 《史记》，第902页。
⑥ 《史记》卷六《秦始皇本纪》，第333页。
⑦ 彭孙贻：《烛影摇红·汶上感怀》，见《茗斋集》卷一五《诗余附》，《四部丛刊续编》景写本。

万余里。又度河据阳山北假中。"①明确指出了直道对于"击胡"即抗击北方草原强势民族之军事战略的特殊意义。

在秦代服务于全国政治军事总格局的交通规划中，直道有非常重要的地位。从秦始皇三十五年（前212年）"为直道"到三十七年（前210年）载运秦始皇尸身的车队"行从直道至咸阳"，直道修筑大致只有两年的时间。虽然有"道未就"的说法②，但是显然已经具备可以通行帝王乘舆的规格。直道工程量非常浩巨而工期短暂，体现了秦帝国超高等级的行政效率。秦直道，可以看作秦政的纪念。

司马迁是著名的重视实地考察、喜爱游历的史学家。王国维说："是史公足迹，殆遍宇内。所未至者，朝鲜、河西、岭南诸初郡耳。"③在《史记》卷八八《蒙恬列传》篇末，司马迁记录了亲身行历直道的体验："太史公曰：吾适北边，自直道归，行观蒙恬所为秦筑长城亭障，堑山堙谷，通直道，固轻百姓力矣！"④我们今天行走在秦直道遗存之宽广坚实的路面上，都会想到司马迁"吾适北边，自直道归"的经历以及"堑山堙谷，通直道，固轻百姓力矣"的深沉感叹。脚踏路草黄尘，感受太史公当年的步履，可以体会史家名言的亲切。而天风林籁，也响应着古今的共鸣。如果没有司马迁对于秦始皇直道的高度关注、亲身踏察与具体记述，也许后世人们对这条堪称伟大工程之卓越成品的古代道路会长期处于无知境界，心持冷漠态度。司马迁之后二千余年，我们基本没有看到对秦直道予以特别关注的文史论著。正史所谓"直道"，含义往往已经大为不同。如《汉书》"直

---

① "通直道"，司马贞《索隐》："苏林云：'去长安八千里，正南北相直道也。'"《史记》，第3468—3469页。

② 《史记》卷八八《蒙恬列传》："始皇欲游天下，道九原，直抵甘泉，乃使蒙恬通道，自九原抵甘泉，堑山堙谷，千八百里。道未就。"第3097页。

③ 王国维：《太史公行年考》，见《观堂集林》卷一一，上海古籍书店1983年9月据商务印书馆1940年版影印，第4页。

④ 《史记》，第3100页。

道行"①,"直道而行"②,"直道而不曲"③,"直道"已经是另外的含义。《汉书》卷九一《货殖传》:"此三代之所以直道而行,不严而治之大略也。"颜师古解释说:"直道而行,谓以德礼率下,不饰伪也。"④此所谓"直道"言政治道德、政治道理、政治道行、政治道义,其实已经与交通道路没有什么直接的关系了。后世虽然也有称作"直道"的交通工程,如《魏书》卷二《太祖纪》:"车驾将北还,发卒万人治直道,自望都铁关凿恒岭至代五百余里。"⑤但是这样的"直道",其工程规模、文化作用和历史影响,已经完全不能与秦始皇直道相比。

对秦始皇直道的科学研究自 20 世纪 70 年代始。内蒙古自治区的考古学者对秦始皇直道北段进行了实地调查。史念海先生的历史地理学名作《秦始皇直道遗迹的探索》,宣示秦直道研究的学术路径正式开启。此后,许多学者开始关心这一学术主题。历史地理学研究者和交通史志研究者结合文献研究与田野考察,相继发表了一系列值得重视的学术成果。陕西、甘肃、内蒙古的考古学家和许多珍视并致力于保护古代文化遗存的人文学者分别进行了多次秦直道遗迹的艰苦调查。靳之林、王开、徐君峰等先生坚持数年的秦直道考察,为秦直道研究提供了值得重视的第一手资料。陕西省考古研究院张在明教授主持的秦直道发掘,获得了重要成果。他在陕西富县进行的发掘,列名 2009 年度全国十大考古新发现。民间热爱中国历史文化、关注秦始皇直道的人们,也曾经发起多种形式的对于秦直道保护和考察极有意义的活动。如"善行天下"公益徒步活动组

---

① 《汉书》卷八一《孔光传》,第 3356 页。
② 《汉书》卷五《景帝纪》,第 153 页;《汉书》卷七七《盖宽饶传》,第 3247 页;《汉书》卷九九下《王莽传下》,第 4194 页。
③ 《汉书》卷三六《刘向传》,第 1947 页。《后汉书》卷五一《庞参传》:"竭忠尽节,徒以直道不能曲心,孤立群邪之间,自处中伤之地。"中华书局 1965 年版,第 1691 页。
④ 《汉书》,第 3680 页。
⑤ 《魏书》,中华书局 1974 年版,第 31 页。

委会策划并实践的多次对秦始皇直道北段的徒步考察，以及史军、刘敬伟、于恬恬、荣浪2014年9月至10月自淳化至包头对秦始皇直道全程的徒步考察等。

陕西师范大学出版总社的朋友们，特别是刘东风社长、侯海英女士为推进秦始皇直道的研究精心策划，精心操作，推促学界朋友合力完成了这套"秦直道"丛书。对于有识见的出版家的这一功德事，秦史研究者、历史地理研究者、中国古代交通史研究者，以及所有关心中国历史文化的朋友都会由衷感激。陕西师范大学出版总社组织的秦直道遗迹考察（2013年8月7日至17日），集合了数十名历史学者和考古学者，行历陕西淳化、旬邑—甘肃正宁、宁县—陕西黄陵、富县、甘泉，取得了诸多收获。这样的工作，也成为"秦直道"丛书编撰的重要的学术基础之一。

"秦直道"丛书包括徐卫民、喻鹏涛著《直道与长城——秦的两大军事工程》，徐君峰著《秦直道道路走向与文化影响》，张在明、王有为、陈兰、喻鹏涛著《岭壑无语——秦直道考古纪实》，徐君峰著《秦直道考察行纪》，王子今著《秦始皇直道考察与研究》，宋超、孙家洲著《秦直道与汉匈战争》，马啸、雷兴鹤、吴宏岐编著《秦直道线路与沿线遗存》，孙闻博编《秦直道研究论集》。丛书编写的学术构想，不强求作者学术意见的简单一致。可以看到，不同的学术见解，例如对于所谓"东线说"和"西线说"的不同认识，分别呈示于作者们各自的论著中。我们愿意学习当年《古史辨》的编者以宏大胸怀同时发布相互对立的学术观点的做法，以方便读者一览学术全局，明了学术流变，自主学术分析，产生学术判断，形成学术新知。应当说明，尽管若干学术意见不一，但是对学术规范的信守，对科学真知的追求，对实证原则的遵循，是"秦直道"丛书作者们共同的理念。

相信随着今后秦直道研究工作的进展，特别是秦直道考古工作新收获的取得，一些学术疑问能够得以澄清，若干学术共识应当可以逐步达成。

"秦直道"丛书被列入"十三五"国家重点图书出版规划项目、2012年陕西出版资金资助项目。

史念海先生长年在陕西师范大学工作。"秦直道"丛书今天由陕西师范大学出版总社推出，也许符合史先生的心愿。

"秦直道"丛书郑重面世，可以看作对史念海先生的一种纪念。

在以"秦直道"丛书献呈史念海先生灵前的时候，作为学生、晚辈和学术追随者，我谨再次诚挚地向这位中国历史地理学的学术导师、秦始皇直道研究的先行者深心致敬！

王子今

2017年3月15日于北京大有北里

序：考古老牛

历史充满了诡异和荒诞。

谁也不会想到，中国这个最具有考古资源的文明古国，揭开她现代考古第一页的，竟是一位瑞典的地质学家。1921年4月，47岁的安特生在河南渑池仰韶村布下了第一个考古探方，从这一天算起，中国的考古学科已经诞生了九十五年。其间，从李济、梁思永、石璋如、夏鼐、苏秉琦等中国现代考古学的奠基者，中经依然活跃在学术界的老一辈考古学家，考古学的薪火，已经传到改革开放后一代考古人的手中，他们有幸赶上了中国"考古学的黄金时代"。

考古学的发展水平，从来就是一个社会文明程度的标志之一。1798年，欧洲的战争早已超越了"马刀砍人头"的低级阶段，在拿破仑入侵埃及的军队中，就有一批法兰西第一流的考古学家。和军事的占领同步，学术上也进军埃及，给埃及乃至非洲带来了现代考古学。

可以想象，如果没有现代考古学，人们对古希腊的认识，还会停留在荷马史诗阶段；对中国原始社会和夏商周时代的了解，会徘徊在《尚书·禹贡》只言片语的迷雾之中。难怪有历史学家感叹："一部史前的考古发掘报告，就是一部二十四史。"

有了文字以后的历史，考古学的作用依然无可替代。考古学家俞伟超先生痛感中国古代官修史对历史的粉饰和歪曲,曾大胆预言:现代考古的深入进行,总有一天会证明,被历代史学家推崇的官修史,百分之九十都是谎言和垃圾。

20世纪90年代初,联合国在评定各个国家领先于世界的学科时,中国被评出5项,其中人文学科仅有1项,就是考古学。

经过九十五年考古人的辛勤耕耘,中国的历史,特别是史前史和夏商周三代史,已经比较清晰地勾勒了出来。

20世纪80年代初,在展望考古学的未来时,陕西考古界的领军人石兴邦先生,操着地道的关中方言说:"搞考古的要在全世界走来走去。"在当时的不少人眼里,这句话近似呓语。

二十多年之后,石兴邦先生的预言已经成真:中国考古人的足迹已经遍布全球五大洲。他们在交流考古成果、传播中国古代文明的同时,也拓宽着自己的眼界和胸怀。在与世界文明接轨的路上,考古人的步伐是那么地自信、坚定。

1999年6月16日下午,接待中国最高首脑视察之后,汉阳陵考古队的领队,对考古人有这样一番评价:"往返于远古文明和现实社会之间,游离于上层显贵和下层庶民之间,徘徊于废墟荒冢和艺术殿堂之间。"

发自内心的感悟!

2003年12月13日深夜,周公庙考古队的队长,兴奋地在当天的考古日志里写道:"今天,世界上发生了两件大事。第一,美国军队在伊拉克抓捕了萨达姆。第二,周公庙考古队在中国岐山发现了甲骨文。"

溢于言表的自豪!

的确,在考古人心里,他们的价值并不比任何一个显赫的官员、将军、富翁低,他们的事业并不比任何一个政治家、军事家、企业家逊色。

从事着人文学科领域科学性最强专业的考古人,肩负着历史的重负和对社会的了解。他们深知"不懂得历史,就不懂得今天;不懂得今天，就不懂得历史"这一辩证关系的同时，也努力践行着"做学问要在不疑处有疑，待人要在有疑处不疑"的操守，在动与静、热情与理智的完美结合中，中国的历史被补充、被改写。

在田野的土坎前，如果不看他们手中的专业相机和GPS，人们很容易把考古人混同为一个普通农民。"远看是个挖土的，近看是个考古的"，考古人也经常这样揶揄自己。在发掘现场，考古人也会和普通民工一样，说着黄段子，和村里的婆姨打情骂俏。考古队的陋室里，你可以看到象棋、扑克和几瓶低档的白酒，地上散落着廉价烟的烟蒂。但在他们的案头和床头，除《考古工作手册》和几本考古发掘报告外，往往可以看到《史记》《宋词》《书屋》，间或，还会有林达、奥威尔和哈维尔。

远离闹市的深夜孤寂，窗外，不论是汉家陵阙还是隋唐古城，是大漠丝路还是荒原古堡，此时，考古人的思索已经超越古人。他们会把目光投向贫瘠的土地，投向穷苦的民众，风声雨声，点点入心。在他们眼中，今天的一切都是历史，都会改变，都会成为过去。

问过不少考古人选择这一专业的初衷，大部分的回答都是：好奇和探险。是的，在一个十七八岁的大男（女）孩眼中，考古是与高山河流、野营帐篷、篝火联系在一起的。几年、十几年、几十年的考古干下来，岁月改变了他们许多，但，这一点不会变。以至于在田野调查和发掘中，不少资深的考古人，把第一眼发现重要遗迹或遗物（如遗址中的夯土，墓葬中的铜器、玉器露头）的快感形容为做爱。

是的，源于人类本能的好奇心和探险精神，始终是历史发展的内在动力。一个不想扩展视野的民族，必然就会收缩视野。我们有理由相信：如果15世纪的欧洲不是出于这一信念，哥伦布就不会发现新大陆，而今天的世界也绝不会是现在这个样子。

哥伦布发现新大陆的五百多年之后，考古人可以骄傲地宣称，他们和航天学家一样，都是哥伦布事业的继承者。表面的不同是，航天学家探索的是宇宙，考古学家探索的是过去。实质的相同是，两个方向的对外部神秘世界的探索都是为了揭示未来。这是因为，消失的过去，有时比正在展现的今天和明天，更能揭示出历史的急剧变化。

科学、历史观、探险精神、亲近自然和社会下层，这既是区别于其他职业的考古人的特质，也是几代考古人的精神薪火相传、息息不断的必然。

想起了2010年6月10日，北京，"全国十大考古新发现"终评会现场。

来自全国各省的25个考古队领队轮番上场，每人十五分钟，演示宣讲PPT，五分钟答辩。一个衣着略显土气的老汉上台，两鬓斑白，老花镜掩盖不住老态，他语速慢，偶尔还口吃。

台下二百多人的第一印象：有点丑，有点老。的确，25个领队中，他不帅，年龄也最大：61岁，属牛。

当天晚上10时，投票结果出来，他的"秦直道"和我的"西汉帝陵"当选。

他就是老张，张在明，我的同学、大哥。

他退休前的那几年，外省的同行来院里，我介绍完老张，他总要自我补充：陕西干考古里边，最丑、最老的那个。

老张和我，属于那种见面就互相砸的关系，砸的内容从象棋的水平到香烟的牌子，从长相到穿戴，从考古到历史，从社会到政治，从国内到世界，三十八年不变。

我同意他说的，考古是"灵不够，苦来凑"。我只想说，老张干秦直道，下了苦。老张获奖，值。

想认识老张和老张眼中的秦直道，看书。

焦南峰

2016年11月18日

（作者系陕西省考古研究院前院长）

自序：幸亏还有孟姜女

1989年之后的第二年8月，西北大学77级考古专业的同班同学王子今、焦南峰、周苏平和我，年龄在三十大几至四十出头，专业职称都是初级，步行考古调查秦直道，自淳化的凉武帝村起，至陕西旬邑和甘肃正宁交界的调令关。至今，已经二十三年过去了。

今天回想起来，九天徒步跋涉中印象最深的，不是途中的一个个考古发现，不是崇山莽林中的种种野趣，甚至也不是在石门关以北的山林里迷路，周苏平连着几天拉肚子，几乎虚脱累昏时的困境……而是在子午岭绝顶上，一吐压抑在心底的块垒，四个人声嘶力竭地喊出了在城市（北京和西安）里想喊而不可能喊出的声音。

秦始皇嬴政，从来就不是一个我喜欢的历史人物，却宿命一般，我的后半辈子和他修筑的秦直道纠缠在了一起。

自1990年始，特别是2006年富县车路梁发掘至今，秦直道考古已经搞了二十多年。回想起来，失误和缺憾远远多于收获和成果。其中最大的缺憾是，在长1000多里的秦直道两旁，至今还没有发现修筑直道的刑徒和平民的墓地，从而不能洒一杯陕北或甘肃土产的高粱酒，祭拜他们，那些早早埋在离家乡亲人千万里之外荒野中的我们男性祖先的亡灵。

"历史不能假设"，但并不等于说，下棋之后不能复盘，不能对历史的教训进行总结，使自己匍匐在帝王和权力脚下，自我阉割掉人类最有价值的东西——自由思想，将人类倒退到低级动物。

1987年春天，我带着文物普查队在陕北清涧无定河边的野岭荒村搜寻时，耳边不断响起的，是唐代诗人陈陶的诗句：

> 誓扫匈奴不顾身，
> 五千貂锦丧胡尘。
> 可怜无定河边骨，
> 犹是春闺梦里人。

稍微改一下，就成了在秦直道上调查时，想得最多的两句诗：

> 可怜直道路边骨，
> 犹是春闺梦里人。

不会忘记，台湾连战先生参观秦兵马俑后的题词：游秦冢而悯万民。也永远记得，中国国家博物馆的信立祥先生，第一次登上富县车路梁直道时的惊讶：啊呀，只有秦始皇才干得出来。褒贬尽在其中。

2009年4月25日上午，陕北春天特有的沙尘黄风铺天盖地地漫卷之后，富县桦沟口的秦直道考古工地上，两个考古技工用手铲和毛刷小心翼翼地剥去颜色和硬度有异的土层，露出探方0309的第一个纤细的女子脚印。当时，蹲在探方边的我，脑子里电石火光般地闪出了一个年轻女子——孟姜女。但仅仅一两秒钟之后，溶化在血液里的考古思维立即实行了它严谨的纠错功能，自己马上觉得可笑！瞎掰！1.孟姜女仅仅是个传说，关于她最早的文献记载是在唐代；2.就算孟姜女确有其人，而且走过秦直道，而且走过陕西富县桦沟口这一段，那么，她的脚印应该留在这一层以下十几厘米的下层路面上，现在的脚印在上层路面，时代是西汉晚期至两汉之间。

晚上，在考古队所在的甘肃合水县太白镇一个农户家里，我打开笔记本电脑，将这一天的考古发现记入考古日志时，又一次想起这个在中国妇孺皆知的女子，并感到历史的诡异。

中国的历史从来就有两套：官方文献、教科书上的和民众心里的。两套各自发展，并行不悖，很少有交集。同时，我也感到唐代诗僧贯休的伟大，他通过《杞梁妻》造就的孟姜女，几乎是中国几千年来，独一无二的只身一人与整个国家和民族对抗的弱女子。而纵观世界，这类个人与整个国家和民族抗争的形象，似乎仅仅见于古希腊的《荷马史诗》。

我们可以说，那个哭塌了长城的孟姜女不是历史史实；但是谁敢说，至少从唐代以来，孟姜女就深深地扎根于中国文人和民众的心中，并被他们热爱、颂扬的这一历史现象，不是中国精神史和心灵史里最为闪光的一页。

就像在上个世纪的80年代初，在一次思想史的国际学术会上，一位欧洲学者问，1949年以后，中国大陆产生过哪一位思想家？在座的中国学者集体噤声。之后，一位中国教授站起来，轻轻地说：我们有顾准。

同样，在未来某一天的精神史、心灵史的国际会议上，如果有人问，在中国的历史上，除过杀戮，除过阴谋和谎言，除过匍匐者的山呼皇恩浩荡，还有什么？中国的学者可以大声回答：我们有孟姜女。

在中国古代，生命从来就是老百姓的天，对于一个爱着自己亲人的女子来说，夫君就是她的天，她和夫君的家就是天。你嬴政修长城我拦不了你，可你不能要我夫君的命呀！你不能毁了我的家呀！说我觉悟低，说我不顾全大局，说我不以国家、民族的利益为重，那都由你。但是"人命关天"，走到天涯海角我都认这个理。

引经据典，好。孟老夫子的"民为重，社稷次之，君为轻"算不算数？《周易》里的"天地之大德曰生"，《礼记·礼运》里的"人者，天地之心也"，《孝经》里的"天地之性人为贵"，几千年来把舌头都说出了茧子，究竟都算不算数？

普通人杀了人要偿命；君王杀人，以国家和民族的名义杀人，杀了千千万万的人，不仅不要偿命，而且被赞颂，最多，会以失误、代价论被理解、原谅。这就是中国亘古不变，而且永远不允许改变的政治和历史吗？

为国家、为民族的又一个名义是为了多数，以此为旗号虐少数、杀少数，但几个回合下来，几个、十几个百分之五加起来，大家明白了，那被虐、被杀的实际上是真正的多数，而真正的少数就是那几个独夫寡头。这样的逻辑也永远不能改变吗？

还要追问，即便是真正的少数，即便是真正的少数坏人，就可以被虐、被消灭肉体吗？

想起了世界法律史上那个著名的案例。

1884年，英国的"女王诉达德利与斯蒂芬斯案"：一次海难，三名成年人和一名男孩逃离沉船，共乘一救生艇在海上漂泊，无水无食，饥渴交加，四人在此后的十八天里没有食品。其中两人商议杀了男孩，由三人分食，四天后三人遇救。审判中，被告以杀一人是使三人免遭饿死的必要行为为由提出紧急避难抗辩，被法庭驳回，理由是法律不得与道德背道而驰，法庭宣告被告犯有谋杀罪，被判处绞刑。最后，被告被维多利亚女王赦免。

在美国和欧洲，这个案例在法律课上讲，很正常。但使我惊异的，是在哲学、政治学、社会学、历史学，甚至在经济学的课上讲，并且引导学生对"多数与少数""绝大多数人的最大利益""功利论"等命题深入讨论，使人们保持对生命的悲悯、敬畏和对暴政的警惕，不论这种暴政是来自政府还是来自民众。

写到这里，突然想起了林达在《历史深处的忧虑——近距离看美国》里写到的他们的那位邻居。当林达向这位普通的不能再普通的美国老太太，讲述中国"文化大革命"中的红卫兵抄家时，这位美国老人无论如何也无法理解其中的逻辑和因果关系。最后，林达只好无奈地问她：如果你遇到这种情况，你会怎么做？老太太毫不犹豫地回答：我开枪打死他们。

时在初秋，从山坡上柿树梢头升起的阳光明媚地照耀着屋子窗口，秦岭北麓的这个小镇一片静谧。泪水突然流满了双颊。

一边是秦始皇嬴政，一边是那个破坏国防设施、蛊惑军心、扰乱社会治安，并且还有偷越国境、里通外国嫌疑的孟姜女，我永远站在这位弱女子一边。

2013年8月24日、9月13日、10月4日于陕西蓝田汤峪

附记：

不惜背着攀龙附凤的误会，介绍一下文中提到的三位同学。我为他们骄傲。

王子今，1950年生人，祖籍河北武安。历史学硕士，中国人民大学教授，中国秦汉史研究会会长。

焦南峰，1954年生人，祖籍陕西宜君。考古学研究员，陕西省考古研究院前院长，中国考古学会常务理事。

周苏平，1958年生人，祖籍陕西商县。历史学博士，教授，广东肇庆学院副院长。

前言：欣慰与遗憾

——秦直道考古收获要点

余生愚钝，对秦直道知之虽早，但赖子今、南峰等同学催促，第一次步行勘查已是1990年仲夏。至今凡二十六年，考古调查、发掘过的秦直道及相关古道路涉及陕、甘、内蒙古三省区的二十多个地点。

在中国，秦直道研究的突破始于2006年的秦直道发掘，仰仗国家垄断考古地位和国家文物局大遗址保护项目的立项，说白了，就是有权挖、有钱挖了，得以开创秦直道考古先河。而不惜气力和愿意动脑从来都是第二位的。

考古是那种"灵不够，苦来凑"的行业。在北京大学这个中国考古学的摇篮，教授之间一直流传着"三流人才干考古"的自嘲。秦直道考古自然也在例内。

好在是一家之言，初步地，将历次重要的秦直道考古收获撮要如下。对这些判断和推测，我真诚地期待同人或批驳，或纠正，或补充。

1990年8月

自起点陕西淳化秦林光宫始，步行调查、勘探秦直道，经石门关、马栏、刘家店、调令关至旬邑转角。对秦直道南段的线路设计和直道修筑的"堑山"方式有了初步的认识，经考古钻探，第一次发现了秦直道的路土。

2006年12月

这是秦直道的首次考古发掘，通过对陕北高原子午岭余脉富县车路梁堑山直道的解剖，第一次揭示了秦直道的结构，除发现秦直道路面的三要素（路土、夯土护坡和排水沟）外，还初步了解了直道路土的深度、厚度，以及路土与其后历代沉积土的厚度比例，取得了两千多年来陕北高原自然变迁的第一手资料。还通过钻探，确定了直道西侧一座烽燧的时代，否定了直道烽燧的判定。

2007年4—5月

再次发掘富县车路梁直道，开了3条探沟。除对秦直道首次的发现（秦直道路面的三要素，直道路土的深度、厚度等）再次验证外，进一步发现了上下两层路面，对其时代进行了初步判断（秦汉）。还首次在直道路面上发掘出秦代的三棱铁铤铜镞，为秦代路土的确认提供了实物依据。

调查马莲沟梁直道，确认了直道上又一个行宫遗址。调查葫芦河南直道，第一次发现了与直道平行、斜行或垂直的排水沟，其后判断，应是破坏直道的人工沟。

2008年

7月，调查旬邑石门关直道，发现了直道自好花疙瘩山下至七里川的"之"字形盘山道。

8月，与日本学者共同调查、测量淳化、旬邑、甘肃合水、富县、甘泉、志丹、安塞等地秦直道和古道路，第一次绘出秦直道GPS图。

12月，黄陵境内秦直道的首次考古发掘，发现、确认了秦直道上工程量最大的堙谷填方路段——南桂花直道。其直道路基长214米，略呈梯形堤坝，夯土构筑，最高达35米，整个路基的土方量约为17万立方米。

2009年3—5月

发掘富县桦沟口秦直道,该项目被评为2009年度全国十大考古新发现。

主要收获:实现了秦直道考古的多个首次发现和第一。如发掘面积最大,达2050平方米;首次发现并确认直道上的关卡遗址;揭露出长71米的直道路面,路面车辙呈放射状,最多达十三道辙梁;车辙辙梁呈斜坡向千层饼状,最厚处达53厘米,部分辙梁上又重新碾压出辙沟;从对称的辙沟判断,车辆轮距有110厘米、130厘米和140厘米三种;揭露出直道路面上的成年男子、女子和儿童脚印21个;发掘了秦直道上的建筑遗址,揭露出数处夯土磉墩和柱础石,可看出直道两侧各建有一排面宽约3.5米的房屋;在直道靠山一侧,发现了外侧呈三级阶梯状、高达4.6米的夯土护坡;发现了三处破坏直道路面的人工沟,其沟槽最宽4米以上,深30~70厘米;发现了打破直道的弃埋坑,碳-14测定,人骨时代距今2098年±77年,取最小值,即西汉晚期的成帝元延元年(前12年);多处路面上叠压有秦代和西汉时期的绳纹筒瓦、板瓦,还出土了三棱三翼铜镞和王莽时期的"大泉五十"铜币(弃埋坑的人骨距王莽时代仅二十年),为上层路面的时代提供了难得的纪年资料。

时代判断:直道和建筑遗址始建于秦代,沿用至西汉晚期或两汉之间,废弃。直道下层路面的时代约为秦代和西汉早期,上层路面约为西汉中期和晚期。筒瓦、板瓦的统计结果,秦至西汉早期占总数的12%,西汉中晚期占85%以上,或许与史料记载的武帝时期秦直道的频繁使用有关。

收获小结:

1.该项目是秦直道的首次大面积发掘,也是中国古道路考古的首次大面积发掘,具有开拓性意义。发掘地位于直道下山过河处,对于了解秦直道上下山和过河的难题,同样具有重要价值。

2. 此次发掘，以多处准确的地层叠压关系和有明确时代的遗物，第一次卡住了秦直道（即下层路面）的绝对年代，为秦直道中段走向的确认提供了科学依据。

3. 秦直道旁的建筑遗址发掘也属首次，为了解秦直道附属设施的分布和内涵，提供了重要资料。

2010年

6月，受邀参加日本古代交通研究会年会，发表"陕西省富县秦直道遗址发掘"讲演，引起关注。

7—10月，发掘黄陵兴隆关周边的秦直道，发现了直道四叠层，并首次发掘学术界认为的西线秦直道，初步确认了该段道路的时代。

发掘结论：秦直道自起点向北，经兴隆关向东，再向北，直至终点。使用二百多年后，即在两汉之间或东汉早期，兴隆关以东的秦直道经人为破坏后废弃。数十年后，直道改走兴隆关西北方向的子午岭主脉，转了一个大弯后回归旧有的秦直道。

结语：起点至兴隆关的秦直道四叠层，早期两层走东线，晚期两层走西线，即：2+2=4。

如果说，2009年富县的秦直道考古成果，是确定了东线而没有否定西线的话，那么，2010年黄陵的发掘，则是在进一步确认东线的同时，彻底否定了西线。

在兴隆关以东，还发现了秦直道上最宽的一段堑山路面，长约250米，宽度达66米。据推测，这里可能是兴隆关上一处大型兵站性质的遗址。

在南桂花和五里墩，发掘解剖了秦直道上的两座烽燧。

10月，发掘甘泉秦直道，收获颇丰。如首次发现了直道上的交通转盘（即过去认为是桥墩的圣马桥夯土墩台），这也是迄今发现的中国古代最早的公路交通转盘；首次确定了方家河直道下山过洛河的走向，即下山后在交通转盘转弯180度，向西，在洛河上游方向过河；在骡嘴沟，发现了与富县、黄陵时代、结构相同的直道两层路面；首次发掘出土西汉武帝时期的五铢钱，为确认甘泉直道的年代提供了有力证据；再次发现了破坏直道的人工沟，这也是秦直道上发现这一现象最北的一个地点。

2011年9月

与日本学者、延安同人共同调查安塞秦直道上的红花园行宫遗址，补充了对该遗存的认识。其夯筑台基面积约1.5万平方米，可见高度近2米。遗址内的筒瓦、板瓦、瓦当、回纹砖等遗存丰富，从质地、形制、纹饰看，筒瓦、板瓦可分为十八种，说明行宫建筑多次建造、修葺，沿用时间很长。

迄今，秦直道上已确认的行宫遗址有六处，即旬邑两女寨、调令关南、富县最北的墩梁、志丹任窑、安塞红花园，以及内蒙古东胜西的城梁。其中，红花园遗址面积最大，规格最高，遗物最丰富。

2012年7月

发掘黄陵五里墩南直道，再一次发现了与20公里外的南桂花直道有着惊人共性的四叠层路土（如早期两层路土厚度之比相同，晚期两层路土厚于早期两层，三层路土与二层之比极为接近，等等）。说明各个时代路土的厚度，与直道的沿用时间及行驶的频繁度密切相关，也避免了南桂花直道四叠层路土的孤证之嫌。

在直道三层路面（西汉中晚期），发现了与直道近似平行的人工破坏沟。至此，此地也成为继富县桦沟口、黄陵蚰蜒岭和甘泉方家河之后，第四个人为破坏秦直道的地点。四个地点秦直道的总长度达180公里，可见两汉之间对直道的破坏是一项全线的整体行动。

见物不见人，是二十六年秦直道考古的最大缺憾。

在长达700公里（如果加上西线的古道路，长度应在900公里以上）的秦直道上，除在富县桦沟口的弃埋坑里，发现一具被残酷处死的人的尸骨外（富县车路梁发现的打破直道的清代墓葬，与秦直道无关），再没有发现任何与秦直道有关的生理人遗存，如修筑直道的刑徒和平民墓地，就像在秦始皇陵封土西侧发现的那样。

"固轻百姓力矣",是司马迁对秦始皇修筑长城和直道的评价,这六个字背后,是无数的鲜血和尸骨:修筑长城和直道的劳役总数有一百万至数百万,戍守长城士卒的生还者只占 30%~40%。

修筑秦直道的劳役能生还多少?

秦朝灭亡了,长城和直道作为秦帝国的象征留存了下来。对于我们这个东方民族来说,不管是悲剧还是喜剧,还有谁会想起那些掩埋于千里岭壑、永远无语的亡灵呢?

2016 年 2 月 19 日

目 录
Contents

001 / **第一章　考古发掘、调查简报、论文**

003 / 富县车路梁秦直道发掘简报
036 / 富县大麦秸沟梁秦直道调查简报
043 / 陕西富县秦直道考古取得突破性成果
064 / 2+2=4：秦直道发现道路四叠层与东西线之争
　　　——2010年秦直道考古收获之一
077 / 秦长城与秦直道的意义及影响
079 / 黄陵秦直道五里墩南探沟发掘简报
090 / 旬邑县秦直道调查钻探简报

113 / **第二章　考古发掘探方、探沟记录和考古调查记录**

115 / 2009年富县桦沟口探方记录
132 / 2010年黄陵探方记录
173 / 2010年甘泉探方记录
185 / 2010年黄陵、甘泉发掘调查记录要点

189 /   2011年安塞红花园遗址调查记录

197 /   2011年黄陵艾蒿店直道调查记录

207 / 第三章　考古日志

209 /   2006年富县考古日志

214 /   2007年富县考古日志

221 /   2008年黄陵考古日志

224 /   2009年富县、洛川考古日志

246 /   2010年黄陵、甘泉考古日志

271 /   2011年安塞、黄陵考古日志

274 /   2012年黄陵、旬邑考古日志

281 / 第四章　孤村夜语——考古日志选

283 /   直道吟

285 /   黑户

288 /   大麦秸沟梁探直道

291 /   兴隆关怀旧

292 /   岭上读《夹边沟》有感

293 / 马莲崾岘被狗咬
295 / 白胖子、黑胖子
297 / 找边
299 / 发现脚印
301 / 文保员老焦
303 / 围剿公鸡
304 / 入桃源
306 / 出土铜镞
307 / 祭奠亡灵
309 / 夜上子午岭
310 / 子午岭牛虻
313 / 行路难
315 / 垭口遇雨
317 / 车陷艾蒿店
319 / 蚰蜒岭上三片瓦
321 / 考古的沧海一粟
323 / 发见直道四叠层
326 / 逃离兔儿崾岘
329 / 野林中的印象派
330 / 方家河老白

332 / 小钟的饭香
333 / 桂花园出恭
335 / 正宁祭
   ——哭十九条小生命
340 / 认真干就有收获
342 / 赠子今病中

343 / **第五章　答延安电视台记者问**

355 / **第六章　秦直道考古大事记**

359 / **第七章　秦直道考古资料索引**

365 / **附录**

367 / 秦直道调查照片（118张）
427 / 秦直道考古工作照片（56张）
455 / 秦直道景色（14张）

463 / **后记**

Contents

001 / Chapter 1 Archaeological Excavations, Investigation Reports and Research Papers

003 / Excavation Report on Cheluliang Ridge in Fuxian

036 / Excavation Report on Damaijiegou Ridge in Fuxian

043 / Breakthroughs in Archaeological Discovery on the Qin Zhidao in Fuxian County, Shaanxi Province

064 / 2+2=4:Four Layers of the Qin Zhidao and the Bifurcation between the Eastern and Western Branches
— One of the Major Findings in the Archaeological Studies on the Qin Zhidao in 2010

077 / The Significance and Influence of the Great Wall of the Qin Dynasty and the Qin Zhidao

079 / Excavation Report on Qin Zhidao Relics at the South of Wulidun in Huangling

090 / Concise Excavation Report on the Qin Zhidao in Xunyi County

113 / Chapter 2 The Records of the Archaeological Excavations Unit and Ditch, and Archaeological Investigation

115 /	Records of the Excavation Unit of the Huagoukou in Fuxian in 2009
132 /	Records of the Excavation Unit of Huangling in 2010
173 /	Records of the Excavation Unit of Ganquan in 2010
185 /	Key Issues of Excavation Records of Huangling and Ganquan in the 2010
189 /	The Investigation Records of the Honghuayuan Site in Ansai County in 2011
197 /	The Investigation Records of Qin Zhidao in Aihaodian, Huangling in 2011

207 / Chapter 3 Archaeological Logs

209 /	Archaeological Logs in Fuxian in 2006
214 /	Archaeological Logs in Fuxian in 2007
221 /	Archaeological Logs in Huangling in 2008
224 /	Archaeological Logs in Fuxian and Luochuan in 2009
246 /	Archaeological Logs in Huangling and Ganquan in 2010
271 /	Archaeological Logs in Ansai and Huangling in 2011
274 /	Archaeological Logs in Huangling and Xunyi in 2012

281 / Chapter 4 Night Talks in an Isolated Village: Selected Archaeological Logs

283 /	A Poem on Zhidao
285 /	An Unregistered Family
288 /	The Exploration of Zhidao in the Damaijiegou Ridge

291 /	Reminiscence of the Xinglong Pass
292 /	Reflections upon Reading *Jiabiangou* on Mountain Ridge
293 /	Bitten by a Dog in Malian Yaoxian
295 /	Pale Fat Man, Dark Fat Man
297 /	Looking for the Borders
299 /	Discovery of Footsteps
301 /	Cultural Relic Protector Laojiao
303 /	Encircling and Catching a Rooster
304 /	Entering the Fairyland
306 /	A Newly Unearthed Bronze Arrowhead
307 /	Sacrifice to the Deceased
309 /	Going to the Ziwu Ridge at Night
310 /	Gadflies at the Ziwu Ridge
313 /	A Difficult Journey
315 /	Unexpected Rain between Mountains
317 /	Stuck in the Aihaodian
319 /	Three Tiles at the Youyan Ridge
321 /	A Drop in the Ocean of Archaeology
323 /	Discovering Four Layers of the Zhidao
326 /	Escaping from Tu'er Yaoxian
329 /	Impressionism in the Wild Woods
330 /	Laobai in Fangjiahe Village
332 /	Fragrances from Xiao Zhong's Meals
333 /	The Bathroom in Guihuayuan
335 /	Mourning on the 19 deceased Kids in Zhengning
340 /	No Pains, No Gains

342 /   Illness On the Way to Zijin

343 / Chapter 5   Answers to the Requests of Yan'an TV Reporters

355 / Chapter 6   Chronology of Archaeological Studies on the Qin Zhidao

359 / Chapter 7   Index of Archaeological Resources of the Qin Zhidao

365 / Appendix

367 /   Photographs of Investigations on the Qin Zhidao（118）
427 /   Photographs of People Working on the Archaeological Sites（56）
455 /   Photographs of Scenes along the Qin Zhidao（14）

463 / Afterword

插图目录

001 / 第一章 考古发掘、调查简报、论文

003 / 富县车路梁秦直道发掘简报

004 / 图1 探沟1所在的直道 西南—东北
004 / 图2 探沟1南壁地层 北—南
005 / 图3 直道路面全貌 东—西
005 / 图4 路面中部高突 西—东
006 / 图5 靠山一侧的排水沟
006 / 图6 直道路面剖面示意图
006 / 图7 直道路面 西—东
007 / 图8 路面西端 西—东
007 / 图9 路面东端生土 东—西
008 / 图10 记录现象
008 / 图11 工地午餐
009 / 图12 探沟2 东—西
009 / 图13 靠山一侧的排水沟
009 / 图14 探沟3所在的直道 东北—西南
010 / 图15 探沟3全貌 东—西
011 / 图16 上层路面 西—东

011 /	图 17	两层路面局部　西—东
012 /	图 18	直道路土
012 /	图 19	靠沟一侧的两层路面　东—西
013 /	图 20	直道中部的两层路面　西—东
013 /	图 21	靠沟一侧的夯土护坡
015 /	图 22	探沟 4　西北—东南
016 /	图 23	探沟 4　西—东
016 /	图 24	探沟 4　西南—东北
017 /	图 25	探沟 4 及探方全貌　东—西
017 /	图 26	探方 1、探方 2　西—东
018 /	图 27	踩踏层　西—东
018 /	图 28	踩踏层露头
020 /	图 29	探方 2　东南—西北
020 /	图 30	探方 2　南—北
021 /	图 31	探方 3　东北—西南
021 /	图 32	路土剖面
023 /	图 33	靠山一侧的排水沟
023 /	图 34	靠沟一侧的夯土护坡　东—西
023 /	图 35	夯土护坡解剖
023 /	图 36	测量、记录
027 /	图 37	探沟 5 远眺　南—北
027 /	图 38	探沟 5　西北—东南
028 /	图 39	探沟 5　西北—东南
028 /	图 40	探沟 5　西—东
028 /	图 41	探沟 5　东—西
030 /	图 42	夯土上的冲沟　北—南
030 /	图 43	靠山一侧的排水沟
030 /	图 44	版筑的夯土护坡　东—西
031 /	图 45	夯土护坡解剖　东—西
031 /	图 46	铁铤铜镞

036 / 　　富县大麦秸沟梁秦直道调查简报

036 / 　　　图1　直道小憩
038 / 　　　图2　长满林木的直道
038 / 　　　图3　长满林木的直道
038 / 　　　图4　长满桦树的堑山路面
038 / 　　　图5　朽木倒伏的直道路面
039 / 　　　图6　笔直的堑山直道　北—南
039 / 　　　图7　笔直的堑山直道　南—北
039 / 　　　图8　垭口直道　北—南
040 / 　　　图9　直道上的排水沟　南—北
040 / 　　　图10　直道上的排水沟　南—北

043 / 　　陕西富县秦直道考古取得突破性成果

043 / 　　　图1　秦直道线路示意图
044 / 　　　图2　富县车路梁直道
044 / 　　　图3　富县车路梁直道
045 / 　　　图4　富县车路梁直道
045 / 　　　图5　富县车路梁直道
045 / 　　　图6　富县桦沟梁直道
045 / 　　　图7　甘泉骡嘴沟直道
046 / 　　　图8　甘泉寻行铺直道
046 / 　　　图9　安塞红花园直道行宫遗址陶排水管
046 / 　　　图10　2007年富县车路梁直道试掘
047 / 　　　图11　直道堑山堙谷示意图
048 / 　　　图12　黄陵南桂花夯土填方路段示意图
048 / 　　　图13　南桂花夯土填方路段　北—南
048 / 　　　图14　南桂花夯土填方路段　东北—西南
049 / 　　　图15　富县桦沟口考古工地气球照
049 / 　　　图16　富县桦沟口考古工地
049 / 　　　图17　富县桦沟口考古工地

049 /	图 18	富县桦沟口考古工地
050 /	图 19	路面车辙
050 /	图 20	路面车辙
050 /	图 21	路面车辙
050 /	图 22	路面车辙
051 /	图 23	T0207 路面辙梁上的车辙印平、剖面图
051 /	图 24	T0207 路面辙梁上的车辙印
051 /	图 25	辙梁的千层饼状结构
051 /	图 26	辙梁上铺垫的礓石碎块
051 /	图 27	T0309 上下层路面
051 /	图 28	T0309 上下层路面
052 /	图 29	路面叠压的绳纹瓦
052 /	图 30	T0309 路面脚印平、剖面图
052 /	图 31	T0309 路面脚印
053 /	图 32	T0309 路面脚印
053 /	图 33	探沟 2 路面脚印
053 /	图 34	T0111、T0112 直道两侧的建筑材料堆积平、剖面图
053 /	图 35	T0212 夯土磉墩、柱础石及筒瓦、板瓦堆积
054 /	图 36	T0212 夯土磉墩、柱础石
054 /	图 37	T0111 建筑材料堆积
054 /	图 38	夯土护坡三种示意图
054 /	图 39	中心区下方的夯土护坡
054 /	图 40	中心区下方的夯土护坡
055 /	图 41	中心区上方的夯土护坡
055 /	图 42	中心区上方探沟 3、4、5
055 /	图 43	探沟 3 夯土护坡
055 /	图 44	甘泉方家河直道的夯土隔墙
055 /	图 45	甘泉方家河直道夯土隔墙示意图
056 /	图 46	探沟 7 靠山护坡
056 /	图 47	探沟 7 靠山护坡
057 /	图 48	发掘区及"之"字形盘山道远景

057 /	图 49	"之"字形盘山道（红色虚线为冲毁的直道）
057 /	图 50	探沟6第二条盘山道上的森林探沟
058 /	图 51	探沟6及直道排水沟
058 /	图 52	探沟6直道夯土护坡
058 /	图 53	探沟6直道路面
059 /	图 54	T0111人工开挖的沟槽及瓦片堆积
059 /	图 55	探沟2人工开挖的沟槽
059 /	图 56	探沟6人工开挖的沟槽
060 /	图 57	M1（弃埋坑）平、剖面图
060 /	图 58	T0110直道路面与M1（弃埋坑）
060 /	图 59	T0110M1（弃埋坑）
061 /	图 60	T0304上层路面辙梁及铜镞
061 /	图 61	T0304铜镞
061 /	图 62	T0210出土"大泉五十"铜币
061 /	图 63	"大泉五十"铜币
063 /	图 64	2009年叶学明先生在工地指导发掘
063 /	图 65	2009年信立祥先生在工地指导工作

064 / 2+2=4：秦直道发现道路四叠层与东西线之争
—— 2010年秦直道考古收获之一

065 /	图 1	2010年秦直道发掘探沟示意图
066 /	图 2	南桂花填方直道与探沟2
067 /	图 3	南桂花探沟2南壁地层
067 /	图 4	探沟2四叠层平、剖面图
067 /	图 5	探沟2四叠层　西—东
067 /	图 6	探沟2四叠层　南—北
067 /	图 7	探沟2四叠层　东—西
067 /	图 8	探沟2四叠层局部　西—东
068 /	图 9	出土铁锸
069 /	图 10	出土绳纹板瓦

069 /　　图 11　第四层路面
070 /　　图 12　第四层路面向下解剖
070 /　　图 13　工作照
070 /　　图 14　工地午餐
071 /　　图 15　蚰蜒岭探沟 2 及扩方　东南—西北
071 /　　图 16　蚰蜒岭探沟 2 扩方　北—南
073 /　　图 17　兔儿崾岘探沟　东—西
073 /　　图 18　兔儿崾岘探沟　南—北

079 /　**黄陵秦直道五里墩南探沟发掘简报**

080 /　　图 1　五里墩南探沟　北—南
081 /　　图 2　四叠层路面　南—北
081 /　　图 3　四叠层路面　东—西
081 /　　图 4　四叠层路面　西南—东北
081 /　　图 5　四叠层路面局部　北—南
083 /　　图 6　上层路面　南—北
083 /　　图 7　上两层路面　南—北
084 /　　图 8　五里墩南探沟人工沟示意图
084 /　　图 9　剖面所见的下两层路土
085 /　　图 10　下两层路面　西—东
086 /　　图 11　第四层路面上的小方
089 /　　图 12　记录现象
089 /　　图 13　找边
089 /　　图 14　测量绘图
089 /　　图 15　回填前留个纪念　东—西

090 /　**旬邑县秦直道调查钻探简报**

091 /　　图 1　冯家山以北的子午岭直道　北—南
092 /　　图 2　石门关　北—南
096 /　　图 3　新公路切断秦直道　北—南

098 /	图 4	纯山脊直道 北—南
098 /	图 5	纯山脊直道钻探
099 /	图 6	纯山脊直道钻探
099 /	图 7	直道钻探留念
101 /	图 8	刘家店北直道钻探 南—北
101 /	图 9	刘家店北直道钻探
102 /	图 10	刘家店北直道钻探
102 /	图 11	边赶牛虻边钻探
105 /	图 12	陕甘争直道碑
106 /	图 13	调令关北直道 南—北
106 /	图 14	调令关北直道钻探

113 / 第二章 考古发掘探方、探沟记录和考古调查记录

115 / 2009 年富县桦沟口探方记录

116 /	图 1	探方 T0404 东—西
116 /	图 2	探方 T0404 南—北
118 /	图 3	探方 T0306 南—北
118 /	图 4	探方 T0306 北—南
118 /	图 5	探方 T0306 礓石带 东—西
119 /	图 6	探方 T0305 北—南
119 /	图 7	探方 T0305 东—西
121 /	图 8	探方 T0406 南—北
121 /	图 9	探方 T0406 西北—东南
123 /	图 10	探方 T0304 南—北
123 /	图 11	探方 T0304 出土铜镞 南—北
123 /	图 12	铜镞
125 /	图 13	探方 T0802 南—北
125 /	图 14	探方 T0802 西—东

126 /	图 15	探方 T0206　北—南
126 /	图 16	探方 T0206　北—南
127 /	图 17	探方 T0703　东—西
127 /	图 18	探方 T0703　西北—东南
128 /	图 19	探方 T0704　东—西
129 /	图 20	探方 T0309　北—南
129 /	图 21	探方 T0309　东北—西南
130 /	图 22	探方 T0309　东—西

132 /　2010 年黄陵探方记录

133 /	图 1	南桂花探沟 1　东—西
133 /	图 2	南桂花探沟 1　西—东
134 /	图 3	南桂花探沟 1　西—东
134 /	图 4	南桂花探沟 1　西—东
134 /	图 5	探沟 1 与 2008 年发掘的探沟相连　北—南
134 /	图 6	探沟 1 最东端　东—西
134 /	图 7	2008 年发掘的探沟　东—西
137 /	图 8	五里墩烽燧发掘前　西—东
138 /	图 9	五里墩烽燧　东—西
138 /	图 10	五里墩烽燧　南—北
138 /	图 11	五里墩烽燧　西南—东北
139 /	图 12	五里墩烽燧　西—东
139 /	图 13	五里墩烽燧　北—南
139 /	图 14	五里墩烽燧　北—南
140 /	图 15	五里墩烽燧　东—西
140 /	图 16	五里墩烽燧　东北—西南
141 /	图 17	五里墩烽燧的火坑　南—北
141 /	图 18	出土绳纹砖
142 /	图 19	测量绘图
143 /	图 20	窑庄山探沟　东—西

143 / 图 21 窑庄山探沟 西—东
145 / 图 22 出土铜饰件
145 / 图 23 窑庄山探沟探方 1 东—西
145 / 图 24 窑庄山探沟探方 3 东—西
146 / 图 25 探方 4 南壁的地震裂缝 北—南
146 / 图 26 窑庄山探沟探方 8 东—西
147 / 图 27 探方 9 里的土梁 南—北
147 / 图 28 探方 9 里的土梁 东—西
147 / 图 29 探方 9 里的两层路面 东—西
147 / 图 30 探方 9 里的两层路面 南—北
147 / 图 31 探方 9 里的两层路面 西—东
147 / 图 32 探方 9 里的两层路面 北—南
148 / 图 33 寻找路面
148 / 图 34 寻找路面
149 / 图 35 蚰蜒岭探沟 1 远景 西—东
151 / 图 36 蚰蜒岭探沟 1 第一层上层路面 北—南
151 / 图 37 蚰蜒岭探沟 1 第一层路面 南—北
151 / 图 38 蚰蜒岭探沟 1 第一层路面 西—东
151 / 图 39 蚰蜒岭探沟 1 第一层路面 北—南
151 / 图 40 蚰蜒岭探沟 1 第一层下层路面 东—西
151 / 图 41 蚰蜒岭探沟 1 第一层下层路面 西—东
152 / 图 42 蚰蜒岭探沟 1 第一层下层、第二层路面 南—北
152 / 图 43 蚰蜒岭探沟 1 第一层下层、第二层路面 西—东
152 / 图 44 蚰蜒岭探沟 1 第一层下层、第二层路面 北—南
152 / 图 45 蚰蜒岭探沟 1 第一层下层、第二层路面 北—南
152 / 图 46 蚰蜒岭探沟 1 第二层路面 东—西
152 / 图 47 蚰蜒岭探沟 1 第二层路面 北—南
153 / 图 48 蚰蜒岭探沟 1 第二、三层路面 东—西
153 / 图 49 蚰蜒岭探沟 1 第二、三层路面 南—北
153 / 图 50 蚰蜒岭探沟 1 第二、三层路面 北—南
153 / 图 51 蚰蜒岭探沟 1 第二、三层路面 南—北

155 /	图 52	测量绘图
156 /	图 53	蚰蜒岭探沟 2 远景　东—西
157 /	图 54	蚰蜒岭探沟 2 上层路面　东—西
157 /	图 55	蚰蜒岭探沟 2 上层路面　西—东
157 /	图 56	蚰蜒岭探沟 2 上层路面　北—南
158 /	图 57	蚰蜒岭探沟 2 上下层路面　东—西
158 /	图 58	蚰蜒岭探沟 2 上下层路面　南—北
158 /	图 59	蚰蜒岭探沟 2 上下层路面　北—南
158 /	图 60	蚰蜒岭探沟 2 上下层路面　北—南
158 /	图 61	蚰蜒岭探沟 2 下层路面局部　东—西
159 /	图 62	蚰蜒岭探沟 2 下层路面局部　北—南
159 /	图 63	蚰蜒岭探沟 2 下层路面局部　北—南
159 /	图 64	探沟 2 南端的人工破坏沟　南—北
159 /	图 65	探沟 2 南端的人工破坏沟　南—北
159 /	图 66	探沟 2 南端斜向西南方向的车辙　东—西
160 /	图 67	探沟 2 南端斜向西南方向的车辙　西—东
160 /	图 68	探沟 2 南端斜向西南方向的车辙　北—南
161 /	图 69	上层路面出土的绳纹瓦
162 /	图 70	测量绘图
163 /	图 71	蚰蜒岭探方 1 与探沟 2　东—西
163 /	图 72	蚰蜒岭探方 1 与探沟 2　东南—西北
163 /	图 73	蚰蜒岭探方 1 与探沟 2　北—南
164 /	图 74	蚰蜒岭探方 1 西壁地层　东—西
164 /	图 75	蚰蜒岭探方 1 解剖方地层　南—北
164 /	图 76	蚰蜒岭探方 1　东—西
164 /	图 77	蚰蜒岭探方 1　南—北
165 /	图 78	蚰蜒岭探方 1　西—东
165 /	图 79	蚰蜒岭探方 1　北—南
165 /	图 80	蚰蜒岭探方 1　东南—西北
165 /	图 81	蚰蜒岭探方 1 局部　西—东
165 /	图 82	蚰蜒岭探方 1 局部　西—东

166 / 图83 蚰蜒岭探方1局部 西北—东南
166 / 图84 蚰蜒岭探方1局部 西南—东北
166 / 图85 人工破坏沟 东—西
167 / 图86 南桂花烽燧发掘前 南—北
168 / 图87 南桂花烽燧发掘中 南—北
168 / 图88 南桂花烽燧发掘中 西—东
169 / 图89 南桂花烽燧 东—西
169 / 图90 南桂花烽燧 南—北
170 / 图91 南桂花烽燧顶部 南—北
170 / 图92 南桂花烽燧 西—东
170 / 图93 南桂花烽燧 北—南
171 / 图94 南桂花烽燧 西北—东南
171 / 图95 南桂花烽燧 东南—西北
171 / 图96 南桂花烽燧上向下 西—东
172 / 图97 烽燧顶部的火坑 东—西
172 / 图98 烽燧顶部的火坑 南—北
172 / 图99 烽燧顶部的火坑 北—南
172 / 图100 摄像 西—东

173 / **2010年甘泉探方记录**

174 / 图1 圣马桥探沟1远景 西—东
174 / 图2 圣马桥探沟1远景 南—北
174 / 图3 圣马桥探沟1远景 北—南
175 / 图4 探沟1南端的瓦砾堆积 南—北
175 / 图5 探沟1南端的瓦砾堆积 南—北
175 / 图6 探沟1南端的瓦砾堆积 西—东
175 / 图7 探沟1南端的瓦砾堆积
176 / 图8 探沟1的上层路面 南—北
176 / 图9 探沟1的上层路面 西—东
177 / 图10 探沟1的上层路面 北—南
177 / 图11 探沟1的上层路面 南—北

177 /	图 12　探沟 1 的上下两层路面　东—西
177 /	图 13　探沟 1 的上下两层路面　南—北
178 /	图 14　探沟 1 的上下两层路面　西—东
178 /	图 15　探沟 1 的上下两层路面　北—南
178 /	图 16　探沟 1 的上下两层路面　北—南
178 /	图 17　探沟 1 南端　北—南
178 /	图 18　探沟 1 下层路面的排水沟　东—西
180 /	图 19　圣马桥探沟 2 远景　东—西
180 /	图 20　圣马桥探沟 2 远景　北—南
181 /	图 21　圣马桥探沟 2　南—北
182 /	图 22　探沟 2 南部的两层路面　西—东
182 /	图 23　探沟 2 北部的两层路面　西—东
183 /	图 24　探沟 2 的两层路面　北—南
183 /	图 25　探沟 2 的两层路面　北—南
183 /	图 26　探沟 2 的两层路面　南—北
183 /	图 27　探沟 2 南端的瓦砾堆积　南—北
183 /	图 28　探沟 2 下层路面的排水沟　北—南
183 /	图 29　探沟 2 下层路面出土五铢钱
184 /	图 30　探沟 2 上层路面的人工沟　西—东
184 /	图 31　探沟 2 上层路面的人工沟　南—北

189 /　2011 年安塞红花园遗址调查记录

190 /	图 1　红花园遗址远景　北—南
190 /	图 2　红花园遗址　北—南
191 /	图 3　红花园遗址　西—东
191 /	图 4　红花园遗址　南—北
192 /	图 5　红花园遗址局部　南—北
192 /	图 6　夯土台、夯层
192 /	图 7　夯土台、夯层
192 /	图 8　夯土台、夯层
192 /	图 9　夯土台、夯层

193 /	图10	瓦片堆积
193 /	图11	瓦、瓦当、砖
193 /	图12	筒瓦、板瓦外面
193 /	图13	筒瓦、板瓦内面
194 /	图14	带戳印的板瓦
194 /	图15	云纹瓦当
194 /	图16	回纹铺地砖
195 /	图17	夔纹空心砖
195 /	图18	陶井圈
195 /	图19	圆形础石
196 /	图20	方形础石
196 /	图21	抱紧10多万元的相机
196 /	图22	挑拣陶片

197 / **2011年黄陵艾蒿店直道调查记录**

198 /	图1	烧锅梁下台堑山路段	南—北
199 /	图2	烧锅梁下台堑山路段	北—南
199 /	图3	烧锅梁下台堑山路段	南—北
200 /	图4	烧锅梁上台堑山路段	北—南
201 /	图5	烧锅梁上台堑山路段	北—南
201 /	图6	烧锅梁上台堑山路段	东—西
201 /	图7	烧锅梁上台堑山路段	南—北
202 /	图8	烧锅梁上台堑山路段	南—北
202 /	图9	烧锅梁北纯山脊路段	南—北
202 /	图10	烧锅梁北纯山脊路段	北—南
202 /	图11	菜子岭东南堑山路段	南—北
203 /	图12	菜子岭东南堑山路段	西—东
203 /	图13	菜子岭东南堑山路段	北—南
203 /	图14	菜子岭东南堑山路段	北—南
204 /	图15	菜子岭东南堑山路段	西—东
204 /	图16	五里墩南纯山脊路段	北—南

204 /　　图 17　五里墩南纯山脊路段　南—北
206 /　　图 18　五里墩烽燧西堑山路段　南—北
206 /　　图 19　五里墩烽燧西堑山路段　南—北
206 /　　图 20　五里墩烽燧西堑山路段　西—东
206 /　　图 21　五里墩烽燧西堑山路段　北—南

281 /　**第四章　孤村夜语——考古日志选**

283 /　　直道吟

283 /　　　图 1　嵯岈老树
283 /　　　图 2　无尽荒草路

285 /　　黑户

286 /　　　图 1　现代版的兰花花

288 /　　大麦秸沟梁探直道

289 /　　　图 1　林中跋涉
289 /　　　图 2　歇歇，确定方向

291 /　　兴隆关怀旧

291 /　　　图 1　兴隆关

293 /　　马莲崾岘被狗咬

294 /　　　图 1　马莲崾岘女孩：恶狗的小主人

295 /　　白胖子、黑胖子

296 /　　　图 1　熊熊的篝火又点着了
296 /　　　图 2　两个胖子干活很实在

299 / 发现脚印

300 / 　　图1　发现脚印
300 / 　　图2　和"孟姜女"留个影

301 / 文保员老焦

302 / 　　图1　老焦干活没问题

304 / 入桃源

305 / 　　图1　桃红李白梦桃源1
305 / 　　图2　桃红李白梦桃源2
305 / 　　图3　言爹放羊去

306 / 出土铜镞

306 / 　　图1　技工小王手气好

307 / 祭奠亡灵

308 / 　　图1　祭奠亡灵1
308 / 　　图2　祭奠亡灵2

310 / 子午岭牛虻

311 / 　　图1　收工下山
312 / 　　图2　向谁讨还血债

315 / 垭口遇雨

315 / 　　图1　深藏于密林中的垭口直道
316 / 　　图2　斩木伐草，清理发掘区
316 / 　　图3　饭后，坐在半尺厚的落叶上发一会儿呆

319 / 蚰蜒岭上三片瓦

320 / 　　图1　扶稳，不敢晃

320 /　　　图2　空山不见人

考古的沧海一粟

322 /　　　图1　蚰蜒岭上摄影忙
322 /　　　图2　朋自远方来
322 /　　　图3　领导来视察，心里比蜜甜

发现直道四叠层

325 /　　　图1　四叠层探沟远眺
325 /　　　图2　发见四叠层
325 /　　　图3　回填前再看一眼

逃离兔儿嵝岘

327 /　　　图1　来雨了，赶紧回填
328 /　　　图2　落魄半为鬼

桂花园出恭

334 /　　　图1　这间屋子距厕所60米

正宁祭
　　　　——哭十九条小生命

336 /　　　图1　和小姜在幼儿园门前
337 /　　　图2　考古人的献花
339 /　　　图3　幼儿园里真快乐
339 /　　　图4　课桌上孩子的作业本
339 /　　　图5　事故现场干干净净

认真干就有收获

341 /　　　图1　方便面泡上一会儿

第一章 考古发掘、调查简报、论文

说　　明

以下7篇秦直道的考古简报、论文，以发掘、调查的时间成序。其中，《陕西富县秦直道考古取得突破性成果》和《2+2=4：秦直道发现道路四叠层与东西线之争》的部分内容，以同样的标题发表于2010年、2011年的《中国文物报》；《秦长城与秦直道的意义及影响》，是论文《秦长城与直道的构建》的一部分，原文发表于香港历史博物馆2012年编制的《一统天下：秦始皇帝的永恒国度——国际学术研讨会论文集》。其余各篇均未发表。

富县车路梁秦直道发掘简报

2006年11月30日—12月7日、2007年4月9日—5月6日，陕西省考古研究所（院）秦直道考古队，先后对陕西富县车路梁段的秦直道进行了考古发掘，还对富县马莲沟梁、桦沟梁、大麦秸沟梁的秦直道进行了考古调查。

参加人员有陕西省考古研究所秦直道考古队领队张在明，副研究员张占民、李增社，《文博》编辑部刘彦博，富县文化馆馆长王永亮，富县文物旅游局副局长李春阳，西北大学考古硕士研究生王有为，技工常军绪、张建波、小阎等人。延安市文物考古所所长王沛、副所长袁继民参加了富县桦沟梁段秦直道的考古调查。

2007年4月20—22日，国家文物局考古专家组成员叶学明先生来富县，对车路梁秦直道的考古发掘进行了指导。

本简报主要介绍富县车路梁秦直道的考古发掘。

一、车路梁秦直道概况

车路梁秦直道位于陕西富县张家湾镇的葫芦河北岸，地处陕西、甘肃交界的子午岭支脉上，海拔1100~1330米，直道基本沿山脊选线，南北方向。直道自南向北的走向为：葫芦河—坡根底—车路梁—第一垭口—第二垭口（最高点，海拔1330米）。该段直道全长约5.3公里。

坡根底至第二垭口段直道的修筑以堑山为主，即将山脊最高处的一侧向下开挖，降低路面坡度并取平路面，挖取的土填在山谷一侧，称为"堙谷"。直道现状保存较好，路面上长着半米多高的荒草，路两侧斜直着嵯岈老树。

现存的直道路面一般宽23~26米，个别路段和直道转弯处特宽，最宽处达47米。直道坡度平缓，调查的直道分为两段，上山段的最大坡度为10.4%，山脊段为2.6%，相当于今天的二级公路标准。

经过考古调查、钻探，2006年11—12月，在车路梁直道的最宽处和第一垭口分别挖一条垂直贯通路面的探沟，编号为探沟1、探沟2。2007年4—5月，在第一次发掘地点以北再挖三个探沟，自南向北编号为探沟3、探沟5和探沟4。

以下介绍各条探沟的发掘情况。

二、探沟1

这是秦直道考古开挖的第一个探沟。

地点选在车路梁直道南部，地处直道自东南向西北再向北转弯过后的路面宽阔平坦处，直道为堑山路段，堑山脊东侧，堑山面高6~7米，路面最宽达47米。（见图1）经踏查、钻探，发现疑似路土后，在路面最宽处南侧约5米处布探沟，以解剖路面。

探沟1的发掘，自2006年12月1日开始，12月6日结束，共发掘6天。

地层关系较为单纯，分为三层。（见图2）

第一层为耕土扰动层，厚20~50厘米。土质松，灰褐色，含少量碎石块、草

图1 探沟1所在的直道 西南—东北

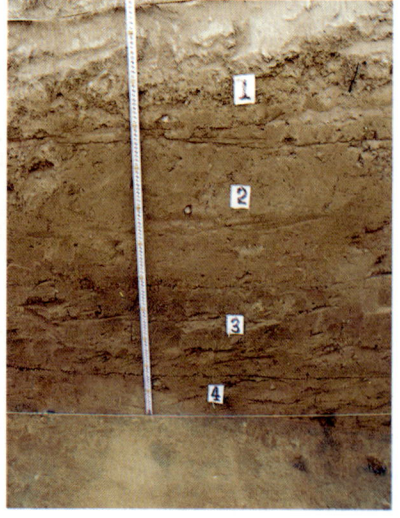
图2 探沟1南壁地层 北—南

木根等。

第二层为堆积层，厚 20~60 厘米。土质稍硬，浅褐色，含少量礓石碎块。

第三层为路土碾压踩踏层，厚 20~30 厘米。土质较硬，深褐色，夹有少量小礓石块。

第三层以下即为生土层。

探沟 1 略呈东西向，自直道西侧的堑山面至东侧的沟边垂直贯通路面。探沟 1 长 41 米，宽 1.4 米，深 0.45~1.6 米。

地表 40~110 厘米以下即发现路土层，揭露出的直道路面位于现路面中部。路土面宽约 10 米，中部高凸，两侧有缓坡状路肩。（见图 3、图 4）靠山一侧的路肩长 4 米，再向外有排水沟。排水沟断面略呈倒梯形，上口宽 2.4 米，沟深 0.4 米。沟底较平，底部铺有少量礓石碎块。（见图 5）

路土靠沟一侧有两级路肩，总长 7.5 米，其中上级路肩长 3 米，下级路肩长 4.5 米。直道路面的中部最高点，高出靠山一侧路肩上部 15 厘米，高出排水沟底部 30 厘米，高出靠沟一侧上级路肩上部 50 厘米，高出下级路肩上部 65 厘米。（见图 6）

直道路面与两侧缓坡状路肩有着明显的不同。

① 路面上分布着直径 7~8 厘米的侵蚀小坑（见图 7、图 8），可能是牛马蹄踩踏所致，而路肩表面则极为平整。

② 路面上分布有若干层较为坚硬的黑色碾压踩踏路土。靠沟一侧路肩上部没

图 3　直道路面全貌　东—西

图 4　路面中部高突　西—东

图 5　靠山一侧的排水沟

图 7　直道路面　西—东

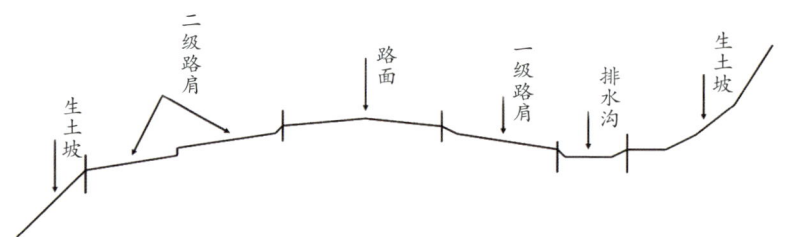
图 6　直道路面剖面示意图

有踩踏层，靠山一侧路肩上部可见少量的踩踏路土，但质地较疏松，颜色也较浅。

以上现象可能说明，直道的使用，大部分时间是使用中部的路面，有些时候也使用靠山一侧的路肩，但几乎从来不使用靠沟一侧的路肩。

探沟西段的发掘颇不顺利。最深处下挖约1米后，填土与生土的界限很不明显，且钻探疑似的路土始终未见，使人无奈。

探沟1的发掘显示，秦直道的修筑，在"堑山"开挖至生土（见图9），取平路面以后即可通行。在探沟1内未发现明显的夯筑痕迹。该地的生黄土夹杂有礓石，质地细密、坚硬，今天陕西北部、甘肃东部的乡村公路也是照此修筑，雨季以外，可以行驶大型汽车。

出土遗物：路土表层出土有一片汉代的素面灰陶片，可佐证路面的时代。这是探沟1出土的唯一遗物，殊为珍贵。

图 8　路面西端　西—东　　　　　图 9　路面东端生土　东—西

收获：

探沟 1 的发掘，肇秦直道考古发掘之首，取得了直道构筑的第一手资料，也为秦直道考古的全面深入开展提供了借鉴。第一次揭示出直道的秦汉路土和路面，发现了排水沟，对秦直道"堑山""堙谷"的修筑方法也有了初步了解。（见图10、图 11）

这次发掘，完全没有经验，也没有可资参考的先例，失误多多，教训如下：

① 路面表层清理粗糙，未清出表层的车辙辙沟、辙梁等遗迹，也未清出路面表层的细部，即斜向或水平向千层饼状路土。

② 发掘显示的路土碾压层质地较硬，深褐色，厚 20~30 厘米。（事后看，该现象与探沟 1 以北的探沟 3、探沟 4 和葫芦河南桦沟口的两期早期路土完全相同，但当时没有清出路土的层次，误以为秦直道的路面仅有这一层，殊为幼稚可笑。）

③ 路肩、二级路肩的判断、命名明显不当。从其后黄陵纯山脊直道的发掘看，早晚各层路面的宽度和位置并不完全一致，各层的路面，不仅有稍宽或稍窄的差别，也有向里（靠山一侧）、向外（靠沟一侧）的差别。所谓的路肩，就是上下两层路土的界限，也即下层路土与生土的交界地带。

④ 地层的划分、遗迹、遗物的记录均显粗率。

图10 记录现象

图11 工地午餐

三、探沟2

位于探沟1以北约1200米的一个垭口处。垭口两侧山势平缓,秦直道从中间穿过。垭口东侧山脊高5~6米,西侧山丘仅高3~4米。穿过垭口的秦直道呈北高南低的坡状,坡度达10.4%,是全长5.3公里的车路梁直道中坡度最大的一处。

探沟2的发掘,自2006年12月3日开始,12月4日结束,共发掘2天。

探沟2垂直贯通垭口直道路面。探沟长约29米,宽1.4米;深度差别极大,西端的最深约190厘米,最浅仅25厘米。(见图12)

发掘显示,探沟中部大部分的直道路面均被水冲毁。仅在靠山一侧(东侧)、地表30厘米以下发现宽约3米的硬土踩踏面。踩踏面大致平整,其上散布有直径3~6厘米的浅坑。

踩踏面东侧靠山根处发现保存基本完整的排水沟。排水沟断面略呈倒梯形,上口宽1.4米,沟深0.4米。沟底不甚平,底部铺有一层处理过的礓石碎块。(见图13)

测量得知,在这一地点,两千多年来,秦汉路面以上的自然堆积土厚约30厘米,但路面中部被水冲去约1.9米。

探沟2的发掘几乎完全失败,教训是选点的失误。此地顺直道方向的坡度大,两千多年来不断有山水冲刷路面,现地面中部已呈明显的冲沟痕迹。今后选点,应选择宽阔平坦、地势低洼之地。

图12 探沟2 东—西　　　　　图13 靠山一侧的排水沟

四、探沟3

为了进一步印证去年的发掘，在探沟2北部选点，开挖探沟3。

探沟3位于车路梁直道中南部，南距探沟2约360米，距葫芦河约3.6公里，北距探沟5约650米，西距陕甘交界线约6.6公里。探沟3向北约150米后，直道向东北再向北转一个大弯，转弯处的弯道平滑、宽阔，道路标准很高，是车路梁直道上最壮观的一处弯道。

图14 探沟3所在的直道　东北—西南

探沟3地理坐标：北纬36°07′13″，东经108°43′01″，海拔1254米。

探沟3所在的直道为堑山路段，堑山脊西侧，堑山面高7~8米，路面最宽达35米。经踏查、钻探，发现疑似路土后，在路面最宽处布探沟，以解剖路面。探沟方向为正东西偏南约13°，与直道路面垂直。探沟全长35米，宽1.5米。（见图14）

探沟3的发掘分两阶段进行。2007年4月10日至13日为第一阶段，5月3日至4日为第二阶段，共发掘6天。

（一）地层堆积

地层堆积自上而下分为六层，以探沟3北壁剖面为例，地层的具体情况如下：

第一层：近现代耕土层，厚12~36厘米。土质较松，灰褐色，包含有少量近现代瓦片、石块等。

第二层：浅褐色土层，厚30~88厘米。土质稍硬。该层下部即为第一期路面（详见以下L1）。

第三层：深褐色土层，厚42~69厘米。土质硬度一般。不连续分布，仅分布于探沟东半部近山梁处，由东向西呈斜坡状堆积，夹杂有少量草木灰烬、小石块等。该层应是堑山面上风化坍塌土的堆积。

第四层：深黄色花土层，厚12~35厘米。土质较硬，无明显包含物。间断性分布，仅见于探沟东部长约5米的一小段。该层下部为第一期路面（详见以下L1）。

第五层：红褐色花土层，厚5~126厘米。土质硬度适中，出土极少量泥质陶片。该层下部为第二期路面（详见以下L2）。

第六层：浅灰色土层，厚7~23厘米。土质较松，无明显包含物。该层下部即为第三期路面（详见以下L3）。

图15 探沟3全貌 东—西

（二）主要遗迹

1. 路面

经发掘，本探沟（见

图 15）内共发现不同时期的路面遗迹三处，依次编号为 L1、L2、L3，具体情况如下：

L1：

位于第二层、第四层下部，距地表约 50 厘米。间断性分布，揭露面长约 5.8 米，宽约 1.4 米，碾压踩踏层总厚 6~13 厘米，每层厚 0.1~0.5 厘米。路土质地较硬，灰黑色，与上层剥离明显。路面踩踏痕迹明显，呈浅褐色，且凸凹不平。出土有少量泥质、夹砂灰陶、釉陶片，胎质较薄。另有一些浅灰色烧土块出土。

L2：

位于第五层下部，距地表约 95 厘米。基本为连续分布，揭露面长约 18 米，宽约 1.4 米，碾压踩踏层总厚 8~23 厘米，每层厚 0.2~0.4 厘米。路面质地坚硬，呈青黑色，踩踏层与上层剥离很明显。路土中包含有少量泥质陶片。

路面整体来看，东半部多为车辙辙沟、辙梁，辙沟、辙梁呈斜坡千层饼状堆积。相对而言，西半部较为平坦。（见图 16、图 17）探沟内共发现辙梁三条、辙沟四条，揭露长度为 1.4 米，与探沟的宽度相同。由西向东，辙沟、辙梁的具体情况如下：

第一条辙沟：宽 45~51 厘米，深 12 厘米，其东侧第一道辙梁宽 20~49 厘米。

第二条辙沟：宽约 15~23 厘米，深约 17 厘米，其东侧第二道辙梁宽约 65~95 厘米。

第三条辙沟：宽约 70~89 厘米，深约 9 厘米，其东侧第三道辙梁宽约 5~13 厘米。

第四条辙沟：宽约 95~102 厘米，深约 6 厘米，其东侧第四道辙梁宽约 7~10 厘米。

图 16　上层路面　西—东

图 17　两层路面局部　西—东

其中，第一条辙沟与第二条辙沟间距（两辙沟的中心距离）56~75厘米，第二条辙沟与第三条辙沟间距125厘米，第三条辙沟与第四条辙沟间距115厘米。整体上，五道辙梁自西向东逐渐变低，宽度逐渐增加。同时，四条辙沟自西向东则逐渐变浅趋平，最终消失。

L3：

位于第六层下部，距地表约135厘米。基本为连续分布。揭露面长约17米，宽0.72米，但碾压踩踏层较薄，总厚约7~9厘米，每层厚0.1~0.3厘米。路土质地坚硬，呈深褐色。（见图18）碾压踩踏面明显、清晰，层次分明。路面整体较为平坦，且呈东高西低的趋势，表面呈斜坡千层饼状结构。（见图19、图20）未发现明显的包含物。

该层西段路面下发现有夯土，初步判断，可能为原始路面。经探测和部分发掘，夯土向里（向靠山一侧）的宽度约为9.3米，总厚35~180厘米，夯层厚8~13厘米（详见下文）。

2. 夯土

探沟3内的夯土位于探沟西部第六层以下，即近山沟边缘处。整个夯土部分向里宽约9.3米，夯土依据山体生土的走势呈斜坡状，厚度自西向东递减，西端

图18　直道路土

图19　靠沟一侧的两层路面　东—西

图20　直道中部的两层路面　西—东

图21　靠沟一侧的夯土护坡

最厚处180厘米，东端最浅处35厘米。夯土的夯层厚8~13厘米。夯土较为纯净，为深黄色，其内无明显包含物，可能被人工有意处理过。（见图21）

初步判断，整个夯土层的存在与否，当根据筑路的实际需要，并结合山体走势来决定。夯土的作用主要有两点：一是对靠沟一侧的路基起到加固作用，防止塌陷和滑坡；二是拓宽路面，减少堑山幅度，从而达到压缩工程量、缩短工期的效果。工程浩大的秦直道能在一年多的时间内基本完成，除广征役夫、增加劳动力外，设计者的聪明才智无疑也是一个重要因素。

（三）遗物

探沟3共出土泥质陶片3片、烧土1块、小石板1块。陶片中，有灰陶2片、黄褐陶1片。具体情况如下：

第二层：出土泥质灰陶片1片、浅灰色烧土1块及石板1块。陶片胎壁较厚，不规则形，长3.5厘米，宽1.2厘米，厚约0.7厘米。石板为红色页岩，长3厘米，宽2.2厘米，不规则形。

第四层：出土陶片1片。灰陶，略为等边三角形，边长约2.8厘米，厚0.4厘米。

第五层：出土陶片1片。黄褐陶，胎壁较薄，略呈等腰梯形，上底长1.3厘米，下底长 2.6 厘米，高 3.7 厘米，厚约 0.4 厘米。内壁尚残留有实物痕迹。

（四）时代分析

本探沟共发现不同时期的路面遗迹三处，编号为 L1、L2、L3。结合地层关系及出土遗物，对各期路面的时代分析如下：

L3：位于第六层下部。L3 直接处在夯土层之上，从地层关系看，当为原始路面无疑。另外，从该路面上层所出的素面、泥质、胎质较薄的黄褐色陶片看，具有明显的秦汉时代特征。由此判断，该层路面为秦和西汉时代的可能性很大。

L2：位于第五层下部。L2 位于 L3 之上，时代当稍晚于 L3。发掘显示，该期路面堆积较厚，说明使用较为频繁且持续时间较长，又据该层出土泥质灰陶片及夹杂烧土块分析判断，L2 的时代范围当在两汉之际。

L1：位于第二层、第四层下部。L1 位于 L2 之上，时代当晚于 L2。该层路面踩踏层堆积较薄且为间断性分布，说明 L1 的使用频率较低，时间延续显然也不如 L2 及 L3。以此初步判断，该层路面当为隋唐或更晚的宋元时期。

（五）结语

通过探沟 3 的发掘和初步整理，现将收获和值得探讨的教训概括如下，供商榷。

主要收获：

① 通过发掘，对不同时期路面遗迹的基本概况，包括路面结构、宽度、路土堆积厚度、颜色、使用痕迹（车辙）等有了整体的感性认识，为今后的考古发掘积累了经验。

② 通过原始路面（即秦汉路面）和路基夯土层的再次发现，对秦直道的修筑方法及总体结构有了更加明确、直观的认识，从而为史学界关于秦直道修筑中有无夯土的争论，提供了确凿的考古证据。

③ 三层不同时期路面的发现及其堆积层次、厚度的差异，证明了秦直道经过秦代的短暂使用，其后在两汉、魏晋南北朝、隋唐以至宋元均有不同程度的使用，印证了文献中秦直道连续使用的记载。

④ 某些路面的使用痕迹，尤其是车辙辙沟、辙梁的发现，对中国古代不同时期的交通方式、交通工具等问题的研究，具有参考作用和价值。

存在问题：

① 本探沟的发掘，各期路面上均未发现与之对应的排水沟等附属设施，从而

产生了秦直道上是否都有排水沟的疑问。或者在某些特殊路段利用地形走势，使路面向外侧倾斜，造成水流入沟，或者排水沟遭遇破坏而不复存在，等等，均有待更多的考古资料验证。

②探沟各层出土遗物数量少且零碎，对各期路面遗迹的断代造成困难，因此，文中的时代推定，仅仅是大致的判断。

另外，由于种种原因，各期路面遗迹都遭到不同程度的破坏，保存均不甚完整，从而对各期路面的实际使用范围、宽度、附属设施等难以准确把握，有待今后的考古发现进一步证实。

③本次发掘，尽管对秦直道的修筑方法及总体结构有了一定的直观认识，但由于发掘力度不够，发掘技术存在缺陷，不排除发掘粗糙、遗漏某些遗迹现象的可能。所以，上述认识尚处于肤浅阶段，亟待深化。

五、探沟4

探沟4位于车路梁直道中部稍偏北处，南距探沟2约900米，距葫芦河约5公里，西距陕甘交界线约8公里。地处所开5条探沟的最北部。该段直道南北笔直，长300余米，是车路梁直道中较为壮观的一处。（见图22）

探沟4地理坐标：北纬36°07′93″，东经108°42′83″，海拔1326米。

探沟4所在的直道为堑山路段，堑山脊东侧，堑山面高6~7米，路面最宽达

图22 探沟4 西北—东南

图 23　探沟 4　西—东

图 24　探沟 4　西南—东北

25 米。经踏查、钻探，发现疑似路土后布探沟。探沟方向为正东西偏南约 8°，与直道路面垂直。探沟全长 23 米，宽 1.5 米。（见图 23、图 24）

探沟 4 的发掘，自 2007 年 4 月 13 日开始，5 月 2 日结束，历时 20 天。

（一）地层堆积

经发掘，探沟自上而下可分为六层，可确定三期不同时代的路面遗迹，以探沟 4 北壁为例，具体地层如下：

第一层：近现代耕土层，厚 22~85 厘米。土质较松，灰褐色，包含有少量近现代瓷片、瓦片等。

第二层：黄褐色土层，厚 30~108 厘米。土质较硬。该层下部有少量踩踏痕迹，为不连续间断分布。发现少许疑似宋元影青瓷片和少量泥质灰陶片。

第三层：深褐色土层，厚 75~98 厘米。土质稍松。为不连续分布，仅分布于探沟西半部，由近山根处向外（靠沟）呈斜坡状堆积。夹杂有少量草木灰烬和小木炭块。该层应是堑山面上风化坍塌土的堆积。

第四层：深黄色花土层，厚 25~32 厘米。土质较硬，出土有黑釉瓷片，胎质粗糙，轮制，当较为原始。该层下部为第一期路面遗迹，人为踩踏面极为明显，间断性分布，踩踏层厚 12~23 厘米。

在路面最东部即靠近沟边处，有一段踩踏层极明显且连续分布有规律性的辙沟、辙梁遗迹。揭露辙沟长 75 厘米，宽 9~12 厘米。但未发现与之对应的辙沟、辙梁。

第五层：红褐色花土层，厚 50~72 厘米。土质硬度适中。该层中下部有少量泥质灰陶、灰褐及黄褐陶片出土，少量陶片表面有弦纹。该层的西部即靠山一侧发现排水沟一条，该层下部即为第二期路面（详见以下遗迹报告）。

第六层：浅灰色土层，厚 5~35 厘米。土质稍硬，无明显包含物。该层下部即为第三期路面，当为原始路面。东部路面以下叠压有夯土（详见以下遗迹报告）。

（二）探方地层及遗迹

为了深入了解不同时期路面上车辙的分布和延续，结合发掘实际，先后在探沟中部和东部的北侧，扩三个 5 米 ×5 米的探方。（见图 25、图 26）自西向东编号为 T1、T2、T3，具体情况如下：

T1：

位于探沟中部偏西处，探方南部被探沟 4 打破，T1 南壁即探沟 4 南壁。地层自上而下可分为六层，以 T1 西壁为例详介如下：

第一层：近现代耕土层，厚 22~55 厘米。土质较松，灰褐色，包含有少量近

图 25　探沟 4 及探方全貌　东—西

图 26　探方 1、探方 2　西—东

现代瓷片、瓦片等。

第二层：浅黄褐色土层，厚30~58厘米。土质稍硬，包含有少量泥质灰陶片。

第三层：深黄褐色土层，厚20~48厘米。土质较硬。该层下部为第一期路面遗迹，人为踩踏面明显，不连续分布。（见图27、图28）出土有少量泥质、夹砂灰陶、黑陶片。

第四层：深黄色花土层，厚9~51厘米。土质较硬，包含有少量泥质、夹砂灰陶、灰褐陶片，部分陶片有烟熏痕迹。该层下部为第二期路面遗迹，路表面坚硬，踩踏面与上层剥离明显，基本为连续分布且较为平坦。在靠近东隔梁处有一南北向沟，揭露长约2.8米，宽28~50厘米，深约6厘米。另有一梁在靠近西隔梁处，揭露长约2.1米，宽17~19厘米，高约8厘米。踩踏层总厚8~12厘米，每层厚0.1~0.3厘米。

图27　踩踏层　西—东

图28　踩踏层露头

第五层：浅灰色土层，厚12~35厘米。土质较硬，未发现明显包含物。

第六层：浅灰色土层，厚5~18厘米。

土质稍硬，无明显包含物。该层下部即为第三期路面，即原始路面 L3，揭露长 1.2 米，宽 0.7 米。路面踩踏层总厚 7~9 厘米，每层厚 0.1~0.3 厘米，表面呈黄褐色。

T2：

位于探沟 4 的中部偏东处，东临 T3，西临 T1，探方南部被探沟 4 打破，T2 南壁即探沟 4 南壁。地层自上而下可分为七层，以 T2 北壁为例介绍如下：

第一层：近现代耕土层，厚 18~20 厘米。土质较松，灰褐色，包含有少量近现代瓷片、瓦片等。

第二层：浅黄褐色土层，厚 28~33 厘米。土质稍硬，未发现明显包含物。

第三层：深黄褐色土层，厚 25~30 厘米。土质较硬，未发现明显包含物。

第四层：深黄色花土层，厚 13~20 厘米。土质稍硬，未发现明显包含物。该层下部即为第一期路面，距地表约 69 厘米。路土质地较硬，踩踏面明显，为不连续分布。其中，在该层偏东处有一段典型的带状踩踏面，揭露长 3.6 米，宽 8~32 厘米，踩踏面总厚约 15 厘米，每层厚 0.2~0.4 厘米。出土有少许酱色釉瓷片和泥质素面灰陶片，胎质稍厚。

第五层：浅灰色土层，厚约 20 厘米。土质较硬，包含有少量夹砂灰陶片，胎壁厚约 0.5 厘米。

第六层：深灰色土层，厚 13~32 厘米。土质稍硬，未发现明显包含物。该层下部即为第二期路面，距地表约 98 厘米。路土表面坚硬，厚度不均，表面呈深褐色，踩踏面与上层剥离明显，呈连续的辙沟、辙梁状分布。踩踏层总厚 8~33 厘米，每层厚 0.2~0.3 厘米，最厚处达 53 厘米。由西向东共发现辙梁四条、辙沟三条，长度基本与探方等长，在 2.3~4 米之间。

其中，辙沟宽 10~30 厘米，深 3~15 厘米；辙梁宽 36~68 厘米，间距 1.2~1.3 米。由于车轮的碾压、挤迫，踩踏层由上而下呈斜坡状。由东向西，辙沟、辙梁具体情况如下：

第一条辙沟：宽 60~80 厘米，深 25 厘米，其东侧第一道辙梁宽 30~45 厘米。

第二条辙沟：宽约 90 厘米，深约 20 厘米，其东侧第二道辙梁宽约 40 厘米。

第三条辙沟：宽约 64 厘米，深约 15 厘米，其东侧第三道辙梁宽约 45 厘米。

第一条辙沟与第二条辙沟间距 1.25~1.3 米，第二条辙沟与第三条辙沟间距 1.25 米。三道辙梁自西向东逐渐变低，前两条较高，上面整体呈半圆弧形。同样，三条

辙沟自西向东也逐渐变浅趋平,第三道辙梁上部略平。(见图29、图30)

第七层:深黄色土层,厚约6~28厘米。未发现明显包含物。该层下部即为第三期路面,即原始路面L3。路表面坚硬,连续分布,长、宽与探方相同。踩踏层总厚7~9厘米,每层厚0.1~0.3厘米。路面整体较为平坦,表面呈黄褐色。再下面即为垫土和夯土,垫土厚约15厘米,夯土厚0.3~1.1米。两者土质均较为纯净,深黄色,无明显包含物。

T3:

位于探沟4的最东部,西临T2,探方南部被探沟4打破,T3南壁即探沟4南壁。东部被山沟打破,部分现象缺失。地层自上而下分为七层,以T3西壁为例,具体情况介绍如下:

第一层:近现代耕土层,厚15~23厘米。土质较松,灰褐色,包含有少量近现代瓷片、瓦片、草木根茎等。

第二层:浅黄褐色土层,厚28~47厘米。土质稍硬,未发现明显包含物。

第三层:深黄褐色土层,厚25~38厘米。土质较硬,未发现明显包含物。

第四层:深黄色花土层,厚13~20厘米。土质稍硬,无明显包含物。该层下部即为第一期路面,路面为不连续分布,踩踏层明显,质地坚硬,呈青黑色。总厚7~13厘米,每层厚0.1~0.4厘米。

第五层:浅灰色土层,厚22~26厘米。土质较硬,未发现明显包含物。

第六层:深灰色土层,厚8~12厘米。土质稍硬,无明显包含物。该层下部

图29 探方2 东南—西北

图30 探方2 南—北

即为第二期路面，踩踏层厚度不均，质地坚硬，表面呈深褐色，踩踏面与上层剥离明显，基本为连续辙沟、辙梁状分布。踩踏层总厚11~38厘米，最厚处达48厘米，每层厚0.2~0.6厘米。

该层由西向东共发现辙梁两条、辙沟两条，揭露辙沟长1.8~3.1米，宽5~33厘米，深3~16厘米。由于车轮连续碾压、挤迫，踩踏层由上而下呈斜坡状堆积。（见图31、图32）

第七层：深黄色土层，厚约8~25厘米。未发现明显包含物。该层下部为第三期路面，即原始路面L3。踩踏层总厚7~9厘米，每层厚0.1~0.3厘米。质地坚硬，呈黄褐色，路面整体较为平坦。

该层路面以下叠压垫土和夯土，其中，垫土厚20~30厘米，夯土厚1.2~2.3米。两类土质均较纯净，深黄色，无明显包含物。

（三）主要遗迹

1. 路面

探沟4及其扩方内共发现不同时期的路面遗迹三处，编号为L1、L2、L3，详细情况如下：

L1：

位于探沟第四层下部，距地表约150厘米。该层土质坚硬，踩踏痕迹明显，

图31 探方3 东北—西南

图32 路土剖面

间断性分布，先后发现两段南北走向的带状踩踏面，揭露长度75~393厘米，宽8~32厘米。表面深褐色，界面剥离明显。踩踏层总厚12~23厘米，每层厚0.1~0.3厘米。踩踏面中间有一车辙沟槽，揭露长约162厘米，宽6~13厘米，当为车轮碾压所致。路面之上出土有少量泥质灰陶片和影青瓷片。

L2：

位于探沟第五层下部，距地表约170厘米。碾压踩踏层极为明显且连续分布，并于探沟东半部发现数条车辙辙沟、辙梁。辙沟、辙梁均呈南北走向，揭露长度均在2.6米，车辙间距90~130厘米，沟深8~35厘米。该层总厚12~53厘米，路面呈青黑色，与上层剥离明显。该层的辙沟、辙梁自西向东迹象渐缓，即辙沟越来越浅，辙梁越来越低，并最终消失。

在该层路面西部、紧接排水沟处的一段路面上，铺有一层疑似人工处理过的礓石碎块，分布较为规整，揭露长约2.5米，宽1.5米，具体用途尚不清楚。路面上发现少量泥质、夹细砂灰、黑陶片，胎壁较薄，少量陶片饰几何纹。

L3：

位于探沟第六层下部，距地表约183厘米。碾压踩踏面明显，连续分布，质地很硬，较为平坦。揭露长约13米，宽0.75米，但踩踏层堆积较薄，总厚约7~10厘米，每层厚0.2~0.5厘米。路面呈浅灰色，未发现明显包含物。当为原始路面遗迹。

路土以下叠压垫土和夯土，垫土厚10~25厘米，夯土厚1.3~2.3米，夯层厚7~15厘米。

2. 排水沟

探沟4中共发现不同时期的疑似排水沟两条，编号依次为G1、G2，具体情况如下：

G1：

位于探沟西部L2的西边缘，开口于第五层下，南北向，距地表约2.5米。排水沟断面略呈长方形，沟壁较垂直，上口东西宽95~128厘米，南北揭露长1.5米，深约30厘米。沟内填土为浅褐色，土质很松，有淤土迹象。无明显包含物。（见图33）

G2：

位于探沟中部 L1 的偏西处，开口于第四层下，南北向，距地表约 1.9 米。排水沟断面略呈梯形，上口东西宽 172~195 厘米，南北揭露长 1.5 米，深约 20 厘米。沟内填土为棕褐色，土质较硬，无明显包含物，底部有水淤痕迹，根据地层堆积当为晚期遗迹。

3. 夯土

夯土位于探沟 4 东部近沟处，经钻探、发掘得知，整个夯土部分东西宽约 6.8

图 33　靠山一侧的排水沟

图 34　靠沟一侧的夯土护坡　东—西

图 35　夯土护坡解剖

图 36　测量、记录

米,厚度自东向西递减,最厚处2.3米,夯层厚7~15厘米。(见图34、图35)路面与夯土之间有一层经过简单处理、厚度不均的垫土,垫土依据山体生土走势呈斜坡状堆积。夯土和垫土均很纯净,其内无明显包含物,甚至极少发现礓石,使人怀疑所用之土可能被有意处理过。(见图36)

(四)遗物

探沟4及扩方内共出土陶片19片、瓷片4片。其中,泥质陶14片,约占总数的73.7%;夹砂陶5片,约占总数的26.3%。以陶色计,灰陶9片、灰褐陶5片、黄褐陶5片,分别约占总数的47.4%、26.3%和26.3%。具体情况如下:

第二层:共出土泥质灰陶片8片、瓷片3片。瓷片中,影青瓷、青黄釉瓷和白地黑花瓷各1片。

第三层:共出土陶片6片。其中,泥质陶和夹砂陶各3片,个别有疑似弦纹和圆钉状麻点纹。

第四层:出土陶片和黑釉瓷片各1片。陶片为夹砂灰陶,瓷片为黑釉,轮制,表面和胎质均较粗糙。

第五层:出土陶片4片。其中,泥质陶3片、夹砂陶1片,各占该层出土总数的75%和25%。

(五)时代分析

探沟4及扩方内共发现不同时期的路面三处,编号为L1、L2、L3,结合地层关系及出土遗物,对各期路面的时代初步判定如下:

L1:

位于探沟第六层下部,直接处在夯土层之上,从地层堆积看,当为原始路面遗迹即秦汉路面无疑。另外,晚于该层,即第五层出土的表面有细弦纹的泥质灰褐色陶片,也具有明显的秦汉特征。以此判断,该层路面是秦和西汉的可能性很大。

L2:

位于探沟第五层下部,位于L3之上且两者间隔较薄,时代当稍晚于L3。该期路面堆积极厚,说明路面延续使用时间较长。另外,参考晚于该层,即第四层出土的疑似南北朝时期较为原始的黑釉瓷片的时代,大致判断该期路面的时代在两汉之际。

L1：

位于探沟第四层下部，位于 L2 之上，时代当晚于 L2。该层路面堆积较薄且为间断性分布，说明路面使用频率较低，时间延续不如 L2。另外，结合出土的影青和青黄釉瓷片初步判断，该层路面的时代可能为宋金时期。

文献史料记载，除秦代的短暂使用外，秦直道在两汉、魏晋南北朝，以至隋唐、宋金时期均有不同程度的使用，特别是两汉和魏晋南北朝时期，秦直道的使用更是大规模且频繁。至隋唐和宋金时期，秦直道的使用范围越来越小，使用频率越来越低，某些路段逐渐废弃。

这一历史现象与探沟 4 的三期路面也可对应。

三层路面自下而上基本是连续的，地层堆积间隔均较薄，但宋金时期的路面到今地表则间隔较厚，甚至是前几层路面间隔的总和，此当为宋金之后秦直道废弃至今达七百余年，自然堆积特厚的缘故。

（六）结语

通过发掘和初步整理，探沟 4 的初步收获和教训概括如下，供商榷。

主要收获：

① 通过发掘，对不同时期路面遗迹的基本概况，包括路面结构、宽度、路土堆积厚度、颜色、使用痕迹（车辙）等有了整体的感性认识，为今后的考古发掘积累了经验。

② 两条排水沟的发现，以及早期路面均呈现出中部较高、两边略低的现象，证明了秦汉时期直道修筑时均注意到了排水设施的需要，从而部分填补了史书记载的空白（两条排水沟中，其中一条沟壁较垂直，不排除是人工破坏沟的可能）。

③ 通过原始路面（即秦汉路面）和路基夯土层的再次发现，对秦直道的修筑方法及总体结构有了更加深入的、直观的认识，从而为史学界关于秦直道修筑中有无夯土的争论，提供了确凿的考古证据。

④ 三层不同时期路面的发现及其堆积层次、厚度的差异，证明了秦直道经过秦代的短暂使用，其后在两汉、魏晋南北朝、隋唐以至宋金均有不同程度的使用，印证了文献中秦直道连续使用的记载。

各期路面的使用，逐渐向东（向靠沟一侧）偏移的原因不详，或为堑山面山体风化坍塌，造成靠山一侧的路面难以行走所致。

⑤ 某些路面车辙辙沟、辙梁的发现，对中国古代不同时期的交通方式、交通工具等问题的研究，具有参考作用和价值。

存在问题：

① 探沟各层出土遗物数量偏少且零碎，对各期路面遗迹的断代造成困难，因此，文中的时代推定，仅仅是大致的判断。

② 由于种种原因，各期路面遗迹都遭到不同程度的破坏，保存均不甚完整，从而对各期路面的实际使用范围、宽度、附属设施等难以准确把握，有待今后的考古发现进一步证实。

③ 本次发掘，尽管对秦直道的修筑方法及总体结构有了一定的直观认识，但由于发掘力度不够，发掘技术存在缺陷，不排除发掘粗糙、遗漏某些遗迹现象的可能，所以，上述认识尚处于肤浅阶段，亟待深化。

④ 囿于时间和条件，对秦直道的夯土结构、范围等虽有一定的认识，但由于探沟发掘面积过小，不少现象的揭示仅仅依赖钻探，对直道夯土的认识难免留有缺憾，有待更多、更科学的考古发掘来充实、验证。

六、探沟 5

探沟 5 位于车路梁直道中部，南距探沟 1 约 650 米，距葫芦河约 3.9 公里，北距第一道垭口的探沟 2 约 200 米，西距陕甘交界线约 7.1 公里，该探沟处在车路梁直道所开 5 条探沟的中间。

探沟 5 地理坐标：北纬 36°07′41″，东经 108°42′88″，海拔 1276 米。

探沟 5 地处车路梁直道第一道垭口以下（以南）。直道上部（北部）地势较高，直道路面中部形成冲沟，探沟 5 所在地势低洼，略呈开口向南的簸箕状。（见图 37、图 38）该探沟所在的直道也为堑山路段，堑山脊东侧，堑山面高 6~7 米，路面最宽达 40 米。钻探发现夯土和疑似路土后，在路面最宽处布探沟以解剖路面。探沟方向为东西偏北约 8°，与直道路面垂直。探沟全长 40 米，宽 1.5 米。（见图 39、图 40、图 41）

探沟 5 的发掘，自 2007 年 4 月 18 日开始，29 日结束，历时 11 天。

图 37　探沟 5 远眺　南—北

图 38　探沟 5　西北—东南

图 39　探沟 5　西北—东南

图 40　探沟 5　西—东

图 41　探沟 5　东—西

（一）地层堆积

探沟 5 地层堆积自上而下可分为三层，以探沟北壁剖面为例报告如下：

第一层：近现代耕土层，厚 15~27 厘米。土质疏松，灰褐色，包含有少量近现代瓷片、瓦片、草木根系等。

第二层：浅褐色土层，厚 8~40 厘米。土质稍硬，出土有白地黑花釉瓷片及少量碎石块等。

第三层：深褐色土层，厚 10~35 厘米。土质较硬，该层下部出现路面遗迹。路面踩踏痕迹明显，为不连续分布，仅出现于探沟东半部。路面整体较为平坦，表面呈灰褐色，其上有一层礓石颗粒分布。

（二）主要遗迹

1. 路面

经发掘，探沟 5 内发现路面遗迹一处，位于第三层下部。路面呈灰褐色，质地坚硬，踩踏痕迹明显，为不连续分布，仅出现于探沟的东半部。路面揭露长约 7.6 米，宽约 1.43 米。路面上有山水冲刷的痕迹，路面上整体较为平坦，个别地方凸凹不平。路表分布一层较为规整的礓石颗粒，当为人工所为。经实测，路土踩踏层总厚 8~11 厘米，每层厚 0.2~0.3 厘米，整体呈斜向的千层饼状结构。路面上未发现其他包含物。

由于探沟 5 中部地势低洼，今地表高度已在路面遗迹之下，该层路面以上的各层路面遗迹均已破坏，详情不可知。

在探沟东部的夯土地带发现一条冲沟，冲沟方向与直道并不完全平行，略呈西北至东南向，再向下（东南）10 余米即延入直道的沟边。

冲沟开口位于第二层以下，距今地表约 25 厘米。冲沟剖面介于倒梯形与倒三角形之间，开口东西宽 245~358 厘米，南北揭露长 1.5 米，最深 118 厘米。由于冲沟完全穿过夯土，夯土每层的上下部硬度不均匀（上部的硬度大于下部），致使沟壁整体呈斜坡梯状，一个阶梯就是夯土的一层。（见图 42）

冲沟内填土为浅褐色，土质较松，部分有淤土迹象，无明显包含物。

自然冲沟与人工沟的判定，主要看沟壁的角度。人工沟的沟壁多与地面垂直，不少沟壁还能看到人工挖凿的痕迹。从走向看，该冲沟不能排除人工开凿的可能，但最终的确定，还须有更多的考古资料。

图 42　夯土上的冲沟　北—南

2. 排水沟

排水沟位于探沟西部近山处的第二层以下，距地表约 50 厘米，走向与直道平行。排水沟剖面呈倒梯形，开口东西宽 260~340 厘米，南北揭露长 1.5 米，深约 65 厘米。沟内填土为深褐色，土质较松，无明显包含物。（见图 43）据地层

图 43　靠山一侧的排水沟

图 44　版筑的夯土护坡　东—西

堆积初步判断,其时代较早,但具体时代尚不清楚。

3. 夯土

夯土位于探沟东半部的路面遗迹之下。经部分发掘和钻探,夯土部分自沟边向里(靠山)宽11.3米,总厚38~270厘米(夯土厚度自东向西递减),夯层厚9~12厘米。夯土界面较为清晰,层次分明。根据夯层的结构观察,夯筑方式为版筑,靠沟一侧的夯土壁上还留有木板的痕迹。(见图44)夯土壁面与地面几近垂直,整个夯土层依据山体生土的走势呈斜坡状堆积。经部分解剖,夯土土质较为纯净,为深黄色,未发现明显包含物。(见图45)

图45 夯土护坡解剖 东—西

(三)遗物

铜镞1枚,出土于探沟中部的路面上,距地表约15厘米。铜镞为铜头铁铤,三棱锥形,镞锐部锋利,头部圆钝,铤部稍弯曲,有锈迹。总长12.4

图46 铁铤铜镞

厘米,其中,镞头长2.8厘米,宽约1厘米。铁铤为圆柱形,长9.6厘米,直径最大约0.4厘米,尾部渐细。另外,铜头三个棱的最下端均有一刻口将镞棱截断,三个刻口形状、尺寸相同,呈较高的等边梯形,高约0.3厘米。刻口的作用是固定木质或竹质的箭杆。铜镞保存较完整。(见图46)

从形状、质地及制作方法看,铜镞与秦始皇陵兵马俑一号坑所出的铜镞完全相同,其时代应在秦或西汉早期。

瓷片1片,出土于探沟东部第二层的上部,距地表约28厘米。瓷片形状不规则,长约2.8厘米,宽约1.7厘米,厚约0.3厘米。瓷片白地黑花,内壁施黑釉,胎质细密,表面光滑。初步判断,其时代约为宋元时期。

（四）时代分析

本探沟所处地势低洼，上部（北部）地势较高且多冲沟，经长期雨水冲刷，直道路面遗址破坏严重，致使探沟内地层堆积相对简单，路面遗迹和遗物发现甚少。

探沟内发现的路面遗迹直接位于探沟东部的夯土层之上，地势相对较高，以此推断，该路面遗迹为直道的原始路面即秦至西汉早期路面的可能性很大。

探沟5中部地势低洼，各层路面遗迹均已被破坏并荡然无存。唯一的铜镞和唯一的瓷片可能说明，秦、西汉早期至宋元间漫长的一千多年的遗迹、遗物，经山水的冲刷，仅仅剩下两头了。

（五）结语

探沟5发掘的主要收获和教训有以下几点：

主要收获：

① 根据地层堆积及少量遗物判断，探沟内的路面遗迹很可能是直道的原始路面，即秦至西汉早期的路面。

② 路基夯土的再次发现，证明了秦直道的修筑中，黄土夯筑是必不可少、确存无疑的重要方式。对夯土层的部分解剖，也确定了夯筑中使用的版筑法。

③ 探沟5出土的铜镞与秦陵兵马俑一号坑所出者完全相同，殊为珍贵，不失为本次发掘的一个重要收获。同时说明，在秦汉时期，富县的车路梁一带，曾经是一个兵家必争的古战场。

存在问题：

① 虽然有过探沟2选址不当的前车之鉴，但探沟5的选址还是严重失误，即地点坡度太大，探沟内遗迹、遗物被破坏严重，发现甚少。幸有铜镞出土，稍可自慰。

② 本探沟的发掘，虽然证明了夯土的存在，并采用了版筑的方法，但在其他探沟中还无法确定这一方式，所以，对整个秦直道修筑中通用何种夯筑方法，尚待今后的发掘验证。

七、考古调查

在车路梁直道考古发掘的间隙，还进行了有关秦直道的考古调查，收获如下：

① 对探沟1以南约700米的一座清代竖穴土坑墓的盗洞进行了扩挖，取得了秦直道的地层剖面。其地层分三层。第一层为耕土扰动层，厚18~46厘米；第二层为自然堆积层，厚57~67厘米；第三层为黑色路土踩踏层，厚14~23厘米。再下为生土层。

这是秦直道上取得的第一个堆积地层，对直道的考古发掘极具启发意义。当时的分析如下：

> 秦直道的生土路面距地表的平均厚度为112厘米，其中位于下部的路土层平均厚18厘米，占总厚度的16%。按年平均堆积厚度计算（2200年×16%），即352年，即路土形成的时间在几乎整个汉代。如果考虑到路土层的密度和坚硬超过其上的两层，其堆积的时间要超过352年，那么，从两汉到魏晋或稍晚，可能就是秦直道频繁使用的主要时期。这一推论，也与文献对秦直道的记载相合。①

虽然粗率和幼稚，但还是发现了一些规律性的东西。如：车路梁的早期路土距地表一般在80~90厘米，很少超过1米；早期路土与其他堆积明显不同，色黑，坚硬，总厚度在20~30厘米左右；早期路土可分为两层；早期路土以上的堆积层色淡，不甚坚硬，其内或有不连续的踩踏层，包含物以宋元的瓷片居多。这些判断，在以后多地的考古发掘中反复得到验证。

② 钻探、调查了车路梁直道南端东、西两侧山峁上的两座烽燧。烽燧为夯筑，原为方锥台形，风化剥落后略呈圆锥台形。西侧烽燧底径约19米，顶径约4米，存高约6米，夯层厚12~18厘米，一般厚15厘米。台顶部似有墙体。东侧烽燧底径约10.5米，顶径约3米，存高约5米，夯层厚10~12厘米。两地均未见遗物。此次调查纠正了过去的判断，确认两座烽燧是宋金时期葫芦河一线的防御通信设施②，与秦直道无直接关系。

③ 对富县马莲沟梁、桦沟梁、大麦秸沟梁的秦直道进行了考古调查，共调查、GPS测量秦直道约60公里，发现直道沿线的行宫遗址一处，其他秦汉遗址三处。

八、认识

富县车路梁的发掘，肇秦直道考古发掘之首，初步的认识有：

---

① 陕西省考古研究院：《考古年报 2007》。
② 参见国家文物局主编：《中国文物地图集·陕西分册》（上），西安地图出版社1998年版，《陕西省古道路、桥梁遗存图》与文字说明。

① 秦直道中段的走向，学术界一直有两种观点。其一认为走陕北，其二认为走甘肃。此次发掘中，秦代（或西汉早期）铜镞的出土，卡住了车路梁路面的绝对年代，为前一种观点提供了考古证据。

② 通过解剖，对秦直道的修筑方法有了初步了解，第一次得出秦直道路面的三要素，即路土、夯土路基（护坡）和排水沟。这一认识，或印证了文献记载，或补充了史料的阙如，也为秦直道考古的深入奠定了基础。

③ 新发现或否定了一些秦直道沿线的附属设施。新发现有富县墩梁的行宫遗址，否定的有富县坡根底的两座烽燧。

④ 对秦直道这一大型线状文物有了更宏观的历史把握。如秦始皇的大略与"轻百姓力"的矛盾、秦直道的设计理念及作用、秦直道沿用的长期性等等。

⑤ 对秦直道研究的难点和复杂性有了较深的体会，如中国古道路考古的薄弱、直道沿用时间长造成的现象复杂混乱、可资断代的遗物匮乏，以及地处僻远的工作条件等等。

（执笔：王有为、张在明，审定：张在明）

审者按：

这是秦直道考古的第一份简报，初稿写于2007年夏天，分析方法和认识都是当时的。

车路梁发掘的5个探沟及桦沟口探方列表如下：

探沟编号	道路类型	路土				夯土	排水沟	人工破坏沟
		位置	层数	厚度	比例			
1	堑山	中部	?	20~30	?	?	靠山	无
2	垭口	中部	1	?	?	无	靠山	?
3	堑山	均有	3	21~45	二三一	靠沟	?	?
4	堑山	靠沟	3	10~29	二一三	靠山	靠山	疑似有
5	堑山	靠沟	1	8~11	?	靠山	靠山	疑似有
H	堑山	靠沟中部	2	26~31	二一	靠沟	无	有

说明：

1. "?"为未发现或情况不详，不排除可能存在。
2. "无"排除可能存在。

3. 探沟2地处垭口，但东侧山脊大大高于西侧，排水沟位于东侧，所以填"靠山"。

4. 路土比例中，"二三一"指三层路土厚度的排列顺序，即第二层最厚，第三层次之，第一层最薄。其他同。

5. 探沟2和探沟5中，由于山水的冲刷破坏，路土仅存最下面一层。

6. H代表桦沟口。

列表中可以看出，第一次秦直道的发掘虽然粗糙、肤浅，也不乏现象的遗漏，但不少遗迹要素还是可以和2009年以后的多次发掘相对应。如：堑山路面的路土大多分布于靠沟一侧；排除破坏，路土多为三层，总厚度一般为20~30厘米；三层路土中第二层最厚；夯土筑于靠沟一侧；排水沟修于靠山一侧；可能有人工破坏沟的存在；等等。

2009年富县桦沟口及其以后的发掘，也在校正、补充当时的认识。

① 车路梁发掘的5个探沟中，有两个明确发现了三层路面，而葫芦河以南的桦沟口、蚰蜒岭等多个地点，仅见两层早期路面，少了一层晚期，即宋元时期的路面，原因可能是道路改线。有宋一代，宋辽、宋金对峙，主要因战争防御的需要，葫芦河一线成了国防干线。此时，关中至北方的道路，多沿洛河、葫芦河、延河的河谷行驶，至富县坡根底向北，沿用旧时的秦直道，而葫芦河以南的秦直道依旧废弃。陕北、甘肃东部的这一交通网路，洛河、葫芦河、延河及泾河上游马莲河等河谷连成一线的宋金元时代的烽火台即是证明。[①]

② 富县、黄陵、甘泉多个地点的发掘显示，秦直道上的古代路土，大多分布在靠沟一侧，其次是道路中部，而靠山一侧极少。其原因，一是靠沟一侧的夯土更坚硬，利于车辆行驶；二是随着堑山面的风化坍塌，靠沟一侧的路面已成坡状，更不利于行驶，越到晚期越是这样。

③ 探沟4里，当时发现的两条疑似排水沟，不能完全排除是破坏直道的人工沟。其中G1的沟壁较垂直，与正常排水沟的形制不合，G2位于探沟中部L1的偏西处，与正常排水沟的位置不合，都是疑点。

2014年12月

---

① 参见国家文物局主编：《中国文物地图集·陕西分册》（上），西安地图出版社1998年版，《陕西省古道路、桥梁遗存图》与文字说明；国家文物局主编：《中国文物地图集·甘肃分册》（上），测绘出版社2011年版。

富县大麦秸沟梁秦直道调查简报

陕西富县葫芦河南岸的秦直道地处荒蛮，山岭高峻，历年来少有人实地勘查，致使对其保存现状了解极其有限。2007年4—5月，陕西省考古研究院秦直道考古队对富县车路梁秦直道进行发掘。其间的4月14日，张在明、李增社与延安市考古所王沛、袁继民，富县王永亮、李春阳步行调查了葫芦河南的桦沟梁直道。（见图1）4月28日，考古队又对大麦秸沟梁直道进行了一次结合GPS测量的全程实地调查，参加调查的有张在明、西北大学考古硕士研究生王有为、考古队技

图1　直道小憩

工小阎。①

一、地理位置

该段秦直道地处陕甘交界的子午岭支脉的山梁上。山梁东侧，是陕西富县的大麦秸沟和桦沟（一说桦树沟）；山梁西侧，是甘肃合水县的瓦川沟。这三条山沟都位于葫芦河南岸，山沟里的小河是葫芦河的支流。

秦直道南起椿树庄南，中经椿树庄、白水崾岘（均为秦直道上曾经的居民点，今已废弃），北至桦沟口，略呈南北方向，全长约19.3公里。地理坐标：北纬35°57′46″~36°06′26″，东经108°39′19″~108°42′63″，海拔1094~1548米。

二、秦直道遗址现状

1. 路面

该段秦直道所在的子午岭支脉的山脊，总体较为宽阔、平缓，起伏不大。与葫芦河以北的车路梁直道不同的是，该段直道的大部分路段被各种阔叶杂树、蒿草覆盖（见图2、图3、图4），开垦种地的极少。许多地段须低头弯腰，跨过倒伏的枯枝朽木，在密林中穿行。（见图5）

路面人为破坏极少，整体保存较好。路面规整、清晰，不少路段的堑山痕迹相当明显。这类路面的宽度平均在20~25米之间，最宽处达39米，整体宽度不及车路梁直道。

桦沟梁上一段堑山路段基本呈南北向，堑山脊西侧，总长约400米，宽30~39米，笔直，路面平坦，无一棵杂树，长有低矮的草。这很可能是富县乃至秦直道全线保存最好、最笔直的一段。（见图6、图7）

纯山脊路面，特别是类似南桂花、兔儿崾岘、五里墩南的较窄（山脊宽在5米以内）的纯山脊路段极少。仅见一处翻越垭口的直道路段。（见图8）

有多处直道路面被山水冲毁，坍塌现象严重。有一处较宽的纯山脊路段整体被冲沟截断。

GPS测量显示，该段秦直道的总体走向，基本是沿着陕甘两省交界线上的山脊行进。在全长约19.3公里的直道中，大部分线路在陕西境内，仅有6.16公里

---

① 参见本书第四章"孤村夜语——考古日志选"中的《大麦秸沟梁探直道》。

图2 长满林木的直道

图3 长满林木的直道

图4 长满桦树的堑山路面

图5 朽木倒伏的直道路面

第一章 考古发掘、调查简报、论文

图6 笔直的堑山直道 北—南

图7 笔直的堑山直道 南—北

图8 垭口直道 北—南

道路在甘肃境内，占该段直道总长的 31.9%。

另据 GPS 测定，在北纬 36°00′65″、东经 108°40′49″处，有一段疑似秦直道岔道或支线的道路向西北方向约 35°延伸，深入甘肃境内约 2.18 公里。

2. 排水沟

本次调查的另一个重要收获就是直道排水沟的发现。经调查，在许多直道路段的外侧（靠沟一侧），发现了与道路平行的排水沟。随着堑山面的转换，如直道在山脊东侧堑山转换为在山脊西侧堑山，这些排水沟也横穿路面，相应转换至路的外侧。排水沟大多绵延较长，且分布极其规整。（见图 9、图 10）

排水沟断面略呈倒梯形，上口一般宽约 1.3~2.1 米，深约 0.6~1.2 米。最宽的一个地点沟宽 4.3 米，深 0.4 米。

由于长时期的风雨侵蚀、风化等自然破坏，在排水沟上尚未发现便桥等附属设施的存在。排水沟所在的路基是否经过特别处理，均有待进一步考古发掘来确定。

图 9　直道上的排水沟　南—北

图 10　直道上的排水沟　南—北

3. 其他现象

经测定，在北纬 36°00′65″、东经 108°40′49″，海拔约 1506 米处，有古枯树一株，树干直径约 2 米，高约 6~7 米。该树地处秦直道路面边沿紧靠排水沟处，是否与直道有关系，尚待考证。

在大麦秸村以西，地理坐标北纬 36°07′85″、东经 108°42′89″，海拔约 1319 米处的秦直道所在山梁东侧之下约 60 米×50 米的范围内，采集有大量汉代的粗绳纹板瓦、筒瓦残片、绳纹砖等建筑材料。此范围内是否存在秦汉建筑遗址或秦直道附属设施，待考。

该段秦直道全线的路面上，尚未发现绳纹板瓦、筒瓦、砖等建筑材料。

另外，在北纬36°00′74″、东经108°40′57″，海拔约1449米处，并排分布土窑洞数孔，直接开凿于直道堑山面上。根据使用痕迹观察分析，当为近代开凿，可能是当地传说的白家窑子之所在。

三、结语

通过本次调查，对陕西富县葫芦河南岸约20公里的秦直道遗址有了直观、详细的认识，某种程度上填补了秦直道考古调查的空白。调查的收获主要有：

① 结合GPS测量，更加科学、精确地确定了地处陕甘两省交界地子午岭支脉山脊上秦直道的总体走向。

② 对该段秦直道利用山脉地形因地制宜的几种修筑方式有了更为清晰的了解和把握。

③ 秦直道排水沟的发现，一定意义上填补了史书记载和直道考古的空白。

值得探讨的是，直道排水沟的时代和功能。

葫芦河南北两岸所见的直道排水沟几乎完全相反。北岸排水沟位于地下的靠山一侧，未见排水沟切断路面；南岸排水沟位于今地表的靠沟一侧，常见排水沟斜向切断路面。①

最初，我们把注意力集中在排水沟的正常排水功能上，甚至考虑到为了车辆的正常行驶，排水沟上应该建有便桥。直到在富县桦沟口、黄陵蚰蜒岭、甘泉方家河和黄陵五里墩南相继发现人为破坏秦直道的现象之后，特别是在黄陵五里墩南发现斜向切断直道路面的人工沟②之后，对这一现象的解释，才有了科学的思路。

葫芦河以北直道的排水沟，位于地表以下0.8~1.0米。以此判断，葫芦河以南直道排水沟位于地表，其时代必然很晚，很可能晚至这段局部使用的道路废弃之时。联系到车路梁直道发掘时出土的最晚瓷片在宋明之际，这可能也是葫芦河以北直道排水沟的修筑时代。

---

① 其后，在黄陵兴隆关以东的蚰蜒岭直道、以南的五里墩直道以及午亭子以北的古道路上，也发现了路面上的排水沟。

② 参见本书《黄陵秦直道五里墩南探沟发掘简报》。

从葫芦河以北直道排水沟的位置判断，葫芦河以南直道排水沟可能是另一次大规模破坏直道的人工沟，其功能可能不是正常排水。推论：在被动挨打的汉代或以后，为防止北方民族入侵并再次使用这段废弃已久的秦直道，南方汉族政权开挖破坏直道的人工沟。

当然，这一推论的最后验证，还要靠考古发掘。

（执笔：王有为、张在明，审定：张在明）

2014 年 12 月

陕西富县秦直道考古取得突破性成果[①]

2009年3月至6月，承担国家文物局大遗址保护项目的陕西省考古研究院秦直道考古队，为配合国家青（岛）兰（州）高速公路建设，对全国重点文物保护单位秦直道遗址陕西富县桦沟口段进行了考古发掘。考古调查、钻探、发掘、回填历时92天。

一、秦直道简况

秦直道始修于秦始皇三十五年（前212年），《史记·蒙恬列传》载："始皇欲游天下，道九原，直抵甘泉，乃使蒙恬通道，自九原抵甘泉，堑山堙谷，千八百里。"秦代经营的交通大道多利用战国原有道路，只有

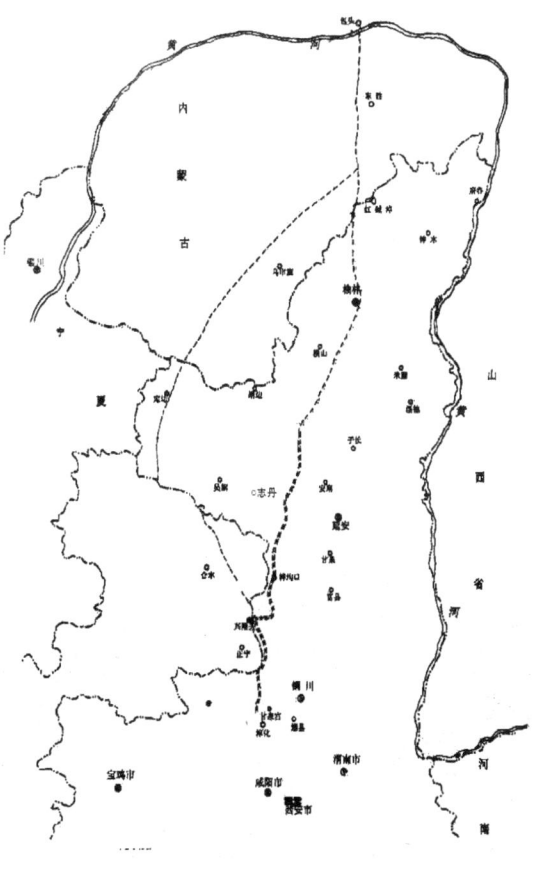

图1　秦直道线路示意图

---

① 本文的部分内容，发表于《中国文物报》2010年1月1日第4版，标题同本文。参评2009年度全国十大考古新发现的PPT，也是依据此文制作。

直道是在秦统一后规划施工，开拓出可以体现秦帝国行政效率的南北大通道。

秦直道自陕西淳化（古云阳）北部的秦林光宫（即汉甘泉宫）北门始，向北，经旬邑、黄陵、富县、甘泉、志丹、安塞、榆林等地，再经内蒙古伊金霍洛旗、东胜、达拉特旗至包头。（见图1）道路全程直线距离约700公里，已发现遗迹的道路全长约750公里。

秦直道西侧的甘肃正宁、宁县、合水、华池等地，也发现了可连成一线的道路遗迹、烽燧，一说为秦直道的支线。

与常规道路沿河谷选线不同，秦直道的设计者巧妙地利用了陕甘交界处的子午岭及黄土高原特有的地形，建成了中国古代唯一沿山脊和高地选线的国家级交通大道。修成的直道线形顺直，弯道很大，道路标准很高，被誉为中国高速公路之祖。

秦直道修筑艰难，工程量极大，一旦修成，却较少受河流冲毁和水土流失的侵蚀。加之地处僻远，人迹罕至，而绝少与现代道路重叠，使得秦直道成为受人类文明干扰最少、遗迹保存最多、最接近两千多年前风貌的古道路标本。

陕西境内已发现遗迹的秦直道全长498公里，其中富县段长125公里，其路面一般宽30~40米，最宽处达58米，[①]是直道全程十余个县中路段最长、遗存最典型的地区。（见图2、图3、图4、图5、图6）

秦直道的研究和保护，对中国古道路考古、中国秦汉史、中国古代民族融合史、中国古代交通史，乃至对黄土高原及沙漠草原地区环境变迁的研究，具有重要价值。（见图7、图8、图9）

图2　富县车路梁直道

图3　富县车路梁直道

---

① 见国家文物局主编：《中国文物地图集·陕西分册》（上），西安地图出版社1998年版。

图 4　富县车路梁直道

图 5　富县车路梁直道

图 6　富县桦沟梁直道

图 7　甘泉骡嘴沟直道

图8 甘泉寻行铺直道

图9 安塞红花园直道行宫遗址陶排水管

二、秦直道研究回顾

秦直道的研究，始于内蒙古自治区考古所的田广金先生（1974年）和著名历史地理学家史念海先生（1975年）。三十多年来，参与者不少，但仅限于史料考证和实地踏查，几乎从未进行过考古钻探和发掘。

2006年，秦直道作为国家文物局大遗址保护项目立项，陕西省考古研究所秦直道考古队成立。2006年至2008年，考古队相继对陕西咸阳、延安和甘肃庆阳

图10 2007年富县车路梁直道试掘

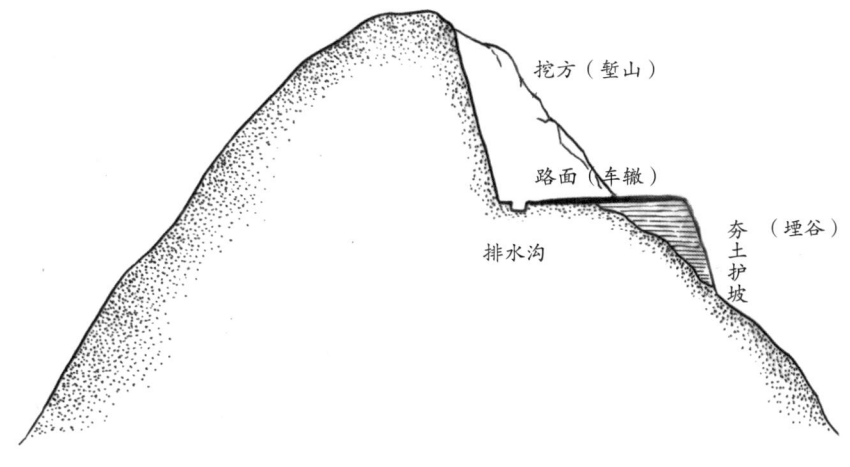

图 11　直道堑山堙谷示意图

三地区九个县的直道进行了考古调查，并对陕西富县车路梁和黄陵南桂花两个地点进行了考古钻探和试掘（见图 10），主要收获有：

① 发现了"堑山堙谷"的直道修筑法和直道路面的三个基本要素，即路土（含车辙）、夯土护坡和排水沟。（见图 11）

② 发现了上下两层直道路面。

③ 发现了南桂花大型填方路段。

南桂花位于黄陵县的子午岭主脉上，该段直道为南北方向，路基略呈梯形堤坝，南北长 214 米，底宽 50~60 米，顶宽 10~16 米，高约 30~35 米。其东侧坡度较陡，约 50°，西侧较缓，约 30°。

整个路基的上部、中部和东部均为夯土构筑，质地坚硬，色呈灰黄，上部夯层厚 8~10 厘米，下部厚 12~16 厘米。不少夯土中还夹有直径 20~30 厘米的礓石，以加强路基的强度。

经测算，该段填方路基的土方量约为 17 万立方米，是秦直道上迄今发现工程量最大的堙谷填方路段。①（见图 12、图 13、图 14）

---

① 见陕西省考古研究院：《考古年报　2007》。

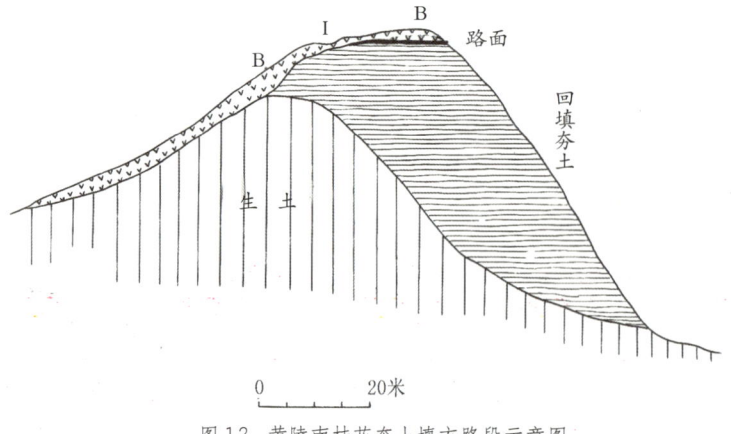

图12 黄陵南桂花夯土填方路段示意图

图13 南桂花夯土填方路段 北—南

图14 南桂花夯土填方路段 东北—西南

三、2009年考古发掘

富县桦沟口段秦直道位于陕甘交界处，是自南而北下子午岭支脉后过葫芦河前的一段，呈西北—东南走向。发掘中心区地理坐标：北纬36°04′14″，东经108°41′03″，海拔1205米。发掘共开5米×5米探方68个，探沟9条，发掘面积约2050平方米。（见图15、图16、图17、图18）

（一）主要遗迹

地层关系较单纯，大部分地点分为三层。第一层为耕土或植被层（扰动层），厚15~30厘米；第二层为自然堆积层，厚25~60厘米；第三层为路土碾压层，一般厚15~35厘米。再下即为生土层。该地的

图15　富县桦沟口考古工地气球照

图16　富县桦沟口考古工地

图17　富县桦沟口考古工地

图18　富县桦沟口考古工地

生黄土纯净，质地细密、坚硬，不少地点夹杂有大小不等的礓石（钙结核）。

1. 路面、车辙

在坡度为5%~7%的发掘中心区（暂命名为直道关卡遗址），揭露出道路路面总长71米，大部分为上层路面。出于对上层路面的保护，其下一层的路面大部分没有发掘。

路面车辙呈放射状分布。下方有11~13道车辙辙梁，分布宽度约24米。随着上坡向前，路面变窄，车辙辙梁合并减少。至中心区的咽喉处，车辙仅有6~7道，分布宽度仅约10米。（见图19、图20、图21、图22）

车辙间的辙梁系经过车轮反复碾压、挤迫形成。大多数辙梁剖面略呈梯形，个别的呈半圆弧形。一般上部宽20~45厘米，下部宽30~55厘米，高（也即辙沟深）4~11厘米。

由于碾压过甚，个别辙梁呈扁平状，在这类辙梁上，往往又重新碾压出车辙印。（见图23、图24）

辙梁及踩踏面与上层剥离

图 19　路面车辙

图 20　路面车辙

图 21　路面车辙

图 22　路面车辙

明显，层次分明，表面呈深褐色，质地坚硬。经对辙梁解剖，其厚度一般为15~35厘米，最厚处达53厘米。其结构呈斜坡向千层饼状。（见图25）为了加强路面的强度，一些辙梁上还铺垫有经过加工的礓石碎块。（见图26）不少辙梁上还残存有类似马、牛的蹄印，以及用金属工具铲挖的痕迹。

由T0309的解剖得知，上下层路面相距12厘米左右。（见图27、图28）其他探方的两层路面相距一般在18~23厘米。下层路面的土质一般较上层更黑、更坚硬。

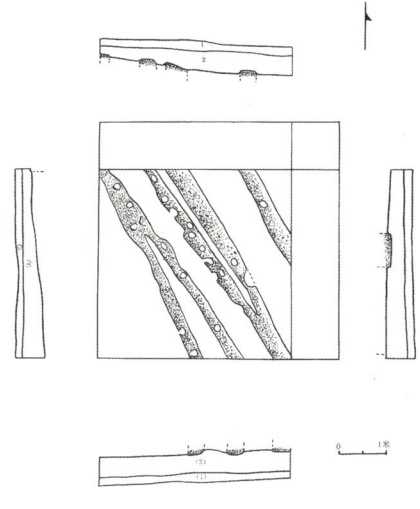
图 23　T0207 路面辙梁上的车辙印平、剖面图

图 24　T0207 路面辙梁上的车辙印

图 25　辙梁的千层饼状结构

图 26　辙梁上铺垫的礓石碎块

图 27　T0309 上下层路面

图 28　T0309 上下层路面

图 29　路面叠压的绳纹瓦

从成组或对称的车辙印判断，当时的车辆轮距有三种，即 110 厘米、130 厘米和 140 厘米。

重要的是，多处路面上叠压有秦代和西汉时期的绳纹筒瓦、板瓦（见图 29），两处路面上还出土了铜镞和铜币，为道路的绝对年代提供了可靠依据。

2. 路面脚印

在 4 个探方或探沟里，共揭露出方向杂乱的脚印 21 个，脚印分为成年男子、女子和儿童。脚印一般长 20~25 厘米，宽 9~10 厘米，深 2~6 厘米。判断为儿童的脚印长 17 厘米，宽 7 厘米。脚印数量最多的是 T0309，共有脚印 13 个。（见图 30、图 31、图 32、图 33）

以上脚印全部分布在上层路面。我们的初步解读是：在秦直道刚刚废弃的一个雨夜，可能是中原方面（汉族）的一两个家庭成员从这里匆忙行走所遗留。他们走后不久，山体滑坡，泥石流掩盖了直道。

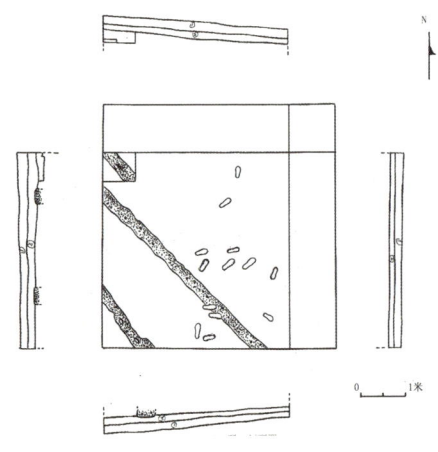

图 30　T0309 路面脚印平、剖面图

图 31　T0309 路面脚印

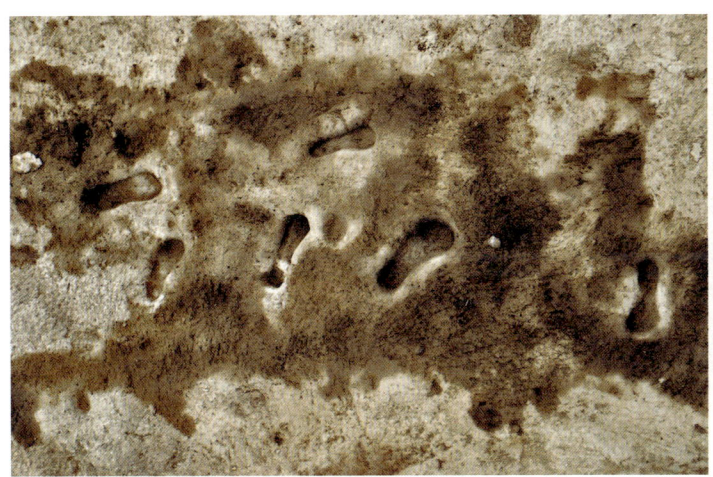
图 32　T0309 路面脚印

图 33　探沟 2 路面脚印

3. 建筑遗迹

在发掘中心区直道最狭窄处两侧的建筑基址中，揭露出数处夯土磉墩和置于磉墩之上的柱础石。夯土磉墩呈圆柱形，直径约 55~65 厘米。从残存磉墩的布局看，在道路两侧，各建有一排房屋，房屋面宽约 3.5 米。由于破坏，每排的间数和房屋进深不详。基址中，有大量秦汉时期的绳纹筒瓦、板瓦及陶片堆积。（见图 34、图 35、图 36、图 37）

据推断，该建筑基址是秦直道上规格较高的关卡性质的遗址。

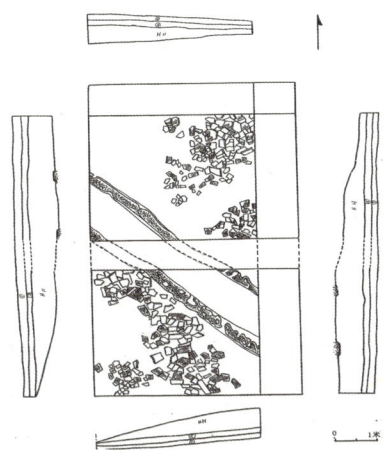
图 34　T0111、T0112 直道两侧的建筑材料堆积平、剖面图

图 35　T0212 夯土磉墩、柱础石及筒瓦、板瓦堆积

图 36　T0212 夯土硪墩、柱础石　　　　图 37　T0111 建筑材料堆积

4. 靠河护坡

在中心区及其上方、下方，都发现了与直道平行且规格很高的夯土护坡。

中心区的夯土护坡在直道外侧均有发现。其剖面略呈倒梯形，靠外一侧高 3 米以上，整个护坡向里（靠山一侧）延伸 5 米以上，厚度递减。（见图 38）夯土细密、坚硬，夯层厚 6~8 厘米。

中心区下方高速公路的施工沟里，发现了长达 66.5 米、向里延伸 4 米以上的夯土护坡。该护坡靠外一侧残留高度 1.4~1.6 米，夯层厚 12~24 厘米。（见图 39、图 40）

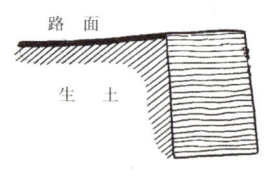
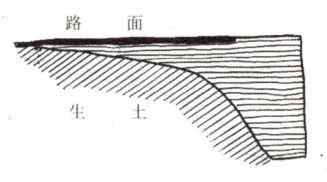
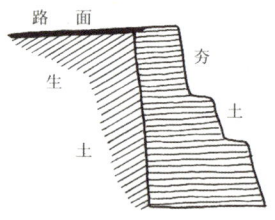

图 38　夯土护坡三种示意图

图 39　中心区下方的夯土护坡　　　　图 40　中心区下方的夯土护坡

第一章　考古发掘、调查简报、论文

图 41　中心区上方的夯土护坡

图 42　中心区上方探沟 3、4、5

图 43　探沟 3 夯土护坡

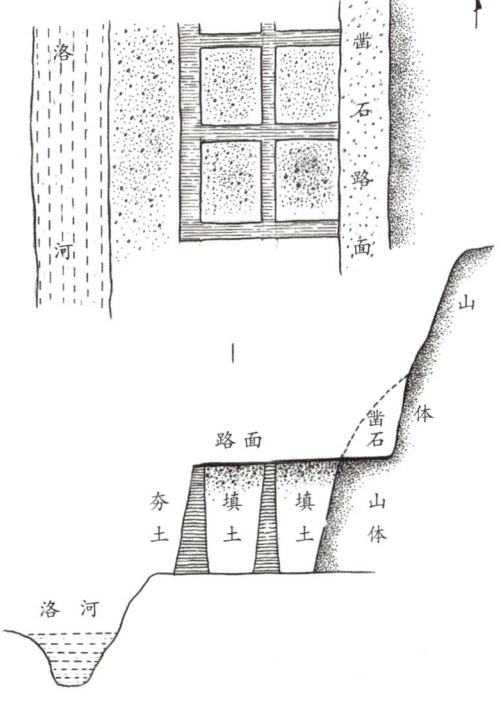

图 45　甘泉方家河直道夯土隔墙示意图

图 44　甘泉方家河直道的夯土隔墙

中心区上方的夯土护坡在四个地点有发现。护坡夯土残留高度为1.2~1.8米，夯层厚6~10厘米，硬度和细密程度与中心区相当。（见图41、图42、图43）

在中心区上方的直道转弯处，路面外侧夯土护坡以外20余米处，又发现与之平行的夯土，两道夯土并不相连，这可能是类似陕西甘泉县方家河秦直道的夯土隔墙（见图44、图45），即在需要大面积夯筑填方（堙谷）的直道外侧，顺路夯筑出数个平面方形隔墙，隔墙内填土以形成护坡或路面。以最外侧夯土为边测量，这段直道转弯处的宽度达56米，符合历次调查所见：直道转弯处弯道大、路面特宽阔。

5. 靠山护坡

历次考古调查，均未在直道靠山一侧发现护坡，此为首次发现。

图46　探沟7靠山护坡

靠山护坡位于中心区关卡的内侧，对其解剖的探沟显示，夯土护坡外侧呈三级阶梯状，高约3.8~4.6米，夯层厚6~8厘米。（见图46、图47）夯土纯净、细密、坚硬。夯土护坡包裹形成的高台长约20米，宽约15米，台面较平整。高台居高临下，下方的直道路面、关卡及葫芦河历历在目。初步判断，该高台可能是直道关卡上的一处瞭望哨卡性质的遗址。

6. "之"字形盘山道

发掘中心区向上转弯后，进入上山的"之"字形盘山道。盘山道呈典型的"之"字形，前后五条。第一条向西，尽头后转向东，进入第二条。前行，再转向西，再向东，再向西，

图47　探沟7靠山护坡

盘山道结束，向南，攀上子午岭支脉的山脊，群山尽在眼底。（见图48、图49）

对第二条盘山道进行了解剖，探沟开于盘山道中部偏东（上）处，由于路面遍布林木，称之为森林探沟。（见图50）探沟总长48米，揭露出的直道路面（含排水沟）宽46米，可见当时的规模。

探沟内发现了残存的路面、高约4.1米的夯土护坡和排水沟。排水沟位于路面靠山一侧，与直道平行。排水沟宽约1.3米，深30~50厘米。沟内上层为斜坡状叠压堆积土，下层为淤土，沟底铺垫有碎礓石。（见图51、图52、图53）

盘山道探沟的发掘，印证了2006—2007年直道试掘的总结，即直道道路的三要素：路土（包括车辙）、夯土护坡和排水沟。

7. 人为破坏道路现象

此次发掘，至少发现三处明显的人为破坏直道路面现象。三处现象分布范围在300米以内。

其一在关卡遗址。路面揭露出人工开挖的沟槽宽4米以上，深约30~70厘米。沟槽与道路同一个方向，上部较窄、较浅，下部较宽、较深，显然是利于流水

图48 发掘区及"之"字形盘山道远景

图49 "之"字形盘山道（红色虚线为冲毁的直道）

图50 探沟6第二条盘山道上的森林探沟

图51 探沟6及直道排水沟

图52 探沟6直道夯土护坡

图53 探沟6直道路面

的冲刷。沟槽打破了上层路面和房屋基址，直道两侧建筑倒塌后，大量筒瓦、板瓦覆盖在沟槽内。（见图54）

其二在关卡遗址上部转弯处的直道探沟内。（见图55）

其三位于第二条"之"字形盘山道的探沟内。人工沟开凿于直道路面中部，呈槽型，与直道平行。发掘显示，最初开挖的沟槽宽约4.5米，深约20~45厘米，两侧沟壁陡直，沟壁上有人工凿痕。经过近两千年的冲刷，沟底已呈尖底，深度距当时的路面已达1.8米。（见图56）

在黄土高原地带，山水对地貌的冲刷带有强烈的加速度特征。在不长的时间里，人工沟槽的威力在其下方约80米处显现出来：人工沟在此引发了大面积的水土流失和山体滑坡，形成了最宽近100米、最深达30多米的深沟。不仅第二条"之"字形直道在此突然中断，还波及其下方的第一条"之"字形直道，以及两条路的转弯连接处（"〆"的右半部）。

小小一条人工沟造成的损坏是上下两段国家级道路的彻底冲毁，总长度约230米。

道路的破坏者，很可能是中原一方。原因是两汉至南北朝的数百年间，他们基本处于被动的守势。另外，作为修路和道路养护的一方，他们更了解直道的弱点。

图54　T0111人工开挖的沟槽及瓦片堆积

图55　探沟2人工开挖的沟槽

图56　探沟6人工开挖的沟槽

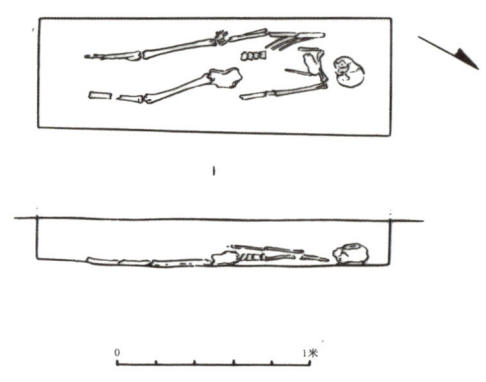

图 57 M1（弃埋坑）平、剖面图

图 58 T0110直道路面与M1（弃埋坑）

图 59 T0110M1（弃埋坑）

8. 土坑墓 M1（弃埋坑）

位于 T0110 中部，为小型竖穴土坑墓，打破了上下两层直道路面。墓圹长 1.9 米，宽 0.65 米，深 0.25 米。头向约 340°。仰身直肢。墓主头骨移位，双脚、双手缺失。无任何随葬品。考虑到葬者系非正常死亡，似应定性为弃埋坑。（见图 57、图 58、图 59）

碳 -14 测定，人骨时代距今 2098 年 ±77 年，取最小值，即西汉成帝元延元年，距王莽时代仅二十年，与临近探方出土的"大泉五十"铜币的时代相近。（见下述）

（二）遗物

1. 铜镞

铜镞 1 件，出土于直道关卡下方，即 T0304 的直道上层路面的辙梁上。铜镞长 3.7 厘米，为三棱三翼形，刃翼锋利，铤部缺失，保存完好。出土时铜镞方向向上，指向守军的一方，判断为北方（匈奴或其他少数民族）军队发射。（见图 60、图 61）

可资对比的是，2007 年春，在车路梁直道也发掘出土了一件与此迥异的三棱铁铤铜镞，2007 年发掘地点位于此处以北约 2.2 公里处，说明地处要津的该关卡周边，曾经发生过多次汉族与少数民族的南北战争。

2. 钱币

铜币出土于关卡遗址中部，即 T0210 的直道上层路面。古道路上发现钱币的

图60 T0304上层路面辙梁及铜镞　　图61 T0304铜镞

图62 T0210出土"大泉五十"铜币　　图63 "大泉五十"铜币

几率，等同于今天在高速公路上捡到钱包，极为意外。

铜币为西汉末年王莽时期的"大泉五十"。直径2.3厘米，厚0.1厘米。方穿，有锈蚀。（见图62、图63）

3. 筒瓦、板瓦、陶器

出土大量绳纹筒瓦、板瓦，以及少量陶罐、盆、甑等器物残片。

筒瓦、板瓦的外面多饰粗绳纹、细绳纹，还有在绳纹上用手指抹成的与绳纹垂直的带状纹（简称"抹带绳纹"）。内面纹饰多为布纹，也有大麻点纹、光面、方格纹，还有极少量的粗、细绳纹等。

（三）时代判断

土坑墓（弃埋坑）打破上下两层直道路面，其人骨时代，取最小值，为西汉末年。

出土遗物中，铜镞和钱币的时代较明确，为西汉晚期和王莽时代。

在陕西关中的秦汉考古中，一般说来，筒瓦、板瓦外面的抹带绳纹，时代早于一般的绳纹；筒瓦、板瓦内面的大麻点纹，时代早于布纹和其他纹饰。而抹带绳纹和大麻点纹的时代，一般定在秦代和西汉早期。

出土筒瓦、板瓦的纹饰统计如下：

		秦—西汉早期	过渡期	西汉中期—晚期
筒瓦（523片）	外面纹饰	抹带绳纹		粗绳纹、细绳纹
		11.7%		86.7%
	内面纹饰	麻点纹	方格纹	布纹、光面
		18.4%	1.1%	78.6%
板瓦（830片）	外面纹饰	抹带绳纹		粗绳纹、细绳纹
		10.1%		89.7%
	内面纹饰	麻点纹	方格纹	布纹、光面
		7.8%	4.1%	86.6%
总计		约12.2%	约2.5%	约85.3%

注：个别纹饰不详者未列入，故百分数总和略小于100。

统计结果与史料记载相吻合。筒瓦、板瓦中，西汉中晚期的占总数的八成以上，或许与西汉武帝时期秦直道的频繁使用有关。

总之，发掘出土的所有证据都支持这样一种判断：桦沟口段直道及其附属建筑，始建于秦代，沿用至西汉晚期或两汉之间，废弃。其中，直道下层路面的时代约为秦代和西汉早期，上层路面的时代约为西汉中期和晚期。

四、小结

① 古道路考古，是中国田野考古的薄弱环节，与欧洲、日本存在较大的差距。这次考古发掘，是对秦直道遗址及其上下山盘山道的首次大面积发掘，具有开拓性意义。

秦直道全程，上下山、过河（较大的河）有六七次，此次发掘地点是直道上下山、过河遗址中最典型、保存较好的一处。对于了解秦直道如何解决上下山和过河的难题，同样具有重要价值。

② 关于秦直道中段的走向，学术界一直有两种观点。其一认为走陕北，其二认为走甘肃。此次发掘，以多处准确的地层叠压关系和有明确时代的遗物，第一次卡住了秦直道（即下层路面）的绝对年代，为前一种观点的确认提供了科学依据。

③ 秦直道旁的同期建筑遗址的发掘，也属首次。为了解秦直道附属设施的分布和内涵，提供了重要资料。

④ 近年来，在各级政府的重视下，秦直道热方兴未艾。此次发掘，也为秦直道的科学保护和合理利用提供了可资借鉴的基础。

鉴于此，从发掘开始不久，考古队就与建设方交涉，要求保护这段秦直道。经过各方面的努力，以及国家文物局专家组成员叶学明（见图64）、中国国家博物馆信立祥（见图65）、中国秦汉史研究会会长王子今等专家的呼吁，建设方已

图64　2009年叶学明先生在工地指导发掘

图65　2009年信立祥先生在工地指导工作

追加经费1亿元，将高速公路改线，为子孙后代永久保下了这段秦直道。

（发掘者：张在明、罗新、姜家乃、和鹏、毕德群、王宏乾、张明菊）

2009年11月

附： 张在明曾于2010年6月11日在《中国文物报》发表《陕西富县秦直道遗址》一文，中国人民大学国学院教授王子今就此文点评内容如下：

秦始皇时代修筑的秦直道，是由秦王朝执政中枢地方直通北边长城防线的高速道路。工程的完成体现出秦王朝的高效率的行政机能。司马迁就"堑山堙谷"的施工难度，曾经有"固轻百姓力矣"的感叹。但是另一方面，直道的开通又标志着建筑规划和工程组织、劳动管理和行政效率的突出的历史性进步。可以看作秦政纪念的这条古代道路，是交通史遗迹值得珍视的存留。

交通史学者、历史地理学者和考古学者以秦直道为对象的考察历时多年，对于某些路段的走向尚存在明显的分歧意见。对于秦直道的具体形制的认识，亦并不明朗。陕西省考古研究院对秦直道富县桦沟口段进行的考古发掘，是对这条重要的古代道路第一次科学发掘。发掘收获以断代明确的出土资料，否定了以为秦直道并非南北笔直，而推断其路线向西北迂回至于华池、定边，再东北折向乌审旗的意见。发掘者对于路基结构、路面状况、护坡形式、排水系统以及规模可观的很可能性质为关卡的高等级道路附属建筑遗存进行了全面的揭露和分析，充实了我们对于秦汉交通建设成就的认识。秦直道富县桦沟口段跨越葫芦河。发掘工地位置正在直道由高岭向平川盘折而下的路段，发掘收获对于说明这条古代道路通行山区的形式，也提供了可靠的信息。路面遗存车辙和脚印的发现，为认识古代交通形式披露了生动的资料。

2+2=4：秦直道发现道路四叠层与东西线之争

——2010年秦直道考古收获之一[①]

继2009年陕西富县秦直道考古发掘取得开创性成果[②]，并获2009年度全国十大考古新发现以来，2010年，承担国家文物局大遗址保护项目的陕西省考古研究院秦直道考古队，又对陕西黄陵的秦直道进行了考古调查和小规模发掘，取得突破性成果。

今年的秦直道考古发掘始于7月21日，10月31日结束。调查、发掘地点选在陕甘交界子午岭上的兴隆关（也即沮源关）一带（陕西甘泉方家河的秦直道也有小规模调查、发掘，情况另述）。共调查秦直道等古道路约60公里，试掘探沟8条、解剖烽燧2个，发掘面积约250平方米。（见图1）

一、秦直道研究的分歧点：东西线之争

众所周知，自1974年著名历史地理学家史念海先生实地考察，第一次提出秦直道的线路以来，秦直道研究的最大分歧点就是东西线之争。

简言之，对于秦直道的起点陕西淳化秦林光宫（即汉甘泉宫）和终点内蒙古

[①] 本文的部分内容，发表于《中国文物报》2011年8月12日第4版，标题同本文。
[②] 见《陕西富县秦直道考古取得突破性成果》，载《中国文物报》2010年1月1日第4版。

自治区的包头，以及秦直道的南段——起点至陕西黄陵兴隆关和北段——内蒙古自治区的伊金霍洛旗（或乌审旗）至包头，两种观点并没有异议。①

分歧在秦直道的中段。

东线说认为，秦直道至兴隆关后，向东走蚰蜒岭（也即古道岭），再向北，经陕西延安、榆林各县，至终点包头。

西线说认为，秦直道至兴隆关后，继续向北，沿子午岭主脉再转西北，经甘肃合水、华池及陕西定边，再折向东北，经内蒙古自治区的伊金霍洛旗或乌审旗，回归旧有的秦直道，至终点包头。

东线说的秦直道基本南北笔直，是弓弦。西线说的秦直道向西转了一个大弯，是弓背。

东线说的秦直道要过五六道较大的河流，其间，有五六次下山、上山。西线说的秦直道一直沿子午岭主脉行走，最后进入内蒙古草原，一路平坦，不过大的河流。

目前，大部分考古学者持东线说，相反，大部分历史和历史地理学者则持西线说。

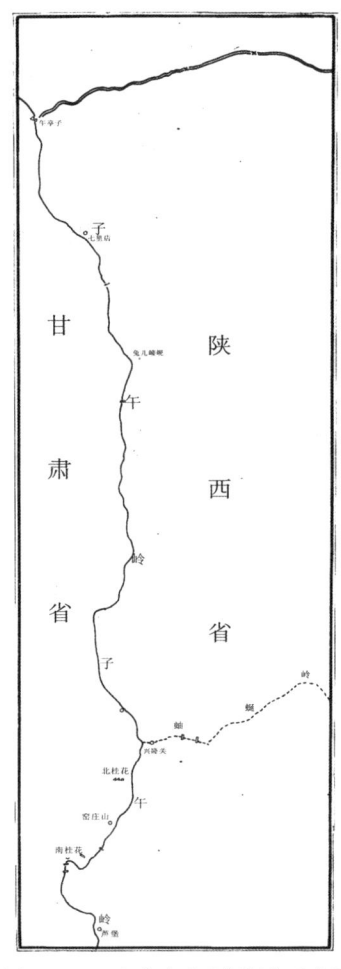

图1　2010年秦直道发掘探沟示意图

调查、发掘地点选在兴隆关，就是要对这个三岔口的三个方向的古道路进行解剖，以解决争论已久的东西线之争。

二、兴隆关以南的秦直道

共发掘探沟4条。由于后代的破坏，其中2条探沟揭示的直道迹象有缺失，而其余2条揭示的秦直道存在较大的共性。以南桂花探沟2为例。

南桂花探沟2位于子午岭主脉山脊缺断处的大型人工堙谷填方路段上，所在地势平坦。北距兴隆关约3公里。（见图2）

---

① 见国家文物局主编：《中国文物地图集·陕西分册》，西安地图出版社1998年版；《中国文物地图集·内蒙古自治区分册》，西安地图出版社2003年版。

经2008年考古钻探、试掘，证实该段秦直道的路基为南北方向，略呈梯形堤坝，南北长214米，底宽50~60米，顶宽10~16米，高约30~35米。其东侧坡度较陡，约50°，西侧较缓，约30°。

图2　南桂花填方直道与探沟2

钻探和探沟试掘显示：整个路基的上部、中部和东部均为夯土构筑，色呈褐黄，质地坚硬。上部夯层厚8~10厘米，下部厚12~16厘米。不少路基的夯土中还夹有直径20~30厘米的礓石，以加强路基的强度。

经初步测算，该段填方路基的土方量约为17万立方米，是秦直道上迄今发现工程量最大的堙谷填方路段。

探沟2之所以选于此，是因为这里是秦直道由南向北的唯一必经之路。试想，这一带如果还有其他路径可选择，当时的人也不会耗费如此大的力量修筑这样一条填方路段了。

探沟2地理坐标：北纬35°43′20.09″，东经108°30′43.25″，海拔1588米。所布探沟与直道垂直，方向110°，即东偏南20°。探沟长8.2米，宽1.5米。

地层关系较简单，可分为三层。

第一层为地表和现代路土层，厚8~15厘米。土色灰黄，含少量礓石及树木草根茎叶，其中地表层较疏松，现代路土层较坚硬，呈较大的薄片状千层饼样。第二层为古代路土层，细分为四层，总厚46~64厘米。详述见后。第三层为夯土填方路基层，色呈褐黄，质地坚硬，路基夯土中夹有较大的礓石，探沟所在的夯土深度未探到底。（见图3）

经发掘，共发现四层道路路面，即秦直道的四叠层，各层路面间界分清楚。（见图4、图5、图6、图7、图8）自上而下分述如下：

上层路面：

图 3　南桂花探沟 2 南壁地层

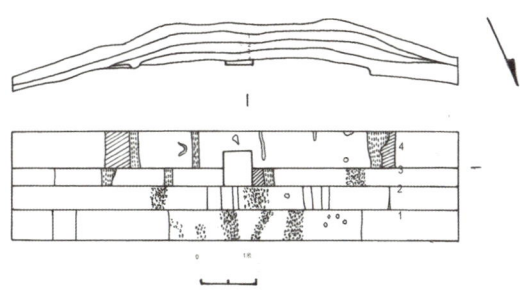

图 4　探沟 2 四叠层平、剖面图

图 5　探沟 2 四叠层　西—东

图 6　探沟 2 四叠层　南—北

图 7　探沟 2 四叠层　东—西

图 8　探沟 2 四叠层局部　西—东

路面基本平缓，中西部略高。使用路面宽 3.4 米，路肩西侧较陡，东侧较缓。路土色灰黄，质地十分坚硬。路土内夹有大量礓石，礓石大小比较匀称，直径在 1.5~4 厘米之间。路面暴露有五道与直道平行的礓石带，每道宽 10~40 厘米。从路面的坚硬度和礓石带判断，这些礓石是经过加工后掺入路土的，以增加路面的强度。路面上未见明显的车辙。

路面上出有汉代的粗绳纹瓦片和明清瓷片，说明早期瓦夹在晚期遗物中。

本层厚 16~22 厘米。

二层路面：

使用路面向东移约 40 厘米，使得二层路面比上层宽约 80 厘米。路土色灰黑，坚硬，路土中所含礓石少于上层，但仍在路面形成少量的礓石带。路面中部有两两对称的四道辙沟，辙沟宽 10~15 厘米，深 5 厘米。内邻两辙沟相距 140 厘米，外邻两辙沟相距 190 厘米。路面上还有数个大小不等的坑窝，直径 8~15 厘米，深 5~6 厘米。

本层厚 18~23 厘米。

路面出土残铁锸 1 件（见图 9），时代约在东汉或稍晚。残碎灰陶瓦 2 片，分别为外粗绳内布纹、外细绳纹内素面的板瓦，时代约为西汉晚期至东汉。

三层路面：

使用路面再向东移 160 厘米，路面较其上层更宽，坡度也较其上层平缓。路面东部 2.25 米宽的部分为较纯的黄土，上有一对辙沟，沟宽 15 厘米，深 6~8 厘米，辙沟中心距 110 厘米。路面其余部分为碎礓石、小粗砂石块与黄土混合构筑，路土色较其上层更黑，质地较坚硬，可见斜向千层饼状路土。路土中的礓石大部分直径为 1~2 厘米，最大者 3 厘米。整个路面除东部的一对辙沟

图 9　出土铁锸

外，还有四道较浅的辙沟。六道辙沟似有对应关系，即自东向西，第一与第二、第二与第四、第四与第六道辙沟的中心距均为110厘米，与2009年富县桦沟口发掘的直道上层路面的最窄辙距相等。路面上还有大小不等的坑窝，直径6~15厘米，深5~10厘米。

路面最西部的礓石面被破坏，以土补之，界线分明。

本层厚12~15厘米。

路面出土残碎灰陶瓦3片，其中外细绳纹内大麻点的板瓦1片（见图10），时代约在秦至西汉早期；外粗绳纹内布纹的筒瓦2片，时代约为西汉中晚期。

四层路面：

使用路面较其上层向西移80厘米，宽度与平缓度略同于第三层。路土色黑，质地坚硬，但路土中礓石少于其上三层，明显可见斜向千层饼状路土。路面东部有一对辙沟，宽10~15厘米，深4~8厘米，辙沟中心距115厘米。路面西部似有一辙沟，但破坏严重。该层路面还有不少坑窝及与道路平行的条状坑。坑窝直径5~17厘米，深4~8厘米；条状坑最长50厘米，宽5厘米，

图10　出土绳纹板瓦

图11　第四层路面

深 3~7 厘米。（见图 11）

本层厚 10~12 厘米。

路面出有灰陶瓦、灰陶器物残片等。其中外粗绳纹内大麻点的筒瓦 1 片，时代约在秦至西汉早期；外细绳纹内布纹的板瓦 1 片，时代约为西汉中晚期；灰陶器物残片过于残碎，时代难以断定。

经解剖，本层以下即为夯筑的填土路基。（见图 12、图 13、图 14）

图 12　第四层路面向下解剖

三、兴隆关以东的秦直道

兴隆关以东的秦直道位于子午岭支脉的蚰蜒岭上，蚰蜒岭也是陕西黄陵县与富县的界岭。发掘探沟 2 条，揭示的秦直道有极大的共性。以蚰蜒岭探沟 2 为例。（见图 15、图 16）

蚰蜒岭探沟 2 位于单纯的山脊上，所在地势较平坦。西距兴隆关 760 米，这里也是兴隆关向东的秦直道必经之地。

探沟 2 地理坐标：北纬 35°44′57″，东经 108°32′11.16″，海拔 1598 米。直道略呈东西向，所布探沟与直道垂直。探沟方向 25°，即北偏东 25°。探沟长 8 米，宽 1.5 米。

地层关系较简单，可分为三层。

第一层为表土和现代路土层，厚 10~50 厘米。此层中部为现代路面，土色浅黄，土质结构较硬，呈上下水平叠压的饼状路土。路面两侧为堆积土，土

图 13　工作照

图 14　工地午餐

色浅褐，质松软，夹杂大量的植物根茎及 1 片清代的黑釉瓷片。第二层为古代路土层，细分为两层，总厚 28~42 厘米。详述见后。第三层即为生土，色灰黄，质地纯净、坚硬。

经发掘，共发现两层道路路面，分述如下：

图15　蚰蜒岭探沟2及扩方　东南—西北

图16　蚰蜒岭探沟2扩方　北—南

上层路面：

路面中部和南部较高，北部较低。与表土及现代路土层界分清楚。

路面土色灰褐，土质较硬，呈倾斜向千层饼状，其中夹有粗绳纹瓦残片。此层中部较厚，两侧较薄。路土中南部有与道路平行的沟一道，宽约1.5米，深5~10厘米。路土表面还有大小、深浅不一的多个小坑，坑直径5~25厘米，深7~15厘米。

探沟2向东扩方后，发现了典型的早期车辙（与富县桦沟口直道的上层路面车辙极类似）。该车辙辙梁土色黑褐，质地坚硬，呈斜向的千层饼状。两道辙梁分别宽20~22厘米、25~30厘米，高10厘米。辙梁间形成的辙沟宽约24~28厘米，深8厘米。辙沟内为浅黄色淤土。辙沟显示的直道与今路面并不平行，而是向西南方向延伸，与今路面形成约25°的夹角。

本层路土厚15~20厘米。

遗物：出土于该层路土中，仅2片，残碎，分别为外粗绳纹内素面、外细绳纹内素面的板瓦，时代约为西汉中晚期。

下层路面：

与上层路土界分清楚。土黑褐色，土质坚硬，为斜向叠压的千层饼状。路面北部有两道车辙，辙沟宽15~20厘米，深5厘米，两辙沟中心距110厘米。辙沟内有明显的碾压形成的千层饼状路土。车辙以南有小坑3个，直径10~15厘米，深2~3厘米。

本层路土厚12~18厘米。

遗物：出土于该层路土中，仅1片，为外饰粗绳纹内光面的板瓦残片，时代约为西汉中期。

四、兴隆关以北的古道路

兴隆关以北的古道路位于兴隆关以北的子午岭主脉上。发掘探沟2条，揭示的古道路有极大的共性。以兔儿崾岘探沟为例。（见图17、图18）

兔儿崾岘探沟位于单纯山脊的中部，所在地势平坦。南距兴隆关11公里，这里也是兴隆关向北的古道路必经之地。

探沟地理坐标：北纬35°40′12.52″，东经108°31′20.03″，海拔1569米。古道

图 17　兔儿崾岘探沟　东—西　　　　图 18　兔儿崾岘探沟　南—北

路略呈南北向，所布探沟与直道垂直，方向 105°，即东偏南 15°。探沟长 6 米，宽 1.5 米。

地层关系较简单，可分为三层。

第一层为表土和现代路土层，厚 20 厘米。土色浅黄，夹有大量植物根系及少量近现代陶片、瓷片。第二层为古代路土层，细分为两层，总厚 25~48 厘米。详述见后。第三层即为生土，色灰黄，质地纯净、坚硬。

经发掘，共发现两层道路路面，分述如下：

上层路面：

路面中部高两侧较低。使用路面宽 4 米，带路肩宽 4.5 米。与表土及现代路土层界分清楚。

路面中部色较黑，两侧较黄。路土较硬，其中夹有少量礓石，礓石最大者 7 厘米×3 厘米×2 厘米，其余直径 1~2 厘米。

路面有三梁四道车辙，较对称、规整。中部两辙沟相距 60 厘米，西部两辙沟相距 110 厘米，最外的两辙沟相距 170 厘米。辙沟宽 26~40 厘米，深 9~13 厘米，辙沟中有部分礓石。

本层路土一般厚 26 厘米，最薄 10 厘米，最厚达 48 厘米，是历年发掘所见单层路土中最厚者。

与早期（秦—西汉）车辙和路土相比，一是该辙沟显得宽且深，二是该路土色较淡，呈较水平向千层饼状，而早期路土多呈深黑色的斜向千层饼状。考虑到该层特厚（最厚达 48 厘米），似为使用不频繁但沿用时间长所致。

遗物：出土于该层表面，量少且残碎，有白釉冰裂纹瓷片、黑釉瓷片、灰陶瓦片等，时代在宋元至明代之间。

下层路面：

与上层路土界分清楚。颜色稍浅，硬度不及上层。路土中所含礓石较上层少，最大者 17 厘米 ×10 厘米 ×7 厘米。

下层路面不及上层规整。路面中部有一条与道路平行的沟，沟宽 35 厘米，深 8~10 厘米。其东侧一辙沟宽 20 厘米，深 4~5 厘米。其余部分未见明显车辙。

经解剖，本层路土厚 13~14 厘米。

遗物：出土于该层表面或其中，仅 3 片，且残碎，为灰陶器物残片，时代约在东汉至南北朝之间。

五、时代的判定

兴隆关周边三个方向古道路的时代判定如下：

兴隆关以南，以南桂花探沟 2 的四叠层路面为代表。

第四层路面：约秦代和西汉早期。

第三层路面：约西汉中期和晚期（最晚至东汉早期）。

第二层路面：约东汉（最晚在东汉中期）至南北朝。

第一层路面：约隋唐至宋明之间。

与兴隆关以东秦直道的对应关系：

第四、三层＝蚰蜒岭探沟 2 下层、上层＝富县桦沟口直道下层、上层＝甘泉方家河直道下层、上层。

与兴隆关以北古道路的对应关系：

第二、一层＝兔儿崾岘探沟下层、上层。

说明：

秦直道的四叠层中，早期两层路面时代的判定，除依据路土遗迹、遗物外，还参照富县桦沟口、甘泉方家河段的秦直道发掘。因为，富县桦沟口直道发掘的面积较大，遗迹丰富，遗物较多，特别是出土的"大泉五十"铜币及打破路面的弃埋坑中的人骨鉴定数据，都是判定路面绝对年代的极珍贵资料。

晚期两层路面时代的判定，主要依据路土遗迹和遗物。

同在兴隆关以北的七里店探沟与兔儿崾岘探沟有很大的共性，如：也是两层路面，路土结构与兔儿崾岘探沟相同。遗物方面，七里店探沟上层路土所出的大部分是宋元遗物，但个别瓦片、瓷片的时代可能比宋元更早，以此推测，上层路土的使用最早可能在隋唐时期。

晚期两层路面时代的判定，也参考了路土的厚度。如兔儿崾岘探沟中，上层路面的厚度几乎是下层的两倍。假定在没有间断的状态下，自然堆积的厚度与时间成正比。那么，上层路面的使用时间也应是下层的约两倍。东汉初至明代末年约一千六百年，其三分之一是五百多年，东汉初至南北朝末年是五百多年，所以，将第一层与第二层路面的分界定在隋唐之际。

与其他门类的考古不同，纯粹的古道路考古，发掘出土的遗物历来极少，以至我们有"古道路上发现钱币的几率，等同于今天在高速公路上捡到钱包"之叹。

依据少量残碎的瓦片、器物陶片、瓷片，对所叠压的路土做出时代判断，误差在所难免。大胆的估计是，这种误差可能在二三十年至数十年间。对于修筑于两千多年前、不少路段沿用一千多年的秦直道而言，这些误差毕竟是次要的。随着秦直道考古的进一步深入，我们相信，对秦直道四叠层路面时代的判定会更加细化和精确。

六、结语：2+2=4

围绕兴隆关周边的大规模考古调查和考古发掘，是第一次。其收获可以概括为2+2=4。

兴隆关以南的秦直道，最典型和具有代表性的是道路的四叠层，它代表了秦直道自修筑、历代沿用（自秦至明清，局部路段甚至沿用至今）至废弃的全过程。形象化表述，就是"4"。

兴隆关以东的秦直道，具有代表性的是两层路面，它始建于秦代，沿用至两汉之间或东汉早期，然后废弃。其中，下层路面的时代约为秦代和西汉早期，上层路面的时代约为西汉中期和晚期（最晚至东汉早期）。表述为"2"。①

值得一提的是，这两层路面不仅在修筑方法、路面和车辙的质地、结构及出

---

① 见陕西省考古研究院：《考古年报 2008》。

土遗物方面，与富县桦沟口、甘泉方家河揭示的秦直道有惊人的相似性，而且在路面相距约170公里的三个发掘地点（黄陵南桂花、富县桦沟口、甘泉方家河），都发现了人为破坏秦直道的现象。① 说明这一破坏行动不是孤立和个别的，而是两汉之间或东汉早期某一时刻的自上而下的国家行为。经典意义的秦直道从此废弃。

兴隆关以北的古道路，具有代表性的也是两层路面，下层路面的时代约为东汉（最晚在东汉中期）至南北朝，上层路面的时代约在隋唐至宋明之间。表述为"2"。

至此，兴隆关周边三个方向的考古发掘结论是：修筑于秦代的直道，自起点向北，经兴隆关向东，再向北，直至终点。使用两百多年后，即在两汉之间或东汉早期，兴隆关以东的秦直道经人为破坏后废弃。数十年后，改走兴隆关以北并转西北的子午岭主脉，向西转了一个大弯后回归旧有的秦直道，直至终点包头。

归纳为一句，四叠层的秦直道路面，早期2层走东线，晚期2层走西线，即：2+2=4。

如果说，2009年陕西富县秦直道考古的成果，是确定了东线而没有否定西线的话，那么，2010年黄陵的发掘，则是在进一步确认东线的同时，彻底否定了西线。至于西线这条古道路的命名，则是历史学家和考古学家应进一步探讨的问题了。

从1990年第一次步行九天调查秦直道至今，二十年过去了。从2006年第一次发掘秦直道至今，也有五年了。一个感想是：秦直道的研究，特别是关于秦直道基本走向的探讨，如果仅仅靠文献，一千年也不会有结果；仅仅靠一般的踏查，一百年也不会有结果。考古发掘是破解秦直道之谜的正途。

行文至此，突然想到，五年前，十年前，甚至三十年前，我们的考古学者为什么不在这里发掘一下呢。如果那时发掘了，可以省却三十多年来多少苦心的研证、激烈甚至含有意气的争论，要知道，这些研证、争论，大多是无谓的啊。

（发掘者：张在明、李增社、姜家乃、王谦、刘彦博）

2010年11月22日

---

① 本文的部分内容发表后的2012年7月，作者等人又在黄陵五里墩南的探沟里发现了人为破坏秦直道的现象。至此，人为破坏秦直道的地点已达四个，最远距离近200公里。

秦长城与秦直道的意义及影响[①]

长城,对秦王朝防御匈奴,巩固边境,无疑起到了重大作用。正如司马迁引用贾谊的话:"乃使蒙恬北筑长城而守藩篱,却匈奴七百余里,胡人不敢南下而牧马,士不敢弯弓而报怨。"[②]

但是,两千年来人们忽略了一个事实,即:能使长城成为主动抵御,而不仅仅是被动防御工程的,还必须有直道。长城是弓,直道就是箭;长城是盾,直道就是矛。有了直道,绵延万里的冰冷长城,才成为有血有肉的进攻机器。

长城与直道的交会点,就是九原,其战略地位相当于二战中的诺曼底。

司马迁是这样议论长城和直道的:"吾适北边,自直道归,行观蒙恬所为秦筑长城亭障,堑山堙谷,通直道,固轻百姓力矣。"[③]

在这里,司马迁第一次把长城和直道并列提出,也第一次点出了修筑这一攻守兼备军事工程的代价:"固轻百姓力矣。"这六个字的背后,是无数的鲜血和尸骨:

修筑长城和直道的劳役总数有一百万至数百万人。

戍守长城士卒的生还者只占 30%~40%。

[①] 本文摘自《秦长城与直道的构建》,原文发表于香港历史博物馆2012年编制的《一统天下:秦始皇帝的永恒国度——国际学术研讨会论文集》,此次发表,改动了个别字句。
[②] 司马迁:《史记·秦本纪》,中华书局1959年版。
[③] 司马迁:《史记·蒙恬列传》,中华书局1959年版。

秦民谣："生男慎勿举，生女哺用脯，不见长城下，尸骸相支拄。"①

历史是严肃的，鲜血和尸骨的补偿是自以为"关中之固，金城千里，子孙帝王万世之业"②而煌煌不可一世的秦王朝的轰然倒塌。

秦朝灭亡了，长城和直道却作为秦帝国的象征留存了下来。

从更广阔的文明史背景看，两千年来，长城和直道的有效防御作用，仅仅限于秦汉两朝，说到底，仅仅限于秦始皇和汉武帝时期。在其他漫长的时代里，长城对于防御外族入侵，作用甚微。而直道更是应了"福祸相依"的古语，中原汉族可以利用直道进攻，北方异族更可以利用直道反攻。加上北方异族地处高原，具有高屋建瓴之势，此时，优势反转成了加倍的劣势。东汉以后，"虎狼之师"的角色彻底转换，匈奴等异族多次利用直道向汉族进攻，匈奴族的一支赫连勃勃甚至摧枯拉朽般地占领了长安。防守和退却，成为中原汉族政权的唯一选择。秦直道一线多个地点发现的中原一方破坏直道的现象，就是这一历史现象的最好注解。

在冷兵器时代，军事攻伐的胜败，决定性的是实力，特别是军事实力。剽悍、凶残的骑兵和马刀，与成熟农耕文明国民的孱弱，构成了中国古代军事攻伐史的主流（与此呼应的是，欧洲的日耳曼人战胜罗马帝国）。三千年来，中国朝代的更迭，90%以上，是西方或北方战胜了东方或南方，就是这个道理。

秦皇汉武的伟业，难以改变大历史的主流。

---

① 郦道元：《水经注·河水》，引晋杨泉《物理论》，中华书局2006年版。
② 司马迁：《史记·秦本纪》，中华书局1959年版。

黄陵秦直道五里墩南探沟发掘简报

2012年7月18—19日，陕西省考古研究院秦直道考古队对陕西黄陵县五里墩以南的秦直道进行了考古发掘。参加人员有陕西省考古研究院研究员张在明、西北大学硕士研究生喻鹏涛、考古队成员姜家乃、技工颜泽余，以及甘肃宁县民工崔文刚、崔建雄。

此地的发掘一波三折。

早在2010年8月，经过调查，秦直道考古队开始关注此地。此后，在此先后进行了两次调查、钻探。2011年12月16日的考古日志如此记载：

> 五里墩南行……折返途中，调查、测量了堑山和纯山脊路段7个点。其中五里墩南的纯山脊路段笔直，长104米，连通南北两座山岇，加上路面异乎寻常地平整，可能是人工填方形成。此地为直道必经，开探沟的工作量极小，三个民工，两天可完成。倘若发现四叠层，可与南桂花之四叠层呼应，以避免其孤证也。

次年（2012年）3月，在此布探沟发掘，至第二层，才发现以下均为冻土，试着下挖，但道路现象始终无法剥离，考古发掘以失败告终。当时的考古日志记载如下：

3月17日：

> 根据去年调查的思路，行至五里墩南约1公里处止，确认了发掘地点。钻探，地表下约35厘米见路土，窃喜，知此地无误也。此地点以北发现瓦砾堆积，分布长度约20米，瓦为外素面内布纹，泽余认为是唐代物。

3月18日：

早8时，四人与二民工发。……在纯山脊路段中部开1.5米宽的探沟，发掘十几厘米后发现路土冻结，坚硬如铁。费力挖至30厘米后，感觉上层路面可能挖过了。考虑再三，遂向北扩方50厘米，下挖20厘米暂停，以期路土消冻，明日继续发掘。

同时在路段隔5米打眼钻探，以期绘出剖面图。

3月19日：

早起，发现昨夜小雨，地面小湿，所幸雨不大。

8时半发，至五里墩南继续发掘。

本层清完，现象不明显，唯瓦、陶瓷片不少。绘图、四个方向照相。下挖约20厘米仍是冻土，许多现象清不出来不说，各层路面的边（界限）也不好把握。踌躇再三，决定终止发掘。看来，这次来得的确不是时候。

方便面午餐后，回填探沟，继续钻探。2时许结束。此次最大的收获，可能是验证了此纯山脊路段为填方也。

2012年7月，终于发掘如愿，了了一桩两年的心事。

五里墩南秦直道位于陕甘交界处的五里墩烽燧以南约600米，是子午岭主脉上秦直道的一段，这段直道方向160°，略呈西北—东南走向。

所在地植被丰富，为茂密的以阔叶为主的次生林，树种有柞、青冈、槐等，有少量落叶松等针叶林。

发掘地点是直道的必经之地，地处典型的纯山脊路段，路段规整、笔直。该路段向南、向北，分别连接两座小山峁一侧的堑山路段。山脊路面异乎寻常地平整，加上山脊

图1　五里墩南探沟　北—南

两侧规整且较陡,完全不似自然形成,很可能是将两座小山峁之间的低洼处人工填方加高形成的人工山脊。经钻探,证实该山脊的确是人工填方形成,填土最深处超过3米,且越到山脊中部填土越厚,验证了以上判断。

纯山脊路段长104米,山脊两侧较陡,与地表角度约60~70°。山脊宽5~6米。山脊上是一条林场所修的简易土路,路面宽3~4米。

在纯山脊路段中部开一条与土路垂直的探沟横剖直道,探沟方向70°。探沟长3.7米,宽2米,发掘面积7.4平方米。探沟命名为黄陵五里墩南探沟。(见图1)

发掘地点两次GPS测点,数据略有出入,如下:

第一次编号:379。北纬:35°38′53″,东经:108°31′42″,海拔:1566米。

第二次编号:397。北纬:35°38′53″,东经:108°31′42″,海拔:1569米。

经下挖,发现东侧路土湿润,西侧干燥,迹象明显。

一、主要遗迹

自地表以下皆为现代路土,色较浅,呈水平的大平板千层饼状,不甚硬,碾

图2 四叠层路面 南—北

图3 四叠层路面 东—西

图4 四叠层路面 西南—东北

图5 四叠层路面局部 北—南

压的层间界分明显，可轻易地剥离出手掌般大的饼状碾压层。路土中含有零星木炭屑、小石子和细沙粒，还混有外绳纹内布纹的瓦片。

现代路土可分为两层，上层黄褐色，下层黄色，硬度差异不大。

以现代路土为主的扰动层厚40厘米，与2012年3月发掘记录的26~40厘米的最大值相同。扰动层以下为四层古代路土，即与南桂花探沟2一样的四叠层路土。（见图2、图3、图4、图5）

自上而下，四叠层路土分述如下：

（一）第一层路面

本层路土整体厚15~18厘米，分为上下两层。

1. 上层

揭露出的第一层上层路面距地表41~45厘米，平均宽271厘米（自南向北宽270厘米、275厘米、267厘米）。揭露面积271厘米×200厘米。该层路面及路土位于现代路土以下的中部，基本未移位。

路面整体较平，中部微高出两侧约2~3厘米。

路面上有细密的黄色淤土二至三层，总厚1~3厘米。淤土板结状，表面平滑，与黑色的路土殊异。

淤土以下为路土，颜色较上层的现代路土发黑，质地更硬。路土表面基本平滑，但弱于淤土层。路面两侧的平滑度不及中部，表面有较小的凸点。

路面上有三道草根、树根形成的槽状印迹。经清理，该印迹较笔直且与道路平行，槽沟宽3~4厘米，深1~2厘米，应为车辙印。

自西向东，三道车辙距离西侧路肩分别为：1号车辙58厘米，2号车辙125厘米，3号车辙213厘米。如此，就有了三组对应的辙距：A.1号与2号，辙距约58~67厘米；B.2号与3号，辙距约94~95厘米；C.1号与3号，辙距约150~158厘米。从过去发掘出的辙距看，A组和B组可以排除，C组的辙距与此前所见的150厘米辙距近似，基本可以认定为一组辙距。至于2号车辙所对应者阙如，可能是路面东侧破坏所致。

路面上夹有木炭屑、碎石子、细沙，未见陶片、瓷片等遗物。

路面两侧的路肩很陡，超出以前历次发掘所见。与地面的夹角，东侧路肩几乎为90°，西侧路肩约80°。

2. 下层

揭露出的第一层下层路面距上层路面 3~6.5 厘米，平均宽 278 厘米（自南向北宽 280 厘米、283 厘米、270 厘米）。揭露面积 278 厘米 ×200 厘米。

路面整体中部高，两侧低，高差大于其上层，路面中部最高高出两侧约 10 厘米。

路面整体没有上层平滑，色黑，质地较硬，可见少量斜向的千层饼状路土。路面上有坑窝 3 个，直径 6~8 厘米，深 2~4 厘米。另有与道路平行的浅沟一道，长 75 厘米，宽 2~4 厘米，深 1~2 厘米，不排除为辙沟遗迹。（见图 6）

图 6　上层路面　南—北

图 7　上两层路面　南—北

（二）第二层路面

本层厚 7~12 厘米。

揭露出的第二层路面略同于其上层，平均宽 280 厘米，自南向北宽 283 厘米、278 厘米、279 厘米。除保留的第一层路面外，揭露面积为 280 厘米 ×150 厘米。

路面整体高差不大，略同于第一层的上层路面。

路面平整中度，路土色黑，质地较其上层更硬。路面有少量直径为 2~3 厘米的小浅坑。未见明显的车辙遗迹。（见图 7）

（三）第三层路面

本层厚 4~7 厘米。

揭露出的三层路面为有碾压痕迹的纯路面，宽 230 厘米。两侧未经碾压的路面及路肩部分已去除。除保留的第一、二层路面外，揭露面积 230 厘米 ×100 厘米。

该层路面最引人注意的现象是，路面中部有一条与直道近似平行、夹角呈 6~7° 的人工沟。人工沟沟口宽 46~50 厘米，深 30~31 厘米，沟两壁陡直，几呈 90°。壁面较平整，沟底平整，较硬。经钻探，证实人工沟向北、向南延伸约 10

米后斜出直道，延入两侧的深谷。（见图 8）

最初，人工沟的存在令人不解，联系到人工沟的开口线位于第三层路土的表面，即早期秦直道上层（西汉中期至晚期层）的表面，豁然开朗，它符合了两汉之间大规模破坏秦直道之推论。至此，五里墩南成为继富县桦沟口、黄陵蚰蜒岭和甘泉方家河之后，第四个人为破坏秦直道的地点，也是秦直道上最南的一个地点。

将人工沟挖成与直道近似平行，也是古人的高明之处。首先，比起与直道垂直的横沟，它可以最大限度地拦截车马行驶。其次，它可以最大限度地借用自然力，即借用这段直道两端山崃上的雨后流水，冲刷直道路面，以加速道路的毁坏。至今，我们发掘所见的完整人工沟都是尚未发挥作用的，发挥作用的人工沟都在破坏秦直道时自身也已泯灭。

揭露出的路面基本平整，中部高出两侧约 2 厘米。推测原路面中部的人工沟一带是整个路面的最高点，被破坏无法测量，估计原路面中部高出两侧 4 厘米左右。

本层路土为典型的早期路土，为斜向千层饼状，色更黑，质地更加坚硬。从人工沟东壁，可以清楚地看到早晚两期路土的差别，斜向千层饼状的早期路土更黑，质地更硬。（见图 9）

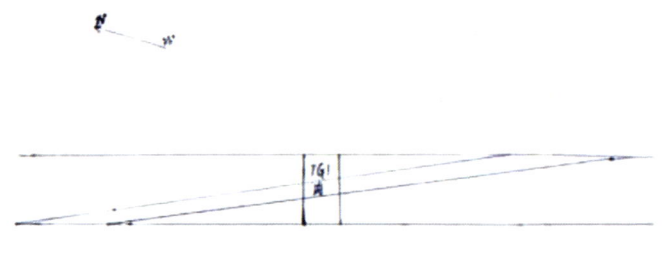

图 8　五里墩南探沟人工沟示意图

该层路面现象较为丰富，自西向东分述：

① 辙沟，宽 10~15 厘米，深 1.5~4 厘米。不甚规整。辙沟北部有一直径 7~8 厘米、深 3~4 厘米的小坑。

② 辙梁，宽 22~23 厘米，高出路面 1.5~4 厘米。辙梁中部有一较浅的辙沟，宽 11~12 厘米，深

图 9　剖面所见的下两层路土

图 10 下两层路面 西—东

0.5 厘米。

③辙梁,宽 23~24 厘米,高出路面 1~2 厘米。其上的辙印宽 8~9 厘米,深 0.5~1 厘米。

两辙梁上的辙沟距 143 厘米,符合历次发掘所见之辙距。另,西部辙沟距人工沟中心约 110 厘米,不排除人工沟中部有与之对应的另一辙沟。

如此,原路面应有二辙沟二辙梁,加上辙梁上的辙沟,共有四辙沟二辙梁。(见图 10)

(四)第四层路面

本层厚 4~5 厘米。

揭露出的第四层路面也是有碾压痕迹的纯路面,但路面明显变窄,仅宽 203~206 厘米。除保留的第一、二、三层路面外,揭露面积 206 厘米 × 50 厘米。

该层路面仍为中高两侧低,中部最高处高出两侧约 4~5 厘米。

路土色更黑,质更硬,为典型的斜向千层饼状。

路面现象较丰富,自西向东如下:

①路土最西部有一与道路平行的沟,宽12~14厘米,深3厘米。不似辙沟,可能为路土与路边坡之界。

②再向东为辙沟,宽15~18厘米,深4厘米。辙沟底大部分被挖穿,下为填土,色较黄,深不可测。

③再为大坑,直径17~18厘米,深9厘米。

④再为人工沟,现象同前。

⑤再为小坑,直径5~6厘米,深10厘米。为树根腐朽形成。

⑥再为沟,长33厘米,宽6~9厘米,深3~5厘米。也为树根腐朽形成。

与西部辙沟对应的辙沟,按辙距110厘米计,到达距人工沟东边壁4厘米的人工沟中。现场观察,如果辙沟的中心线在人工沟的位置破坏无存的话,按西侧辙沟的形状规制,人工沟东侧的路土上,应存有少量的辙沟边坡的凹陷痕迹。现场没有发现这些凹陷痕迹,也即没有对应的辙沟现象。

最后,在第四层路面中部开20厘米×20厘米的小方,下深4厘米左右即见黄色填土。可知本层路土厚度为4~5厘米。(见图11)

综上分析,四层路土厚度分别为:

第一层:15~18厘米,平均16.5厘米;

第二层:7~12厘米,平均9.5厘米;

第三层:4~7厘米,平均5.5厘米;

图11 第四层路面上的小方

第四层:4~5厘米,平均4.5厘米。

以第四层为1,四层厚度之比为1∶1.2∶2.1∶3.7;以第二层为1,晚期两层厚度之比为1∶1.7。

南桂花探沟2的四层厚度之比为1∶1.2∶1.9∶1.7;

以第二层为 1,晚期两层厚度之比为 1∶0.9。

蚰蜒岭探沟 2 的两层早期路土厚度之比为 1∶1.2。

兔儿崾岘探沟的两层晚期路土厚度之比为 1∶1.9。

我们看出,最远相距 20 多公里的四个地点,其直道路土厚度之比惊人地近似。如:三个有早期路土的地点,即蚰蜒岭探沟 2、南桂花探沟 2 和五里墩南探沟,两层早期路土厚度之比均为 1∶1.2。另外,三个有晚期路土地点中的两个,即五里墩南探沟和兔儿崾岘探沟,两层晚期路土的厚度之比为 1∶1.7 和 1∶1.9,极为接近。这说明了各个时代路土的厚度与直道的沿用时间及行驶的频繁度(即使用率)之间,有较为密切的相关性。

表 1　南桂花探沟 2 与五里墩南探沟四叠层路土厚度对比表(单位:厘米)

	南桂花探沟 2		五里墩南探沟	
第一层	16~22	均 19	15~18	均 16.5
第二层	18~23	均 20.5	7~12	均 9.5
第三层	12~15	均 13.5	4~7	均 5.5
第四层	10~12	均 11	4~5	均 4.5

较南桂花探沟 2,五里墩南探沟的四层路土均较薄,除第一层外,其他各层的厚度均不到前者的一半。形成的原因,似与地形、土质差别和小气候(经过多年的直道考古实践,对子午岭地区变幻无常的局地小气候深有体会)有关。除此以外,也不能排除南桂花临近兴隆关,局部路段使用频繁的可能性。

尽管如此,从对比表中,还是能看到两个地点四叠层的共性。如早期两层路土厚度之比完全一样,都是 1∶1.2;早期两层路土较大幅度地薄于晚期两层路土,厚度比分别为 1∶1.6 和 1∶2.6;第三层路土与第二层之比极为接近,分别为 1∶1.5 和 1∶1.7;等等。除考古发掘的技术误差外,还是指向了深藏在偶然性表面下的规律。

二、遗物

遗物均出土于扰动层至第三层路土之间,第四层路土、路面未见遗物。

所出遗物少,且碎小,除灰陶板瓦 3 小片外,均为小瓷片。瓷片中,最大者 3.7 厘米 ×3.3 厘米,最小者仅 1.3 厘米 ×0.6 厘米;除 2 片能看出为口沿残片外,余都无法辨出器形,对断代造成很大困难。

各层位所出遗物如下：

（一）扰动层

仅1件，坐标180*60-30，灰陶板瓦残片，外饰粗绳纹，内为较粗的布纹，时代约为汉代。该瓦片可能来自此地以北的秦汉遗址。

（二）第一层路面及路土内

① 坐标180*150-40，外黑釉内白釉瓷片，细灰胎，器形似为碗。时代约为元—明。

② 坐标180*250-45，灰陶板瓦残片，外饰压印弦纹，内为较粗的布纹。时代约为明清。

③ 坐标150*140-45，内外白釉瓷片，细灰胎，似为碟口沿，一裂为二。时代约为元—明。

④ 编号7，坐标70*270-54，内外白釉瓷片，细灰胎，器形不可辨。时代约为明清。

⑤ 编号8，坐标50*70-55，瓷片，外棕色釉，表面有小凸点，内为浅灰绿釉，细灰胎。该瓷片厚达0.7厘米，器形可能是罐瓮之类。时代约为元—明。

（三）第二层路面及路土内

① 坐标130*210-60，口沿瓷片，内外白釉，细灰胎。时代不可辨。

② 坐标50*220-68，灰陶板瓦残片，外似饰绳纹，内为较粗的布纹。时代约为汉晋。

（四）第三层路面及路土内

坐标47*208-72，小瓷片，外黑内浅褐釉，细深灰胎，器形不可辨。时代不可辨。

（五）人工沟淤土内

仅1件，坐标120*150-85，口沿瓷片，内外均为浅豆绿釉，细灰胎。时代约为唐宋。

结论：除人工沟淤土内的1件瓷片外，其余遗物与层位基本都可对应。

人工沟里的瓷片，虽然本身的时代有较大的伸缩性，但按地层，不能晚于第二层路土最下层的时代。按南桂花探沟2的四叠层计，该瓷片的时代应在东汉至

图 12 记录现象

图 13 找边

图 14 测量绘图

图 15 回填前留个纪念 东—西

南北朝间。明显有了问题。

考古的地层学实行的是一票否决制，即晚期地层可以有早期遗物，但早期地层绝不能有晚期遗物，哪怕是一块瓷片。怎么办？

只有两种可能，不是瓷片的断代有误，就是前面地层的划分有误，二者必居其一。

我们当然希望是前者。（见图12、图13、图14、图15）

（执笔：张在明、喻鹏涛，审定：张在明）

2014年12月

旬邑县秦直道调查钻探简报

2012年7月,陕西省考古研究院秦直道考古队,对陕西旬邑县境内(其中少量路段在甘肃省正宁县境内)的秦直道进行了考古调查和钻探,取得了突破性成果。

参加考古调查和钻探的有陕西省考古研究院研究员张在明、西北大学硕士研究生喻鹏涛、考古队成员姜家乃、技工颜泽余,以及旬邑博物馆原馆长张永超等人。

旬邑县位于陕西省咸阳市北部,东接铜川耀州区,北依甘肃正宁,南傍淳化,西临彬县。全县总面积1811平方公里。属暖温带大陆性气候,温度适中,雨热同期,冬暖夏凉。年均气温9℃,年降水量600毫米。全县地势东北高西南低,境内最高点位石门关,海拔1885米,平均海拔960~1350米。本县西部山地属于子午岭南端及其余脉。秦时,属内史,为枸邑县。

一、旬邑县秦直道概况

秦直道在旬邑县境内大致为南北走向,基本沿山梁分布。旬邑县植被种类较其以北各县丰富,在不同路段植被也不尽相同。北部调令关至艾蒿店一带植被茂密,部分路段常年无人类活动,状态较为原始。南部石门关地区有当地俗称为梁子、椹子、青冈等树种,山势起伏较大,视野开阔,秦直道在该段有一定起伏,部分直道已经被压在现代公路之下。

在旬邑县境内,秦直道南于前蝎子掌接淳化县秦直道,向北,下盘头坡,越

图 1　冯家山以北的子午岭直道　北—南

七里川，经大草沟、庙沟、石门关、碾子院东、前陡坡，越马栏河谷，至两女寨（自两女寨至黑麻湾，秦直道在甘肃省正宁县境内）折向东北，沿子午岭平坦宽阔的山脊，经黑麻湾、破山子、调令关、景家台、艾蒿店与黄陵县秦直道相连，境内全长约 90 公里。沿线发现路面和堑山遗迹数十处，路面一般宽 10~20 米。黑麻湾至调令关的子午岭平阔山脊上，直道最宽达 30 米。（见图 1）

直道沿线及其东侧的马栏河川道等地，发现秦汉时期的建筑、关隘、烽燧等遗址及墓群 10 余处。采集有砖、瓦、陶器等的残片，历年来多次有铜器、陶器等出土。

二、旬邑县秦直道的基本走向

在此，将旬邑县秦直道分为六段，其走向如下：

（一）前蝎子掌至石门关

该段秦直道长约 11 公里。

大部分路段沿山脊线延伸，道路普遍比较平直，在七里川过河一次。

秦直道旬邑段的最南端，始于淳化、旬邑两县交界的前蝎子掌。此后，沿两县县界，即东偏北方向约 35°延伸约 2 公里至后蝎子掌，后蝎子掌附近的标高点为 1770 米。再沿两县界线即东偏北方向约 15°延伸 2 公里，到达旬邑、耀州区、淳化三地交界的三棱山，标高 1711 米。此后，秦直道转向正北方向，完全处于旬邑县境内。

自三棱山向北秦直道开始缓慢下山，北行约 400 米过标高 1647 米，在盘头坡，下行经过七八个"之"字形盘山道，再北行约 300 米至七里川。

过七里川后，继续向正北方向延伸约 3 公里，途经 1633 米标高点、席家村、庙沟、1655 米标高点。此后，秦直道开始向西偏约 10~20°，曲折向西北方向约 2~3 公里，然后沿正北方向到达石门关。

石门关是秦直道向北第一座关隘，地势险要，地质结构为红砂岩质的高峻并峙山峰，被当地人称为"山是两扇门，门是两座山，石门就像两个云里金刚"。（见图 2）石门关附近共发现三处秦汉时期遗址，被定位为守关和屯兵的场所。

图 2　石门关　北—南

（二）石门关至旬邑、耀州区交界处

该段秦直道长约 17 公里。

此段道路较为曲折，但大致向东北方向延伸。

石门关向北，直道走向为北偏东约 20°，延伸 1.2 公里经过标高点 1736 米，沿同一方向再延伸约 300 米后，转向正东方向约 200 米，然后折向正北方向，约 1 公里过 1681 米标高点，再向北约 1.2 公里过标高点 1645 米，随后转向东偏北约 10°，行进约 1.5 公里到达上瓦房川。

秦直道从上瓦房川向北偏西约 5~10° 延伸约 1.5 公里，折向东偏北约 5~10° 约 300 米。向北，秦直道蜿蜒曲折，在约 6~7 公里内转了七个弯，途经 1620 米、1612 米标高点，到达卧牛石。该段因拐弯较多，秦直道方向变化较大，但总体方向仍是向北延伸，其变化幅度约为东偏北 8~65°。

从卧牛石梁向西约 1.3 公里，到达 1575 米标高点。秦直道在此转向北偏东约 10~20°，延伸 1 公里后先向东南延伸，再转向东北，后又转向西北，形成一个直径约 600 米的半圆。这是因为子午岭主脉在此蜿蜒，而秦直道则沿山脊延伸，根据山脉的走向变化而形成的。在半圆弧最顶端的标高点 1580 米处，秦直道开始沿旬邑与耀州区两地界线延伸。

（三）旬邑、耀州区交界处至马栏

该段秦直道长约 16 公里。

总体沿北偏西方向延伸，途中弯度不大，相对较直。

从旬邑与耀州区交界处的 1580 米标高点开始，秦直道向正北方向延伸约 1 公里后，转向正东方向延伸 300 米，再向正北方向约 2 公里，在标高点 1606 米附近重新进入旬邑县境内。（该段秦直道这次进行了钻探，详情见第三部分"旬邑县秦直道的钻探"。）

秦直道重新进入旬邑县境后，沿正北方向约 1 公里过标高点 1596 米。从此点开始，秦直道转向北偏西约 20~30° 延伸。延伸约 2.5~3 公里过标高点 1617 米，再延伸约 2 公里过标高点 1574 米。沿同一方向 1.3 公里经过上庄子，再延伸约 1.2 公里到达大店，大店标高为 1528 米。大店向北约 1 公里到达风子梁。该段的子午岭支脉山梁通称为风子梁。

从风子梁开始，秦直道向正北方向延伸。向北约 300 米过标高点 1602 米，再向北约 2 公里到达马栏河谷地的马栏。

（四）马栏至刘家店

该段秦直道长约 14 公里。

其间过马栏河上山一段非常曲折，此后较为平直。大体向西北方向延伸，在标高点 1631 米处进入甘肃省正宁县境内。

秦直道过马栏河后，从马栏革命旧址窑洞处上坡，上坡后由于山势高耸蜿蜒，直道在长约 3~4 公里的山梁上转了多达九个半椭圆形（即大"之"字形）弯。途经标高点 1515 米附近。

转过九个弯道后，秦直道向北偏西 25° 延伸，经约 500 米到达长捡。再延伸 1.5 公里到达标高点 1541 米，再向前 500 米到达杨家胡同。

秦直道过杨家胡同后，沿北偏西约 40° 方向延伸。延伸约 2 公里到达双槐树，再延伸约 1 公里，在标高点 1631 米（此处紧邻两女寨）附近进入甘肃省正宁县境内。

在正宁县境内，秦直道向北偏东 10° 行进约 1.3 公里，到达王家崾岘。再向前约 2 公里到达董家店，再延伸约 400 米到达刘家店林场一带标高点 1668 米附近。

（五）刘家店至调令关

该段秦直道长约 18 公里。

在标高点 1670 米以北约 300 米处开始，沿旬邑与正宁两县的县界（也即陕甘两省的省界）延伸至调令关。大体沿北偏东方向。

自刘家店始，秦直道向正北方向约 1 公里到达标高点 1661 米，标高点所在有一座烽燧遗址，再向正北约 500 米到达新四湾，新四湾标高 1662 米。

自新四湾始，秦直道沿东偏北 25° 延伸约 1.5 公里，到达标高点 1663 米（自刘家店林场至该点也进行了钻探，详情见第三部分"旬邑县秦直道的钻探"）。再沿同一方向延伸约 1 公里后，进入一个因山势走向变化而形成的直径 1 公里的半圆形弯道。弯道方向为先东南，后东北，再转向西北。在弯道东南转向东北的转折处，即标高点 1670 米以北约 300 米处，秦直道开始沿旬邑与正宁的县界（也即陕甘省界）延伸。弯道途经黑麻湾，止于标高点 1690 米处。

自标高点 1690 米开始，秦直道向东偏北 25° 延伸约 1.8 公里到达野狐崾岘，途经标高点 1661 米。

从野狐崾岘向正北，约 2 公里到达南店。此后沿东北方向延伸 3~4 公里到达冯家山,再向正北1公里后,转向北偏西5~25°延伸约5~6公里后,向正北到达南梁,途经1722米、1698米、1731米三个标高点。再向北约2公里到达调令关。调令关有一行宫遗址和烽燧遗址。

调令关为秦直道自南向北的第二个关隘,海拔1756米。民间传说,秦将蒙恬曾据此调兵遣将,运筹帷幄,以后汉、唐、宋、明历代也在此置兵驻守,沿用至清初废弃,因此被称为调令关。

(六)调令关至黑庄子以西7公里处(标高点1778米)

该段秦直道长约13公里,向正北略偏东延伸,最北端的终点,是陕西旬邑、黄陵与甘肃正宁三县的交界处。该段秦直道全部处于旬邑与正宁的县界上,也即陕甘两省的省界上。

秦直道从调令关烽燧转向正西方向延伸约300米(该300米为正东西方向,仍然位于子午岭主脉的山脊上,与总体是南北向的子午岭垂直,极为少见)。在此300米中,秦直道与陕西铜川至甘肃正宁的305省道完全重合。300米后,秦直道折向北离开省道,向正北略偏西方向延伸约4公里,到达标高点1750米处。(该段的部分路段进行了钻探,详情见第三部分"旬邑县秦直道的钻探"。)在此地点,秦直道转向北偏西30°,延伸约3公里到达1724米标高点,中间经过1735米标高点。

此后,秦直道转向北偏东约15°,延伸约1公里到达1762米标高点,再沿同一方向前行1公里,到达1740米标高点。自此,秦直道转向正东方向,延伸约500米到达1763米标高点。

此后,秦直道转向北偏东30°,延伸约2公里到达1792米标高点。此点以北的秦直道略呈弧形,延伸约2公里到达黑庄子以西约7公里处的1778米标高点。至此,秦直道完全走出旬邑县境内。

值得注意的是,该段秦直道的标高最低为1724米,最高为1792米,6公里多的道路高差达68米;再向北,黄陵五里墩南侧的纯山脊直道路段海拔1566米,不到20公里的道路高差达226米。总之,调令关至五里墩之间的秦直道起伏之大,在秦直道的全程中为仅见。除起伏大、绝少平坦之地外,该段秦直道基本都被密林覆盖,长约13公里的路上竟无一个居民点,可见其蛮荒。

三、旬邑县秦直道的钻探

在旬邑县秦直道（含正宁县的部分秦直道）的调查中，我们对部分路段的多个地点进行了考古钻探。情况如下：

（一）旬邑、耀州区交界段的钻探

地点：自旬邑县与耀州区交界处的1580米标高点，至标高点1606米附近重新进入旬邑县境内的秦直道路段。

位置及环境：位于旬邑县石门关至马栏的公路下坡处，距离石门关12公里，即将进入川道处。该地植被茂盛，与五里墩、调令关等地的植物种类有明显变化，出现梁子、椹子等新树种。

测得新公路与秦直道的交会处（见图3）GPS：406。N35°09.366′；E108°37.651′；海拔1558米。

图3 新公路切断秦直道 北—南

1.1号地点

GPS：407。N35°09.643′；E108°37.803′；海拔1567米。

位于新公路与秦直道的交会处东北约500米处，所在的现代简易土路宽约

2.5 米。

钻探深度 90 厘米见红砂岩底,未见古代路土,可能修建林场简易路时已破坏殆尽。

2.2 号地点

GPS：408。N35°09.661′；E108°37.792′；海拔 1548 米。

位于上一地点以北约 100 米处,纯山脊路段长约 80 米,正中宽 4 米。路面中、东、西各钻 1 个探孔,1 号探孔、2 号探孔间隔 1.5 米,2 号探孔、3 号探孔间隔 1 米。（见图 4、图 5、图 6、图 7）

1 号探孔：10 厘米见古代路土,路土厚 3~4 厘米。路土质较杂,颜色黄灰,夹白色颗粒状杂土,呈横向千层饼状,较硬。其下为填土,填土中含有礓石。探孔深 110 厘米见红砂岩底。

2 号探孔：7 厘米见古代路土,路土厚约 18 厘米。路土色较黑,千层饼状,土质较硬。路土以下的土质特别硬,色发黄。说明路土远厚于 1 号探孔。

3 号探孔：7 厘米见古代路土,路土厚 17~20 厘米。路土色较黑,千层饼状,土质较 2 号探孔略硬。路土以下土质特别坚硬,色发黄。

3.3 号地点

GPS：408。N35°09.852′；E108°37.724′；海拔 1564 米。

位于上一地点以北 200 米处,纯山脊路段长约 40 米,宽约 5 米。纯山脊路段中部钻 2 个探孔,1 号探孔位于路中,2 号探孔位于路东。

1 号探孔：30 厘米见古代路土,路土厚 5~6 厘米,路土灰黄,呈横向千层饼状,土质较硬。以下为填土,色发黄。

2 号探孔：8 厘米见古代路土,色黄,呈水平向千层饼状,土质较硬。30 厘米路土开始发灰,呈斜向千层饼状,土质硬,含有黑木炭屑。至 45 厘米路土结束。可知路土分为两层,上层路土厚 22 厘米,下层路土厚 15 厘米。

4.4 号地点

GPS：409。N35°10.008′；E108°37.827′；海拔 1558 米。

位于上一地点以北约 400 米处。该点钻 3 个探孔,1 号探孔位于路中,2 号探孔、3 号探孔分别位于其东西两侧,3 孔间隔 1.5 米。

1 号探孔：35 厘米见岩底。

图 4 纯山脊直道 北—南

图 5 纯山脊直道钻探

图6 纯山脊直道钻探

图7 直道钻探留念

2号探孔：35厘米见岩底，距离地表8~10厘米发现踩踏层，踩踏层不甚硬，无法确定为古代路土。

3号探孔：10~15厘米见岩底。

5.5号地点

GPS：410。N35°10.033′；E108°37.943′；海拔1543米。

纯山脊路段长约75米，路宽约4米。中部钻1个探孔，28厘米见岩底，未发现古代路土。

6.6号地点

GPS：411。N35°10.050′；E108°37.940′；海拔1546米。

位于堑山道路与山脊道路交界处。55厘米见岩底，未见古代路土。

7.7号地点

GPS：412。N35°10.148′；E108°37.955；海拔1534米。

位于上一地点以北105米处。纯山脊路面长约35米，宽3.5米。道路中部钻3个探孔，分别位于路中、西、东，间隔1米。

1号探孔：15厘米见古代路土，至28厘米结束，路土厚约13厘米。路土色较黑，千层饼状，土质硬。以下为填土，填土中夹杂小颗粒，土色发黄，1米未见填土底。

2号探孔：6厘米见古代路土，色较黑，呈斜向千层饼状，土质硬。路土中含有木炭屑、礓石。30厘米路土结束，路土厚约24厘米，以下为填土，至1米未见填土底。

3号探孔：未发现古代路土，疑被破坏。

（二）刘家店林场至标高点1663米的钻探

自标高点1663米始，由北向南勘探，止于刘家店以北约1.5公里。该段中，现代简易土路与秦直道基本重合，简易土路被碾压破坏较严重。沿途植被茂盛，路面杂草较少。（见图8、图9、图10、图11）

1.1号地点

GPS：413。N35°21.041′；E108°35.716′；海拔1578米。

在子午岭主脉山脊东侧，表面较平坦。堑山路面宽约12米，堑山面高1米。该地植被茂密，以灌木为主，蒿草茂盛。

第一章 考古发掘、调查简报、论文

图 8　刘家店北直道钻探　南—北

图 9　刘家店北直道钻探

图 10 刘家店北直道钻探

图 11 边赶牛虻边钻探

该点共钻 4 个探孔，自西向东排序 4 号、3 号、1 号、2 号。其中 1 号探孔、2 号探孔间隔 2 米，1 号探孔、3 号探孔也间隔 2 米，3 号探孔、4 号探孔间隔 1.5 米。

1 号探孔：28 厘米见古代路土，色黄，呈水平向千层饼状，土质较硬。36 厘米进入下层路土，颜色更黑，呈斜向千层饼状，较上层路土更硬。48 厘米路土结束。上层路土厚 8 厘米，下层路土厚 12 厘米。48 厘米以下为填土，至 170 厘米仍为扰土。

2 号探孔：48 厘米见古代路土，至 58 厘米结束，路土厚约 10 厘米。路土发黄，呈横向千层饼状，土质较硬。路土以下为灰色扰土，至 140 厘米仍为扰土，其色黄灰，不纯。

3 号探孔：22 厘米见古代路土，47 厘米结束，路土厚 25 厘米。路土色较黑，呈千层饼状。至 31 厘米处路土发黄，其间有厚 5~6 厘米的黄黑交错地带。至 90 厘米仍为填土。

4 号探孔：27 厘米见古代路土，29 厘米结束，路土厚约 2 厘米。路土呈横向千层饼状，土质较硬。29 厘米以下为填土。推测当时的路土，即有碾压层的路面宽约 5.6 米，或加 20~30 厘米，即宽约 6 米。

2. 2 号地点

GPS：413。N35°20.978′；E108°35.485′；海拔 1632 米。

再次测 GPS：N35°20.979′；E108°35.485′；海拔 1626 米。

位于上一地点以南约 600 米处。该点钻 2 个探孔，1 号探孔位于路中，2 号探孔位于路东。

1 号探孔：至 90 厘米见生土，未发现古代路土。

2 号探孔：至 90 厘米处见生土，也未发现古代路土。

3. 3 号地点

GPS：414。N35°20.875′；E108°35.259′；海拔 1619 米。

位于上一地点以南 1 公里处，为北高南低一缓坡中。堑山路面宽 14 米。

该点共钻 5 个探孔，间隔 1 米，自西向东分别为：3 号、4 号、1 号、5 号、2 号。

1 号探孔：10 厘米见古代路土，25 厘米结束，路土厚约 15 厘米。路土中夹有白色礓石。路土色灰黄，呈横向千层饼状，土质较硬。25 厘米以下为填土，填土中杂有礓石，至 60 厘米处填土结束。

2号探孔：钻探至60厘米见生土，未发现古代路土。

3号探孔：至60厘米见生土，未发现古代路土。

4号探孔：地表为现代路土，其中礓石较多。钻探至60厘米见生土，未发现古代路土。

5号探孔：至70厘米见生土，未发现古代路土。

按：5个探孔仅有1个见路土，且厚度仅有15厘米，说明选点有问题。此地点为北高南低一缓坡，历年山水的冲刷，必然累及路土。富县车路梁和黄陵的发掘，都出现过类似状况。

4. 4号地点

GPS：415。N35°20.874′；E108°35.143′；海拔1605米。

位于上一地点以南300米处，为纯山脊大填方处。路段长21米，路面宽5米。钻3个探孔，间隔1米，自西向东为3号、1号、2号。

1号探孔：15厘米见古代路土，路土色灰黑。至18厘米见黄色路土。至21厘米见黑色路土，呈斜向千层饼状，现象典型。其中，上层路土厚6厘米，呈横向千层饼状，土质较硬；下层路土厚24厘米，呈典型的斜向千层饼状，土质硬于其上层。至62厘米又见路土，厚约2~3厘米。65厘米以下为杂色填土，至120厘米仍为填土。

2号探孔：20厘米见古代路土，色灰黄，厚约2~3厘米，此后路土开始灰黄交替。31厘米见黑色路土。42厘米见红砂岩底。该地点路土总厚21厘米，以距地表31厘米为界分上下两层。上层路土厚11厘米，色灰黄，呈横向千层饼状；下层路土厚11厘米，色黑，呈斜向千层饼状，硬于上层路土。

3号探孔：22厘米见古代路土，36厘米见红砂岩底。路土厚14厘米，呈斜向千层饼状，色黑，土质硬。

5. 5号地点

GPS：416。N35°20.516′；108°34.437′；海拔1611米。

位于上一地点以南1.5公里处。纯山脊路面长30米，宽4米。树木稀疏，蒿草茂盛。共钻2个探孔，1号探孔位于路中，2号探孔位于路东侧。

1号探孔：5厘米见上层黄色路土，7~8厘米处路土颜色黄黑交错，至21~22厘米路土变黑，46厘米路土结束。其下为填土，70厘米见红砂岩底。该地点路土

图 12　陕甘争直道碑

总厚 41 厘米,以 21~22 厘米为界分为上下两层。上层路土厚 16 厘米,色黄,呈横向千层饼状,土质较硬;下层路土厚 25 厘米,色黑,呈斜向千层饼状,土质硬于上层路土。

2 号探孔:22 厘米见黄色路土,其中夹有少量植物根系及少量颗粒沙。42 厘米路土结束,以下为填土。60 厘米未见填土底。该地点路土厚 20 厘米,色黄,呈横向千层饼状,土质较硬。(见图 12)

(三) 调令关以北秦直道的钻探

调查地点为调令关以北,即 305 省道以北的秦直道。该段秦直道的入口处被护林铁丝网拦截封锁,故秦直道一线的环境较为原始,树木茂密,野生动物活动痕迹明显。

1. 1 号地点

GPS:399。N35° 27.180′;E108° 37.091′;海拔 1755 米。

钻 2 个探孔,均为 1.78 米见生土,生土以上为淤土。

2. 2 号地点

GPS:400。N35° 27.353′;E108° 37.073′;海拔 1737 米。

图 13　调令关北直道　南—北

图 14　调令关北直道钻探

第二次测 GPS：400。N35° 27.350′；E108° 34.074′；海拔 1736 米。

位于调令关公路以北 300 米处，树木茂密，地面为杂草覆盖。纯山脊路段，距堑山路尽头约 120 米。（见图 13、图 14）

钻 3 个探孔，1 号探孔位于路中，2 号探孔、3 号探孔位于其东西两侧，间隔均为 2 米。

1 号探孔：92 厘米见古代路土。路土很薄，约 1 厘米，色黄，横向千层饼状，较硬。以下为生土。

2 号探孔：90 厘米见古代路土。路土厚 1~2 厘米，色灰黄，横向千层饼状，较硬。以下为生土。

3 号探孔：15 厘米见古代路土。路土厚约 6~7 厘米，色黄，横向千层饼状，较硬。以下为生土。

3.3 号地点

GPS：N35° 27.557′；E108° 36.993′；海拔 1718 米。

位于上一地点以北约 200 米处。该地点路宽 4.2 米，仅钻 1 个探孔，5 厘米见古代路土。路土厚约 2 厘米，褐色，呈千层饼状，较硬。路土以下土色发红。

4.4 号地点

GPS：N30° 27.571′；E108° 36.994′；海拔 1712 米。

第二次测 GPS：N35° 27.596′；E108° 36.994′；海拔 1709 米。

位于上一地点以北约 300 米处，连接两堑山道路的纯山脊路段中部。路宽 3.4 米，路面较平。该地点植被茂密，路面杂草略少。共钻 3 个探孔，分别位于路中、东、西。

1 号探孔：17 厘米见古代路土，路土厚约 4 厘米，色发黄，呈横向千层饼状，较硬。其下的下层路土厚 14 厘米，色黑，呈斜向千层饼状，坚硬。再下为灰色填土，发黄，较硬。

2 号探孔：12 厘米见古代路土，21 厘米见下层路土，40 厘米路土结束。路土总厚 28 厘米，以 21 厘米为界分上下两层。上层路土厚 9 厘米，色发黄，呈横向千层饼状，质较硬；下层路土厚 19 厘米，色发灰黑，呈斜向千层饼状，质更坚硬。路土以下为填土。

3号探孔：12厘米见古代路土，21厘米见下层路土，52厘米路土结束。路土中夹有礓石及腐树根、褐色木炭灰。该地点路土总厚40厘米，以21厘米为界分上下两层。上层路土厚9厘米，色发黄，呈横向千层饼状，较硬；下层路土厚31厘米，色发灰黑，呈斜向千层饼状，坚硬。路土以下为填土。

5.5号地点

GPS：401。N35°37.818′；E108°36.821′；海拔1707米。

位于上一地点以北约500米处，土路宽7米。钻3个探孔，分别位于路中、东、西。

3个探孔的钻探结果完全一致，都是至120厘米见生土，未发现古代路土。

6.6号地点

GPS：N35°27.752′；E108°36.966′；海拔：1706米。

第二次测得GPS：编号402。N35°27.759′；E108°36.970′；海拔1719米。

距离305省道约1.5公里，位于4号地点、5号地点之间。纯山脊路段，长约170米，钻探选纯山脊路段中部的最低点，路面较窄，宽约4.5米。植被覆盖良好。钻3个探孔，分别位于路中、东、西，间隔1.5米。

1号探孔：12厘米见古代路土，至38厘米结束，路土厚26厘米。路土色黑，千层饼状，质地比较坚硬。路土中夹有木炭屑、礓石。至60厘米为较硬的灰土，疑似为填土（或另一层路土）。至75厘米见生土，生土色发黄，质地较硬。

2号探孔：距地表24厘米见古代路土，55厘米结束，路土厚21厘米。路土色黑，质地比较坚硬，呈斜向千层饼状，是典型的早期路土。

3号探孔：钻探至50厘米见生土，未发现古代路土。

6号地点以南18米处钻探1孔，18厘米见路土。

6号地点以南50米处钻探1孔，12厘米见路土。

当天的考古日志如此记录这次钻探：

> 再次进入，步行不久即发现纯山脊路段。测GPS，钻探，发现路土，记录，照相。如此前行1公里多，道路多为较缓的下行，且荒野更甚，密林中的路上随处可见野猪的新鲜粪便。共在6个地点钻探，大部分发现了路土，且可分出黄、黑两色的上下层。真不虚此行也。

近 7 时返回。

今日收获：

1. 调令关海拔 1730 米，高出五里墩百余米，自关向北多为下行。

2. 调令关以北的钻探结果未出意料。钻探时选点极重要，要选纯山脊路段的中部，地点要平，要远离堑山路段和坡度大的路段。

3. 艾蒿店——调令关段直道长约 17 公里，印象：纯山脊路段较多，堑山路段特别是大型堑山路段少。

四、钻探的初步认识

① 旬邑县秦直道的钻探，共在 3 个地段 18 个地点，打了 44 个探孔，其中 26 个探孔发现了古代路土，钻探结果未出意料，为进一步确认旬邑秦直道的走向奠定了基础。

② 发现古代路土的 26 个探孔中，有 8 个发现了上下两层路土。两层路土的界分清楚。上层路土颜色灰黄，质较硬，呈水平向千层饼状；下层路土色发黑，质更坚硬，呈斜向千层饼状。在土质、土色和结构上，与以黄陵南桂花探沟 2 为代表的秦直道四叠层完全吻合。其时代，旬邑的下层路土相当于四叠层的下面两层，为早期路面，时代为秦至两汉之间；上层路土相当于四叠层的上面两层，为晚期路面，时代为东汉至宋明。

与黄陵各探沟发掘相吻合的，还有路土在路面的分布，即在纯山脊路段，路土一般在路面的中部，且中间厚两边薄；而在堑山路段，路土大多集中在路面的靠沟一侧。

不吻合的是上下两层路土厚度的比例。

南桂花探沟 2 的四叠层里，下面两层总平均厚 24.5 厘米，上面两层总平均厚 39.5 厘米，两者的比例是 1：1.6。① 五里墩南探沟的四叠层里，下面两层总平均厚 10 厘米，上面两层总平均厚 26 厘米，两者的比例为 1：2.6。② 与南桂花探沟 2 相比，虽然有出入，但大比例关系是一致的，都是下面两层薄，上面两层厚。

---

① 参见《2＋2＝4：秦直道发现道路四叠层与东西线之争》，载《中国文物报》2011 年 8 月 12 日第 4 版。
② 见本书《黄陵秦直道五里墩南探沟发掘简报》。

旬邑秦直道中，8个探孔里下层和上层路土的厚度如下：

序号	下层	上层
1	15	22
2	12	8
3	24	6
4	11	11
5	25	16
6	14	4
7	19	9
8	31	9
合计	151	85（单位：厘米）

8个探孔中的7个，都是下层路土的厚度大于或等于上层路土。8个探孔里，下层和上层路土厚度的总比例是1∶0.56，与南桂花、五里墩南完全相反。

原因可能是考古钻探的局限性。从对地下遗迹的揭示效果看，考古钻探与考古发掘不能同日而语。钻探成果的最后验证和确认，还要靠考古发掘。另外，一些地点的路土和下层填土不易区分，也可能造成钻探结果的误差。

③ 钻探的44个探孔中，只有26个发现了古代路土，占总数的59%，说明了钻探选点的重要。多年的教训是，秦直道发掘、钻探地点的首选，是纯山脊路段的中部，地点一定要平。一般情况下，不选择堑山路段，更不能考虑坡度大的路段。套用一句当今的时髦话，这也是性价比最高的选择。

五、旬邑县秦直道沿线的秦汉遗址

旬邑县境内，秦直道沿线的相关遗址①如下：

① 石门关遗址（石门乡石门关村南500米，秦—汉，县文物保护单位）位于海拔1855米的石门山主峰东侧，两座山峰如壁东西对峙，垭口处形成险峻关隘，秦直道从中通过。垭口地表散布有绳纹板瓦、筒瓦、云纹瓦当及方砖等残片。属直道上的关隘性质的遗址。

---

① 参见国家文物局主编：《中国文物地图集·陕西分册》，西安地图出版社1998年版。

②扶苏庙遗址（石门乡石门关村扶苏庙，秦—汉）位于秦直道东侧，遗址平面略呈圆形，面积约 2 万平方米。断崖处可见厚约 1 米的瓦砾堆积，遗留有大型方形、表面平整的础石，地表散布大量绳纹板瓦、筒瓦、瓦当、回纹铺地砖、空心砖等残片。有学者认为，该遗址为秦直道沿线的行宫遗址。

③林场遗址（石门乡石门林场内外，秦—汉）位于秦直道西侧，面积约 8000 平方米。地表散布有绳纹筒瓦、板瓦及泥质灰陶罐、盆等残片。

④两女寨遗址（后掌乡两女寨，秦—汉）俗称"两女坟"，传为秦扶苏之二女墓葬。位于秦直道西北一侧的缓坡高处。现存圆丘形夯土台，底径约 30 米，高约 4 米，夯层厚 7~10 厘米。周围散布有绳纹筒瓦、板瓦、瓦当、铺地砖等残片。有学者认为，该遗址为秦直道沿线的行宫遗址。

⑤黑麻湾烽燧遗址（马栏镇黑麻湾西 400 米，秦—汉）位于秦直道东侧的子午岭主脉山梁上。存夯筑圆锥台，底径约 8 米，残高 4 米，夯层厚 7~9 厘米。附近散布有绳纹砖、绳纹筒瓦、板瓦及灰陶器物残片。

⑥调令关遗址（马栏镇调令关南大古山梁上，秦—汉）位于秦直道南侧的子午岭主脉山梁上。平面近似葫芦形，面积约 7000 平方米。存大型夯土台，底边残长 20 余米，残宽 10 余米，夯层厚 7~11 厘米。发现秦代瓦棺墓及高约 0.6 米的居室隔墙，居室地面夯筑，以礓石粉打磨，表面坚硬光滑。地表散布大量绳纹筒瓦、板瓦及云纹瓦当残片。似属秦直道上的军事性质遗址，也有学者认为，该遗址为秦直道沿线的行宫遗址。①

⑦马子沟遗址（马栏镇马子沟村内外，秦—汉）位于秦直道东侧约 5.6 公里处，面积约 4 万平方米，文化层厚 1.5 米。采集有绳纹板瓦、筒瓦，以及灰陶绳纹罐、盆等残片。

⑧五一站遗址（马栏镇五一站，秦—汉）位于秦直道东侧约 6 公里处，面积 8 万平方米，文化层厚约 2 米。地表散布大量绳纹板瓦、筒瓦、云纹瓦当，以及灰陶绳纹罐、盆等残片。

⑨转角烽燧遗址（马栏镇转角村，秦—汉）位于秦直道东侧约 6.5 公里处。存夯筑圆锥台，底径约 20 米，残高 4.65 米，夯层厚 10~15 厘米。采集有绳纹筒瓦、

---

① 参见《陕西发现秦代大型兵站遗址》，载《文物报》1986 年 10 月 31 日第 2 版。

板瓦残片。

⑩ 转角墓群（马栏镇转角村，战国—西汉）位于秦直道东侧约 6.5 公里处，面积数万平方米，历年多有墓葬暴露。1979 年发掘战国（秦）石室墓 2 座，出土兽纹鼎、素面鼎、簋、盉、钟、鍪、蒜头壶、镜等铜器 10 余件。其中一铜簋通高 15.5 厘米，口径 17.2 厘米，口沿錾刻"高奴一斗名一"铭文。1985 年暴露西汉中期的竖穴土坑墓 1 座，出土铜鼎、蒜头壶、钫、盆、碗、鍪座雁足灯及陶茧形壶等，共 10 件。另征集战国铜鼎 1 件。1990 年 8 月暴露秦汉时期的土坑墓、土洞墓数座，出土陶茧形壶、罐、釜、铜镜等多件。一些学者认为，该遗存可能是秦直道一线兵站上的墓地。①

⑪ 土窑烽燧遗址（马栏镇土窑村东 1 公里，秦—汉）位于秦直道东侧约 5 公里处。夯筑方锥台，底边残长 3.5 米，残高 4 米，夯层厚约 8 厘米。周围散布有绳纹砖、瓦等残片。

（执笔：喻鹏涛、张在明，审定：张在明）

2014 年 12 月

---

① 参见《陕西配合基建考古主要收获》，载《文物》1985 年第 5 期。

第二章 考古发掘探方、探沟记录和考古调查记录

说　　明

　　2009年农历正月十五刚过，陕西考古研究院秦直道考古队对富县桦沟口的秦直道遗址进行了抢救性发掘。次年6月，北京，该发掘项目被评为2009年度全国十大考古新发现。《2009年富县桦沟口探方记录》，即来自此次发掘。

　　从这些看似枯燥、琐碎、呆板的记录中，可以看到细致、严谨、规范、科学和一丝不苟。这种近似自然科学实验室里的记录，显示了考古专业科学的本质，也显示了考古人严谨、冷血的一面。

　　那一刻，当看到奠定秦直道考古基石的两层、四层路土时，看到直道黑褐色路面上纤细的女子脚印时，看到在车辙间露头的布满绿锈的铜镞时，强压着心中的狂喜，闭着眼睛，在心里默念了几遍"冷静"之后，将这些发现用文字、绘图和尼康D80相机一丝不苟地记录了下来。

　　记录以时间为序。

2009年富县桦沟口探方记录

发掘时间：2009年3—5月

发掘地点：陕西富县张家湾镇桦沟口

发掘项目：秦直道遗址

考古领队：张在明

考古技工：王宏乾、张明菊、苏寒

按照惯例，考古探方的编号用阿拉伯数字和汉语拼音字母编写，如2009FHQT0404，其中"2009"代表发掘年度，"F"代表（陕西）富县，"H"代表桦沟口，"Q"代表秦直道遗址，"T0404"代表探方序号。

第一部分

9个探方，即T0404、T0306、T0305、T0406、T0304、T0802、T0206、T0703、T0704。

记录：王宏乾

电脑录入：苏寒

审定：张在明

1. 2009FHQT0404 发掘记录（见图1、图2）

该探方内共清理出车辙辙梁三道，走向一致，均自西北至东南，分别延伸至探方外。辙梁上轮迹明显，有零星的类似动物蹄印。土质呈灰褐色，较硬。辙梁

图 1　探方 T0404　东—西

图 2　探方 T0404　南—北

以外的踩踏面土质较辙梁软，呈黄褐色。

该探方内辙梁自西向东编号为 1 号、2 号、3 号。

1 号辙梁北端宽约 0.55 米，南端宽约 0.30 米。辙梁北端有明显的车轮碾压痕迹，轮迹宽约 0.15 米，与 2 号辙梁相距 0.50 米。

2 号辙梁宽约 0.30 米，与 3 号辙梁相距 0.60 米。

3 号辙梁宽约 0.20~0.40 米。

2 号、3 号两道辙梁上的轮距为 1.10 米。

辙梁距地表深 0.80 米。

第三层厚度 0.08~0.20 米。

1 号辙梁叠压于第三层下，距地表深：北端 0.65 米，南端 0.70 米。辙梁向西北、东南分别延伸到探方外（T0403 未开挖）。在探方内，辙梁内侧长 4.40 米，外侧长 4.60 米。辙梁宽：北端 0.55 米，中段 0.35 米，南端 0.20 米，自北向南渐窄。辙梁北端较宽且中间有一道车辙痕迹，车辙长 1.20 米，宽 0.13~0.15 米，北深 0.08 米，南深 0.02 米，由南向北渐深。经与相邻探方（T0305）内辙梁对比校正，证实该处为两辙梁交叉点，交叉处宽（北侧）0.55 米，自北向南渐窄，南端 0.20 米，中部 0.35 米。

辙梁土质较硬，呈灰褐色，其上碾压形成千层饼状叠起。辙梁面凸凹不平，上部清理出几个小坑窝，从形状特征看，不能确定是动物蹄印。

辙梁高：北端 0.06 米，中部 0.05 米，南端 0.03 米。

2 号辙梁叠压于第三层下，距地表深：北端 0.70 米，南端 0.80 米。辙梁北部延伸到 T0405 内，南部探方未开。探方内辙梁长 4.60 米，且自西向南略呈斜坡状。

车辙辙梁在探方北部有外拐迹象,辙梁宽:北端 0.30 米,中段 0.40 米,南端 0.20 米。外侧不太明显。辙梁高:北端 0.05 米,中段 0.08 米,南端 0.02 米。辙梁面起伏不平。辙梁南部有车辙痕迹,车辙长 0.70 米,辙槽宽 0.15~0.18 米,深 0.06~0.07 米。辙梁面凸凹不平,其上除几颗料礓石外未发现其他遗迹。辙梁土质较硬,碾压层层叠起,呈深灰褐色。

3 号辙梁位于探方的东北角,叠压于第三层下,距地表深:北端 0.65 米,南端 0.75 米。辙梁北部延伸到 T0405 内,南部延伸到 T0504 内。在探方内,辙梁内侧长 2.70 米,外侧长 2.40 米。辙梁北宽南窄,北宽 0.40 米,中宽 0.30 米,南宽 0.25 米。辙梁高 0.04~0.06 米。辙梁外侧有内拐迹象(北部较宽,应为辙梁交叉所致)。辙梁土质较硬,呈灰褐色。辙梁面凸凹不平,北端辙面清理出几个小土坑,小土坑不规则,大小各异,属晚期自然破坏所致。

二次测量辙梁数据:

1 号辙梁:内长 4.50 米　　　外长 4.60 米

宽:　　　南 0.20 米　　　中 0.32 米　　　北 0.55 米

内高:　　南 0.03 米　　　中 0.05 米　　　北 0.05 米

外高:　　南 0.06 米　　　中 0.05 米　　　北 0.07 米

2 号辙梁:内长 4.60 米　　　外长 4.57 米

宽:　　　南 0.35 米　　　中 0.35 米　　　北 0.25 米

内高:　　南 0.03 米　　　中 0.04 米　　　北 0.04 米

外高:　　南 0.02 米　　　中 0.05 米　　　北 0.03 米

3 号辙梁:内长 2.95 米　　　外长 2.40 米

宽:　　　南 0.20 米　　　北 0.40 米

内高:　　南 0.02 米　　　北 0.04 米

外高:　　南 0.03 米　　　北 0.07 米

2. 2009FHQT0306 发掘记录(见图 3、图 4、图 5)

经清理探方内三层地层,共暴露辙梁五道,自内向外编号为 1 号、2 号、3 号、4 号、5 号。

1 号辙梁位于探方的西南角,叠压于第二层下,距地表深 0.60 米,向西北、东南分别延伸到 T0206 和 T0305 内。辙梁面较平,土质较硬,呈灰褐土色,碾压

图 3 探方 T0306 南—北

图 4 探方 T0306 北—南

层层叠起，如千层饼。辙梁上未发现类似马蹄印及其他遗迹现象。在探方内，辙梁内侧长 1.55 米，外侧长 2.00 米。辙梁宽 0.20 米。北高 0.06 米，南高 0.04 米。

2 号辙梁位于探方的西南部，叠压于第二层下，距地表深：北端 0.55 米，南端 0.60 米。辙梁向西北、东

图 5 探方 T0306 礓石带 东—西

南分别延伸到 T0207 和 T0305 内。在探方内，辙梁内侧长 3.10 米，外侧长 3.55 米。辙梁内侧除北段被破坏外，其余部分相对较直。辙梁内侧弯曲不直，两端分别有内拐迹象。辙梁宽：北段 0.15 米，距西隔梁 0.85 米处 0.35 米，南端宽 0.20 米。辙梁面高低起伏，凸凹不平。北段高 0.06 米，中段高 0.05 米，南端高 0.12 米。辙梁土质较硬，呈灰褐色。其上清理出疑似脚印 2 个，自北向南编号为 A、B。A 走向西北，与辙梁方向一致，长 0.21 米，宽 0.08~0.10 米，深 0.05 米（距辙梁北端 0.90 米）。B 走向北，长 0.22 米，宽 0.10 米，深 0.04 米。

3 号辙梁位于探方的中部，距地表深：北隔梁 0.55 米，南隔梁 0.58 米。辙梁向西北、东南分别延伸到探方外。在探方内，辙梁内侧长 4.55 米，外侧长 4.70 米。在辙梁北，距北隔梁 0.50 米处有一鼠洞把辙梁破坏隔断。辙梁两侧凸凹不直，从清理现象看应为树根及其他动物打洞所致。辙梁北端宽 0.20 米，高 0.10 米；中段宽 0.26 米，高 0.06 米；南段宽 0.30 米，高 0.04 米。辙梁面起伏不平，土质较硬，呈灰褐色，碾压千层饼明显叠起。辙梁上除清理有鼠洞及树根窝外，未发现其他

遗迹。辙梁局部附着有料礓石颗粒。

4号辙梁位于探方的东北部,距地表深:北端0.65米,南端0.50米。辙梁向西北、东南分别延伸到T0307和T0406内。在探方内,辙梁内侧长3.50米,外侧长2.10米。辙梁北端宽1.10米,中段宽0.65米,南段宽0.45米。其北段较宽且内侧弯曲应为车辆交叉行驶所致。辙梁高:北端0.08米,中段0.06米,南端0.08米。辙梁面凸凹不平,除清理出几个小坑洞(属上层破坏)外,未发现有类似动物蹄印。辙梁表面有零星的料礓石块及汉代瓦片。该辙梁与5号辙梁之间有一条料礓石带相连接。

5号辙梁位于探方的东北角,距地表深0.45米,向西北、东南分别延伸到探方外,其中在探方T0307内,未清出与之相对应的辙梁。在探方内,辙梁内侧长1.50米,外侧长0.90米。辙梁南部被破坏,形状呈近三角形,但在南端上部叠压有料礓石颗粒带,且料礓石带与4号辙梁相连。辙梁宽:北端0.30米,中段(与料礓石带交接处)0.12米。料礓石带长0.50米,宽0.30米,突出处与4号辙梁相连。辙梁高0.07米,料礓石高0.10米。

3. 2009FHQT0305发掘记录(见图6、图7)

该探方内共清理发现车辙辙梁五道,编号为1号、2号、3号、4号、5号。其中1号、2号、3号、4号辙梁方向一致,自西北向东南。根据轮距的分布推断可分为两组:1号、3号为一组,2号、4号为一组。两组轮距均为1.40米。

五道辙梁均开口于第三层下,距地表深0.80米。其中1号辙梁向西北、东南

图6 探方 T0305 北—南

图7 探方 T0305 东—西

分别延伸到 T0206 和 T0404 内,但在 T0404 内没有暴露,不知什么原因。在探方内,辙梁的外侧和内侧均长 5.00 米,辙梁外侧被破坏造成局部断缺。辙梁断面形状大致呈梯形,辙梁北部上面宽 0.12 米,下部宽 0.17 米;中部有断缺现象,上面宽 0.10 米,下部宽 0.18 米;中南部最宽处上面宽 0.20 米,下部宽 0.30 米。

2 号辙梁,西北延伸到 T0206 内,东南延伸到 T0404 内。在探方内,辙梁内侧长 4.40 米,外侧长 3.90 米。辙梁较直,土质较硬,呈灰褐色,碾压层层叠起,如千层饼一般。辙梁面较平。在辙梁的南部,距探方东壁 0.70 米、距南壁 1.70 米处清理出两个相连的疑似动物蹄印,每个蹄印直径 0.07 米,深 0.05 米。两个相连蹄印总长 0.17 米。辙梁较直,上面宽 0.17 米,下部宽 0.25 米。辙梁高:北侧 0.11 米,中段 0.06 米,南侧 0.04 米。

3 号辙梁位于探方的东北部,方向西北至东南,其北部延伸到探方外,南部在接近探方东隔梁约 0.15 米处残断。在探方内,辙梁内侧长 2.70 米,外侧长 2.50 米。辙梁面大致较平,未清理出有其他遗迹现象。辙梁土质较硬,呈灰褐色,辙梁面如千层饼。辙梁宽:北侧 0.20 米,南侧 0.25 米。辙梁自北向南略呈斜坡状,北端高 0.08 米,南端高 0.05 米。

4 号辙梁位于探方的东北角,西北延伸到 T0306 内,东南延伸到 T0405 内,自西北向东南有内拐迹象。在探方内,辙梁内侧长 1.55 米,外侧长 1.15 米;辙梁宽 0.25 米;辙梁北侧高 0.05,南侧高 0.03 米。辙梁面凸凹不平,其上清理出鼠洞一个,没有发现其他遗迹。

5 号辙梁是在第二次对探方进行清理时发现的,位于探方的西南部,叠压于第三层下,距地表深 0.85 米。在探方内暴露部分较少,南部延伸到 T0304 内,北部被上层扰动打破。在探方内残长 0.20 米,宽 0.25 米,因为仅残存辙梁底部,高度仅有 0.02 米。辙梁土质较硬,呈灰褐色,碾压层不太明显。5 号辙梁的方向与 1 号、2 号、3 号、4 号辙梁不太一致,从走向看,其前方(北方)应与 1 号辙梁相交。

二次测量辙梁数据:

1 号辙梁:内长 4.90 米　　外长 4.95 米

宽:　　　南 0.20 米　　中 0.20 米　　北 0.20 米

内高:　　南 0.07 米　　中 0.07 米　　北 0.08 米

| 外高： | 南 0.05 米 | 中 0.05 米 | 北 0.05 米 |

2 号辙梁：内长 4.40 米　　外长 3.90 米

宽：	南 0.18 米	中 0.20 米	北 0.20 米
内高：	南 0.04 米	中 0.05 米	北 0.09 米
外高：	南 0.03 米	中 0.07 米	北 0.05 米

3 号辙梁：内长 2.70 米　　外长 2.50 米

宽：	南 0.25 米	中 0.15 米	北 0.17 米
内高：	南 0.03 米	中 0.05 米	北 0.06 米
外高：	南 0.03 米	中 0.10 米	北 0.10 米

4 号辙梁：内长 1.55 米　　外长 1.15 米

宽：	南 0.25 米	北 0.25 米
内高：	南 0.02 米	北 0.05 米
外高：	南 0.02 米	北 0.05 米

4. 2009FHQT0406 发掘记录（见图 8、图 9）

该探方共清理出车辙辙梁四道，自西向东编号为 1 号、2 号、3 号、4 号。四道辙梁方向一致，均自西北向东南延伸。其中 1 号、2 号辙梁相距较近，应为不同的两道车辙辙梁交会处。而 3 号、4 号辙梁走向大致平行，且其上的车辙轮距为 1.10 米，应是一组的两道辙梁。

图 8　探方 T0406　南—北

图 9　探方 T0406　西北—东南

四道辙梁均开口于第三层下，距地表深约0.45米。辙梁土质均较硬，呈灰褐色，碾压层呈鱼鳞状，清理时一碰即碎。辙梁之间的踩踏面土质较松软。

清理辙梁和踩踏面时，发现少量秦汉时期的绳纹瓦片、灰陶器物残片，均进行了编号保留。

1号辙梁位于探方的西南角，叠压于第三层下，距地表深0.50米，向西北、东南分别延伸到T0306和T0405内。1号辙梁与2号辙梁相距仅0.20米。在探方内，1号辙梁长1.70米。辙梁面较平，宽0.25米，高0.06米。与相邻探方内辙梁相对照，1号、2号两车辙辙梁在此交会。

2号辙梁位于探方的西南角，叠压于第三层下，距地表深0.50米，分别延伸到T0306和T0405内。辙梁在探方内长2.70米，辙梁面宽0.30~0.50米，高0.10米。辙梁面较平，北部有类似动物蹄印。

3号辙梁叠压于第二层下，距地表深0.30米，向西北、东南分别延伸到探方外。辙梁在探方内长3.70米，宽0.20~0.25米，高0.10米。辙梁面凸凹不平，分布有类似动物蹄印。

4号辙梁位于探方的东北角，叠压于第二层下，距地表深0.20米，向西北、东南分别延伸到探方外。辙梁在探方内长1.50米，辙梁面宽0.30米，高0.08米。

二次测量辙梁数据：

1号辙梁：内长1.50米　　外长2.00米

宽：　　　南上0.20米　　北上0.20米

　　　　　南下0.30米　　北下0.35米

内高：　　南0.05米　　　北0.04米

外高：　　南0.07米　　　北0.07米

2号辙梁：内长2.40米　　外长3.25米

宽：　　　南上0.50米　　中上0.35米　　北上0.30米

　　　　　南下0.55米　　中下0.50米　　北下0.45米

内高：　　南0.03米　　　北0.06米

外高：　　南0.06米　　　北0.06米

3号辙梁：内长3.95米　　外长3.50米

宽：　　　南上0.25米　　中上0.15米　　北上0.15米

| | 南下 0.35 米 | 中下 0.30 米 | 北下 0.25 米 |

内高： 南 0.06 米　　中 0.06 米　　北 0.07 米

外高： 南 0.05 米　　中 0.05 米　　北 0.09 米

4 号辙梁：内长 1.75 米　　外长 1.20 米

宽：　　南上 0.25 米　　北上 0.25 米

　　　　南下 0.40 米　　北下 0.35 米

内高：　南 0.03 米　　北 0.06 米

外高：　南 0.06 米　　北 0.10 米

5. 2009FHQT0304 发掘记录（见图 10、图 11、图 12）

该探方共发现两道车辙辙梁，自内向外（由西向东）编号为 1 号、2 号。

两道辙梁方向一致，走向大致平行，均自西北向东南延伸。两道辙梁均开口于第三层下，距地表深约 0.75~0.90 米。辙梁土质较硬，呈灰褐色，表面如鱼鳞叠压，清理时一碰即碎。辙梁之间的土质较松软。

清理辙梁和踩踏面时，发现几片秦汉时期的板瓦残片，板瓦外部饰绳纹，内部为素面或布纹。瓦片均编号保留。

图 10　探方 T0304　南—北

图 11　探方 T0304 出土铜镞　南—北

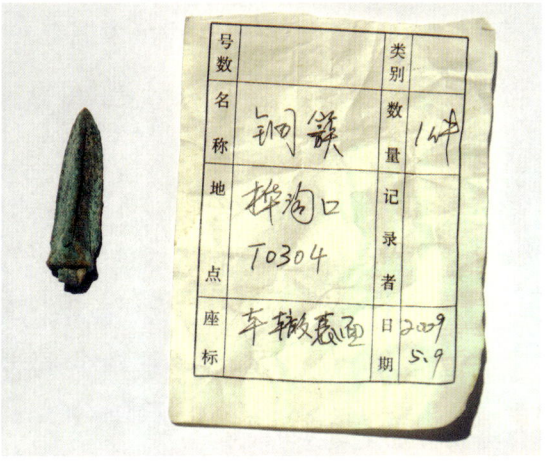

图 12　铜镞

在 1 号辙梁面的下部发现铜铤三翼铜镞 1 个。铜镞指向西北方向，长 3.8 厘米，宽 1 厘米，品相较好。

1 号辙梁距地表深：北端 0.90 米，南端 0.75 米。辙梁向西北、东南分别延伸到探方外。在探方内，辙梁内侧长 4.85 米，外侧长 4.85 米。辙梁宽：上部 0.20 米，中部 0.20 米，下部 0.25 米。辙梁内高：上部 0.06 米，偏北处 0.04 米，中部 0.02 米，下部 0.02 米。辙梁外高：上部 0.05 米，中部 0.02 米，下部（南部）0.02 米。

辙梁土质较硬，呈灰褐色，碾压千层饼状叠起，看似鱼鳞状。辙梁两侧均遭到鼠洞或树根不同程度的破坏，造成辙梁两侧弯曲不直。辙梁上面凸凹不平，上部有鼠洞及树根孔，中部有零星的小坑窝，但难以辨出是马蹄印或其他动物蹄印。下部辙梁面稍平，但千层饼状没上部明显。在距探方西壁 2.75 米、南壁 0.35 米处清理出铜铤三翼铜镞 1 个，绿莹透亮，品相较好，长 3.8 厘米，棱宽 1 厘米。

2 号辙梁位于探方的东北部，距地表深：北端 0.80 米，南端 0.80 米。辙梁向西北、东南分别延伸到探方外。在探方内，辙梁内侧长 3.80 米，外侧长 3.50 米。辙梁现状宽：上部 0.25 米，中部 0.20 米，局部（或断缺）0.08 米，下部 0.15 米。辙梁内高：上部 0.04 米，中部 0.05 米，下部（南部）0.03 米。辙梁外高：上部 0.06 米，中部 0.05 米，下部 0.03 米。

该辙梁破坏较为严重，如鼠洞或树根造成辙梁局部断缺，辙梁两侧也弯曲不直。从清理出的现象看，很难找出一点平面，但清理出的现存辙梁土质较硬，呈灰褐色，其上千层饼状叠起。

辙梁上遗迹分布的详细情况见 2009FHQT0304-1 号图纸。

6. 2009FHQT0802 发掘记录（见图 13、图 14）

该探方清理出两道车辙辙梁，由西向东编号为 1 号、2 号。

两道辙梁方向一致，均自西北向东南延伸。两道辙梁均开口于第二层以下，距地表深约 0.40~0.45 米。辙梁土质较硬，呈灰褐色，表面如鱼鳞叠压，清理时一碰即碎。1 号、2 号辙梁上的轮距宽 1.10 米。辙梁之间路面及路土质地较松，呈黄褐色。清理发现，现存的辙梁以外的浅黄褐色踩踏硬面仅厚 0.02 厘米，其底部即为夯土。夯土颜色较纯净，应是在原生土基础上做的路基处理。后经钻探，1 号、2 号辙梁及辙梁以外之下均进行打夯处理。

清理辙梁时，发现 3 片秦汉时期的筒瓦、板瓦残片，瓦外部饰绳纹，内部为

图 13　探方 T0802　南—北

图 14　探方 T0802　西—东

麻点纹或布纹。瓦片均编号保留。

1 号辙梁叠压于第二层下，距地表深 0.45 米，向西北、东南分别延伸到 T0801 和 T0703 内。因被第二层破坏，该辙梁在探方内暴露部分较少，残长约 0.25 米，宽 0.40 米，辙梁高 0.03~0.12 米。辙梁土质较硬，呈灰褐色，碾压层层叠起，如鱼鳞状，一碰即散。

2 号辙梁在探方内保存较好，叠压于第二层下，局部被第二层打破，距地表深 0.40 米，向西北、东南分别延伸到探方外。在探方内，辙梁长 4.30 米，宽 0.30 米。辙梁高：北段 0.16 米（第二层打破断面），中段已接近底部，高 0.02 米，南段 0.08 米。整个辙梁因被上层破坏造成整体高低不平。辙梁土质较硬，呈灰褐色，碾压层次明显，如千层饼或鱼鳞状，一触即碎。

7. 2009FHQ T0206 发掘记录（见图 15、图 16）

经清理第三层路面，在探方东北角发现车辙辙梁两道，均自西北向东南分别延伸到 T0207 和 T0306 内。两道辙梁自西向东（由里向外）编号为 1 号、2 号。

两道辙梁相距仅 0.25 米，从相邻探方遗迹相对应判断，这两道辙梁附近应为车辙的交会处，结合相邻探方清理出的现象看，1 号、2 号辙梁在 T0207 的西北部相交。

清理中发现少量秦汉时期的板瓦残片，板瓦外部饰绳纹，内部为麻点纹或布纹。瓦片均编号保留。

1 号辙梁位于探方的东北角，叠压于第二层下，距地表深：北隔梁 0.50 米，

图 15　探方 T0206　北—南

图 16　探方 T0206　北—南

东隔梁 0.60 米。在探方内，辙梁内侧长 2.60 米，外侧长 1.60 米。辙梁剖面大致呈梯形，上面宽：北侧 0.40 米，南侧 0.53 米；底宽：北侧 0.50 米，南侧 0.58 米。辙梁高：北侧 0.08 米，南侧 0.05 米（自北向南渐薄）。辙梁中段有车辙痕迹，车辙长 0.90 米，上宽 0.20 米，下宽 0.18 米，深 0.05 米。

辙梁表面凸凹不平，辙梁土质较硬，呈灰褐色，碾压层次明显，如千层饼一般。

辙梁南端分布有三个小坑，小坑直径 0.06~0.09 米。从清理的现状看，难以断定是马蹄印或其他动物蹄印。靠近探方东壁清理出料礓石一块，暴露部分不规则，长 0.07 米，宽 0.05 米。

2 号辙梁位于探方的东北角，叠压于第二层下，距地表深：北端 0.50 米，南端 0.55 米。在探方内，辙梁内侧长 1.10 米，外侧长 0.55 米。辙梁宽 0.20 米，高 0.04 米。辙梁土质较硬，呈灰褐土，辙梁面较平，其上没有发现其他遗迹。

二次测量辙梁数据：

1 号辙梁：内长 2.60 米　　外长 1.50 米

宽：　　　南 0.53 米　　北 0.50 米

内高：　　南 0.06 米　　北 0.05 米

外高：　　南 0.05 米　　北 0.07 米

2 号辙梁：内长 1.10 米　　　外长 0.53 米

宽：　　　0.20 米

内高：　　南 0.04 米　　　北 0.02 米

外高：　　0.04 米

8. 2009FHQT0703 发掘记录（见图 17、图 18）

经清理，探方内发现车辙辙梁两道，均为西北至东南走向，自西向东编号为 1 号、2 号。两道车辙辙梁显示的车辆轮距为 1.10 米。

清理车辙辙梁时，发现少量秦汉时期的筒瓦、板瓦残片。

1 号辙梁叠压于第二层下，距地表深 0.45~0.55 米，向西北、东南分别延伸到 T0604 和 T0702 内。在探方内，辙梁内侧长 4.05 米，外侧长 4.04 米。辙梁宽：北端 0.25 米，南端 0.18 米。辙梁高：内 0.06 米，外 0.12 米，中部 0.28 米（南隔梁向北 0.90 米处外高 0.08 米）。

辙梁土质较硬，碾压层如鱼鳞叠起，辙梁表面凸凹不平，在西半部清理出几个类似动物蹄印。

2 号辙梁叠压于第二层下，距地表深：北端 0.35 米，南端 0.45 米。辙梁向西北、东南分别延伸到 T0704 和 T0802 内。在探方内，辙梁内侧长 5.02 米，外侧长 4.74 米。辙梁宽度自北向南渐窄，北端宽 0.35 米，南端宽 0.14 米，中部一段被第二层破坏，仅残存底部，显得较为模糊。辙梁高 0.04~0.08 米。

辙梁土质较硬，碾压层层叠起，呈鱼鳞般的千层饼状。

图 17　探方 T0703　东—西

图 18　探方 T0703　西北—东南

9. 2009FHQT0704 发掘记录（见图19）

经清理路面，在探方西南角暴露车辙一道，叠压于第二层下，距地表深0.35米，方向西北至东南，两端分别延伸到T0604和T0703内。

地层第二层在探方中分布不均，其东北角和东南角较深，造成东半部路土硬面高低不平。

图19　探方T0704　东—西

在探方内，车辙辙梁长0.45米，宽约0.25米，高0.06米。辙梁土质较硬，呈灰褐色，清理中一触即碎。辙梁东部路土呈黄褐色，土质较硬，因被灰褐土坑打破，未发现有与西南角相对应的车辙及其他遗迹现象。

第二部分

1个探方，即T0309。

记录：张明菊

电脑录入：苏寒

审定：张在明

2009FHQT0309 发掘记录（见图20、图21）

T0309位于发掘区的西北部，北与T0310相邻，南与T0308相邻，东与T0409相邻，西与T0209相邻。面积25平方米（含隔梁），实际发掘面积16平方米。方向0度。

地层：

第一层即耕土层，厚20厘米。灰褐色，土质较松散，内含植物根系。

第二层扰土层，厚15~20厘米。浅灰褐色，土质较松软，质地较纯净。其下发现车辙等遗迹。

探方西部的上层路面，暴露出西北至东南走向的车辙辙梁两道，辙梁土质特硬，深灰褐色。辙梁宽25厘米，距地表深40厘米。车辙在第三层下开口。

在探方东部的辙梁两侧，共清理出完整的人体脚印13个，大多分布在探方东南角一带。根据脚印的大小、形状和深浅程度，推测脚印中有成人男子、女子和小孩。脚印的走向较为凌乱，整体呈东北—西南走向，个别为东西或南北走向。（见图22）

13个脚印自北向南依次编号，尺寸如下：

① 走向北，长22厘米，宽9厘米，深2厘米。

② 走向西南，长22厘米，宽9厘米，深2厘米。

③ 走向东北，长22厘米，宽9厘米，深2厘米。

④ 走向西南，长22厘米，宽9厘米，深2厘米。

图20 探方T0309 北—南

图21 探方T0309 东北—西南

图 22　探方 T0309　东—西

⑤ 走向东北，长 24 厘米，宽 9.5 厘米，深 5 厘米。

⑥ 走向西，长 22 厘米，宽 8 厘米，深 1.5 厘米。

⑦ 走向东北，长 28 厘米，宽 12 厘米，深 4 厘米。

⑧ 走向南，长 20 厘米，宽 8 厘米，深 1 厘米。

⑨ 走向东南，长 17 厘米，宽 7 厘米，深 3 厘米。

⑩ 走向东，长 25 厘米，宽 10 厘米，深 6 厘米。

⑪ 走向东，长 25 厘米，宽 9 厘米，深 3 厘米。

⑫ 走向西南，长 24 厘米，宽 10 厘米，深 2 厘米。

⑬ 走向北，长 25 厘米，宽 10 厘米，深 6 厘米。

初步认识：

本探方清理显示的车辙辙梁、人体脚印应是同期遗存，即为秦直道最晚阶段的使用遗存。这与目前清理的大部分秦直道，包括在每个探方的层位、车辙的走向等现象吻合。

为使现有的遗迹现象得以保护，现存的平面遗迹没有再向下清理。为了解该层以下的堆积情况，我们在探方的西北角，顺着探方隔梁的西壁和北壁开一南北向探沟，探沟长 70 厘米，宽 60 厘米。发掘结果表明，在现存遗迹硬面以下约 15 厘米，又发现了一道西北至东南走向的车辙辙梁，其土质较上层更硬，颜色更深。根据层位关系，下层车辙的使用年代要早于上层车辙（可以排除上下两层车辙是同一时期反复使用的可能，如对道路的不断加工铺垫等），因此，将两层车辙的时代定为早晚两期。

发掘显示，下层车辙辙梁的质地、形制、尺寸与上层辙梁均相同，但土质较上层更硬，颜色更深，这也说明秦直道在长期使用。未能发掘出完整的下层道路当然是一个缺憾，但根据现有的发掘情况，还是可以推测出下层道路的基本状况。

二次测量辙梁数据：

1 号辙梁：内长 1.10 米　　外长 1.60 米

宽：　　　南上 0.20 米　　北上 0.17 米

　　　　　南下 0.32 米　　北下 0.17 米

内高：　　南 0.06 米　　　北 0.06 米

外高：　　南 0.03 米　　　北 0.04 米

2 号辙梁：内长 4.40 米　　外长 4.80 米

宽：　　　南 0.24 米　　　北 0.25 米

高：　　　0.02 米

3 号辙梁（探沟内下层路面）：内长 0.70 米　　外长 0.75 米

宽：　　　上 0.20 米　　下 0.30 米

内高：　　0.02 米

外高：　　0.05 米

2010 年黄陵探方记录

发掘时间：2010 年 7—9 月

发掘地点：陕西黄陵

发掘项目：秦直道遗址

考古领队：张在明

考古队干部：李增社、姜家乃、王谦、张少华

考古技工：吕红乐、刘永利、陈省安、贡学鸿

按惯例，考古探方的编号用阿拉伯数字和汉语拼音字母编写，如 2010HQ 蚰蜒岭探沟 1，其中"2010"代表发掘年度，"H"代表（陕西）黄陵，"Q"代表秦直道遗址，"蚰蜒岭探沟 1"代表具体地点的发掘内容。

一、2010HQ 南桂花探沟 1 发掘记录（7 月 29 日发掘）

记录：吕红乐

电脑录入：张少华

初审：张在明

（一）位置

南桂花探沟 1 位于秦直道黄陵段南桂花发掘区，地处秦直道大型填方路段。东临较陡的山谷，西临较缓的坡地。

秦直道在此为南北走向，方向为北偏西 2°。探沟 1 东西向，垂直于秦直道横

向布方。探沟1东西长2.5米，南北宽1.5米。（见图1）

（二）发掘经过

秦直道南桂花探沟1发掘于2010年7月29日，当天清理完毕，用当地民工7人。

秦直道南桂花探沟1的发掘清理由吕红乐负责，并绘图和文字记录。

南桂花探沟1西临缓坡，东临山谷，东端以坡状斜向沟底，且坡度较大。发掘面不平整，便道以西地表东高西低，呈斜坡状，最大高差达80厘米。在南北向便道以西布4米×1.5米的探方4个（见图2、图3、图4），便道以东布探方1个，探方最东端连接2008年发掘的深向谷底的探沟。（见图5）

探沟1清理时，未发现秦直道原有的踩踏路土及车辙辙梁、辙沟等现象，仅在探沟东端发掘出部分直道填方护坡堆积和直道路基部分堆积。

（三）地层堆积

探沟1发掘的5个探方，堆积大同小异，但只有探沟1中T1探方堆积较丰富，其他4个探方只清理出表土层和晚期堆积层。

探沟1中T1堆积分三层，分述如下：

图1　南桂花探沟1　东—西

图2　南桂花探沟1　西—东

一层：表土层，厚约 5~10 厘米，分布于全方。该层为浅灰色，土质结构较松散，含草木根系及少量颗粒状礓石。礓石直径一般约 3~5 厘米，最大有 6~7 厘米，最小有 0.3~0.5 厘米。其层以下压秦直道护坡堆积和直道路基堆积。

二层：秦直道路基堆积，厚约 5~10 厘米。堆积呈坡状分布于探方西部。堆积发掘最深约 60 厘米，为黄褐色，土质结构较硬，含大量礓石块，最大礓石直径约 16~20 厘米，一般约 10~12 厘米，最小 1~3 厘米。此层堆积

图 3　南桂花探沟 1　西—东

图 4　南桂花探沟 1　西—东

图 5　探沟 1 与 2008 年发掘的探沟相连　北—南

图 6　探沟 1 最东端　东—西

图 7　2008 年发掘的探沟　东—西

较坚硬，是修筑时散夯所形成。堆积东端压直道护坡堆积。（见图6）

三层：秦直道护坡堆积，分布于探方东部，堆积厚约50厘米。堆积西端成坡状向下延伸，东端结合2008年的发掘得知，堆积成坡状延伸至山沟底。堆积为深褐色，土质结构较紧密坚硬，内含草木根系和少量直径小于5厘米的颗粒状礓石块。由于堆积面距现有地表较浅，受自然界风雨侵扰，其现存的护坡堆积没有原筑做时坚硬，且护坡夯层界限不太明显，致使发掘清理时夯层和夯窝数据不详。此次清理时，将2008年发掘的秦直道护坡探沟进行解析，发现护坡为平行状堆积，夯层厚约8~10厘米，质地坚硬，颜色深褐色。（见图7）

（四）地层关系

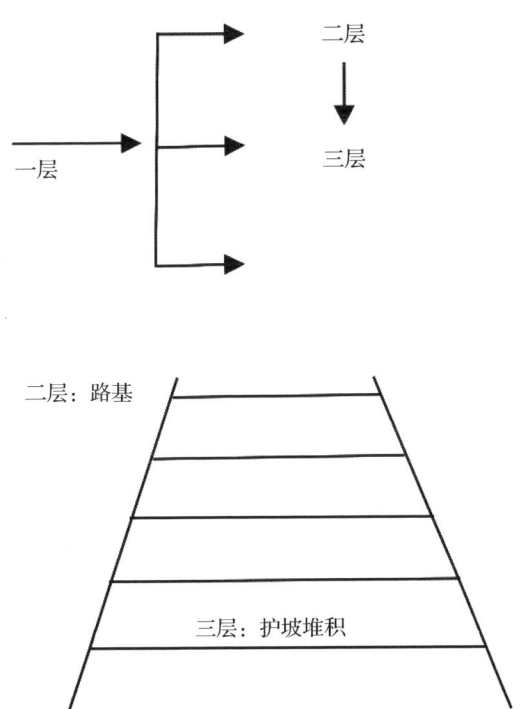

（五）地层堆积成因

一层：表土层，自然界风雨运动堆积形成，其特点是地表杂草丛生，土质较松散，含草木根系及少量礓石。

二层：秦直道路基堆积，为秦直道修筑时人工形成，其特点是土质较硬，含大量的颗粒状礓石，以增加道路的硬度和使用时间。

三层：秦直道护坡堆积，为人工夯筑形成，质地坚硬。经观察发现，是先筑好填方护坡，然后再填充修筑路基堆积，以便于施工和增强直道的硬度和使用时间。

（六）推测

因受风雨侵扰，此段未见秦直道路面和其他遗物。

直道以西的探方比东部探方低约1米，可能风雨侵扰和来自北部山上的山水冲刷，使其上层堆积和路面流失。只是在东部探方了解到，秦直道堙谷填方时先作护坡再填充路基堆积的现象。

（七）时代推断

其他探方的扰动层内出土有瓦片、瓷片。瓦片厚约2厘米，布满绳纹；瓷片灰白胎，内施青白釉，外施黑釉。以此推断，直道可能从秦修筑好使用到汉，停用一段时间后，再使用到宋明时期。

（八）整理记录日期：2010年8月4日

二、2010HQ五里墩烽燧发掘记录（8月2—8日发掘）

记录：陈省安、王谦

电脑录入：张少华

初审：张在明

（一）编号

2010HQ五里墩烽燧。

（二）绘图号

2010HQ五里墩烽燧平、剖面图，与T1、T2、T3平、剖面图在同一张图纸上绘。2010HQ五里墩烽燧剖面图两张。

（三）位置

五里墩烽燧位于五里墩林场东南方向的子午岭，地处于陕西、甘肃交界处的

土包上。烽燧西北侧，有国务院 1998 年立的两省勘界碑。（见图 8）

五里墩烽燧西北是一道黄陵县通往甘肃宁县的柏油公路。

GPS 测得烽燧地理坐标：北纬 35°38′49.78″，东经 108°31′16.31″，海拔 1599.6 米，方向北偏西 23°。

图 8　五里墩烽燧发掘前　西—东

（四）发掘经过

为了搞清烽燧的建筑结构，于 2010 年 8 月 2 日，在烽燧东南部布一个 5 米×5 米的探方。为了观察遗迹现象、地层早晚叠压关系，除留东北隔梁各 1 米外，实际发掘面积 4 米×4 米。当天布方，当天开始开挖。首先砍掉烽燧上树木、杂草等物。T4 西临 T2，南临杨槐树森林，东临松树苗坡地，北临的探方未开挖。

按照田野发掘要求，由上至下，从晚到早，逐层发掘。根据土质土色划分地层，遗迹与遗物按照地层叠压打破关系分层注明坐标。把 T4 内出现的遗迹现象搞清后，然后打掉东北隔梁。于 2010 年 8 月 8 日结束，历时 7 天，中途除两天雨天外，实际工作 5 天。每日用工 2~3 个，共用工 13 个。五里墩发掘现场由王谦、陈省安负责。

（五）地层关系

五里墩烽燧略呈方台形。探方发掘的地层关系有三层，以 T4 西剖面和南剖面为标尺，分层叙述如下。

第一层：耕土层，也叫覆盖土层，土色褐黄色，土质松软，土层厚 35~40 厘米，其内包含有树木杂草、根茎。

第二层：扰土层，土色浅黄色，土质比较硬，土层厚 10~15 厘米，其内包含有植物根茎和木炭碎块、草木灰。

第三层：原始生土层，土色黄白色，土质比较硬、纯净，烽燧在这一层上修建。

（六）遗迹

T4 经过发掘清理后发现，东西走向的护坡夯墙、填土槽被晚期扰坑破坏，分隔为两半。最上的两层夯土台被扰动损毁，残存一部分。（见图9、图10、图11、图12、图13、图14、图15、图16）

发掘揭露的遗迹现象叙述如下。

① 护坡夯土墙两道，南北排列，东西走向。经过发掘清理，得知两道护坡夯墙遗迹基本对称。由于 T4 出现晚期扰坑，扰动毁坏两道护坡夯墙，现存遗迹的大小、宽窄不可知。由北向南的斜坡状台阶式护坡夯墙，经过后期扰动和水土冲刷，夯墙台阶的高度分别为15厘米、20厘米和25厘米。结合平、剖面图观察，本来是一个土台，被局部分割成两个台。

② 填土槽两道，南北排列，东西走向。填土槽内的填土黄褐色，土质松软，虽经乱夯夯打，土质结构仍比较疏松。同

图9　五里墩烽燧　东—西

图10　五里墩烽燧　南—北

图11　五里墩烽燧　西南—东北

样经过晚期扰坑的毁坏，填土槽也分为两半，其原来的大小尺寸无法可知。填土槽的南北出现高差不等的台阶，每个台阶的高差分别为10厘米、15厘米、20厘米。

③顶上第一层夯土平台。打掉北隔梁，取掉顶上覆盖土层，夯土平台遗迹出现。顶上夯土平台向东延长2.7米，南北残存最宽处90厘米，最窄处50~55厘米。顶上夯土平台的上面比较坚硬，残存高度55~60厘米，夯层厚20~18厘米。由于北部探方未开，向北的宽度不知。南部被晚期扰坑扰动，断面不规整。

④第二层夯土平台。T4出现的夯土平台与T2夯土平台基本可以接连上，由于后期扰动毁坏，平、剖面图上用虚线画出。上下两层夯土平台东西长3.3米，南北最宽处85~95厘米，最窄处45~50厘米，残存高度45~60厘米。夯层厚20~25厘米。经过扰动，第二层夯土平台的上面不平整。

⑤踩踏硬面。T4的东部，

图12　五里墩烽燧　西—东

图13　五里墩烽燧　北—南

图14　五里墩烽燧　北—南

图15　五里墩烽燧　东—西　　　　　　　　　图16　五里墩烽燧　东北—西南

烽燧呈南低北高、东低西高。由于时代久远，水土冲刷，踩踏硬面形成高低不均的斜坡面，自东往西，踩踏硬面形成梯形，其表层呈多层的葱油饼状。

⑥扰坑。位于T4西北部，平面呈不规则长方形，口大底小。坑内填土土质松散，土色深褐色。扰坑由东南斜向通往西北。扰坑南宽1.5米，北宽2米。扰坑南低北高，扰动毁坏两道夯土平台及护坡夯墙填土槽。扰坑的底距顶部深1.8米，中间深85厘米，南段深30厘米。扰坑道底部较平整，经过清理，底部有比较厚的坚硬踩踏面，踩踏面土色呈灰褐色，发黑，坑道底部基本全是这一踩踏硬面。

⑦三个火坑。T4坑道经过发掘清底，踩踏面上出现不同形状的火坑三个（见图17），从南向北叙述如下。

1号火坑位于T4中部偏南处。平面呈椭圆形，南北长48厘米，东西宽45厘米，坑底距坑口深25~30厘米。火坑周壁被火烧烤为红褐色硬面。火坑内填满灰白色夹有黑色木炭碎粒的灰烬。

2号火坑位于T4西南角，西临护坡夯墙断面。平面呈方圆形，南北长45厘米，东西宽40厘米。火坑经长期使用烧烤，坑底与周壁均呈红褐色比较坚硬的红烧土硬面，烧土硬面厚0.4~0.55厘米。火坑内填满灰白色灰烬，也有黑色木炭颗粒出现。

3号火坑位于T4西北部，南临2号火坑，西临第二道护坡夯墙断面。3号火坑与2号火坑基本在一个水平线上，3号火坑呈长方形，东西长30厘米，南北宽25厘米，坑底距坑口深15厘米。火坑四壁均被火烧烤为红褐色硬面，烧土硬面厚0.3~0.4厘米。火坑内填灰白色灰烬。

图 17　五里墩烽燧的火坑　南—北

图 18　出土绳纹砖

（七）遗物

出土遗物较少。在 T1 内烽燧的根部出土汉代粗绳纹灰砖半块（见图 18），为烽燧的断代提供了依据。

T4 在开挖清理中，根据土色土质确定了扰坑的范围，其从上至下整体扰动毁坏了烽燧的结构。扰坑填土中出土 4 件晚期遗物，分别说明如下。

① 瓷碗 1 件。出土时碗口朝下，碗底部倒扣在踩踏面上。碗口直径 17.5 厘米，碗底直径 6 厘米，碗底至碗口高 6.5 厘米。碗底敞口圆唇，鼓斜直边。碗瓷质较粗，里外均施黑色釉，内碗底圈施白色釉。时代约为宋元。

② 墨水瓶 1 件。位于瓷碗北部，比瓷碗出土点高 30 厘米。墨水瓶为玻璃质地，口小底大。高 6 厘米，平底，下面有六道玄纹，底径 6 厘米。时代为现代。

③ 青绿色瓷片 1 片，白瓷片 1 片。青绿色瓷片长 2 厘米，口沿处宽 1.5 厘米，下宽 1.2 厘米，厚 0.5 厘米。瓷胎白色，较细密，釉豆青色。白瓷片略呈不规则三角形，斜角一边长 2.4 厘米，最宽处 2 厘米，最窄处 1.5 厘米，厚 0.3 厘米。瓷质较粗。时代约为明清。

（八）遗迹现象判断

从 T4 揭露的遗迹看，两层护坡夯墙、两层填土槽、上下两层夯土平台，均继续向东南方向延伸。根据遗存现象分析，烽燧的顶部是一个长方形结构，东西长，南北宽，残存的东部比较高。千层饼状踩踏面由南往北、从东往西形成梯形。东部未见护坡夯墙现象出现。烽燧上部的上下两层夯土平台、护坡夯墙及填土槽，都被现代的扰坑破坏毁掉。扰坑底部出现比较坚硬的踩踏面，硬面比地表层低15厘米。硬面上出现大小形状不同的火坑三个，而且火坑内的灰烬也相同。

踩踏硬面上所出的瓷碗、瓷片和现代墨水瓶说明，现代人的活动扰动破坏了烽燧的结构。从三火坑进一步推测，现代人在此开垦荒地、放羊时使用的火坑，虽然对烽燧有所毁坏，但不能排除三个火坑所在的坚硬踩踏面，本来就是烽燧点火的一部分。原因：一是它位于烽燧南部的背风向阳处，便于点火生烟；二是烽燧的其他部分，没有发现点火的位置。

烽燧是古代人们传递军事信息所用。五里墩烽燧位于子午岭秦直道东侧，地势高耸，为附近山脉的最高点，说明当时选址的科学性与实用性。但是该烽燧位于公路旁，除自然风雨冲击外，人为毁坏更为严重，使了解烽燧的详细结构成为遗憾。

图19　测量绘图

不详之处，可参考烽燧T4平、剖面图。（见图19）

（九）整理记录日期：2010年8月12日

初审者按：经与南桂花烽燧比照分析，该烽燧的时代可能在西汉左右。

2014年12月

三、2010HQ窑庄山探沟发掘记录（7月30日—9月2日发掘）

记录：刘永利

电脑录入：张少华

初审：张在明

（一）编号

2010HQ窑庄山探沟。

（二）绘图号

2010HQ 窑庄山探沟平、剖面图三张。

（三）位置

窑庄山秦直道位于甘肃省宁县九岘乡东约 20 公里的子午岭。该段直道东侧为南北走向的子午岭岭脊，直道顺岭脊走势，南北向。直道路面目前为退耕还林的坡地状态，东高西低。

地理坐标：北纬 35°43′36″，东经 108°31′13.33″，海拔 1594 米。探方坐标北偏东 45°。

（四）发掘经过

窑庄山段根据直道走向，横向（即东西）布探沟，东自堑山面根部，西至简易公路，依次布东西长 5 米、南北宽 1.5 米的探方 9 个，即 T1 至 T9，探沟东西全长 46 米。（见图 20、图 21）

图 20　窑庄山探沟　东—西

图 21　窑庄山探沟　西—东

该点的发掘从 7 月 30 日开始，至 9 月 2 日结束，历时 32 天。共计用工 70 个工日。总发掘面积 72 平方米，移动土方 150 多立方米。

（五）地层关系

表土层，土质结构松软，土色浅褐，夹杂大量植物根系，厚 15~18 厘米。

淤土层，距地表 18 厘米左右出现淤土层，土色浅褐，土质结构较致密，一般厚约 3~5 厘米。T1 出现黄褐色黏土，土质结构较硬，可见有白色颗粒状钙化物。

T9 第二层出现晚期踩踏面，距地表深 15~30 厘米，踩踏面厚 3 厘米，结构较硬，土色浅褐，踩踏层不明显。距地表 50 厘米处发现与直道走向一致的隔梁，向南北方向延伸，其土质坚硬，褐色土，呈颗粒状。踩踏厚 12 厘米，宽 25~40 厘米。其下层有厚约 20 厘米的填土，质较软，土色发黄。

T8 第三层，距地表 80 厘米，土质仍然较松软，土色灰黄，有遗物出土。

其余各方均为淤土，土层较厚，内含白色钙化物。还发现西北—东南走向、最宽为 4 厘米的地震裂缝。

（六）遗物

1 号瓷片，出土于 T8 第三层西侧深 1 米处。白胎，内外施白釉，素面，隐约有轮制痕迹，为碗口沿，圆唇。标本为不规则形，长 3.7 厘米，最宽 3.2 厘米，厚 0.3 厘米。可能为明清遗物。

2 号瓷片，出土于 T8 第三层，坐标为 3*0.3-1.1 米。白胎，内外白釉，素面，呈三角形，为碗残片，长 2 厘米，底宽 2 厘米，厚 0.3 厘米。可能为明清遗物。

3 号陶片，出土于 T8 第三层，坐标 1.3*0.2-1.1 米。灰陶，素面，形状近似三角形，长 3 厘米，宽 1.5 厘米，厚 1 厘米。疑为明清时期的瓦残片。

4 号铜饰件，出土于 T8 第三层，坐标 1.5*0.3-1.13 米。青铜质，长条形，一端有弯头，素面，有绿铜锈，长 4.8 厘米，宽 0.6 厘米，厚 0.1 厘米，可能为铜饰残件。时代约为汉代至南北朝。（见图 22）

5 号黑瓷片，出土于 T9 第三层，坐标 3.2*0-80 厘米。灰胎，内外黑釉，素面。内有明显轮制痕迹，形状不规则，3.8 厘米 × 3.8 厘米，厚 0.3 厘米。为罐肩残片，明清遗物。

6 号瓷片，出土于 T9 第三层，坐标 1.5*0-1.1 米。灰胎，质较粗，内外白釉，素面，有气泡，长 3 厘米，宽 2.2 厘米，厚 0.3 厘米。为碗残片，明清遗物。

7 号瓷片，出土于 T7 第三层深 50 厘米处。青花，白胎，盘底带圈足，长 3.8 厘米，宽 2.5 厘米，厚 0.5 厘米。明清遗物。

8 号瓷片，共 2 片，出土于 T5 第三层深 75 厘米处。第一片，灰胎，外施黄釉，有黑彩，内灰釉，长 4.4 厘米，宽 2.5 厘米，厚 0.4 厘米。碗口沿，微外撇，圈唇。可能是明

图 22　出土铜饰件

图 23　窑庄山探沟探方 1　东—西　　图 24　窑庄山探沟探方 3　东—西

清遗物。第二片，白胎，内白釉，外施黑、白釉，素面，长 3.3 厘米，宽 2.7 厘米，厚 0.2 厘米。为碗残片，明清遗物。

（七）遗迹分析

该探沟的 T1 至 T7 探方中均未发现明显的路土（见图 23、图 24），主要遗迹为第一层的耕土层。整个为东高西低的坡状地形，地层也为倾斜状堆积。在 T3、T4 两个探方中，有明显的地震形成的地裂缝，形成于第三层的中部，宽度

约 2~4 厘米。（见图 25）地震时代推断为明代。

本次发掘的重要遗迹多在 T8、T9 两个探方，下面逐一叙述。

T8 位于本次发掘区的西部，东临 T7，西临 T9。地层堆积为三层，遗迹主要出现于第二、三层。根据发掘的出土物可初步推断第二层为晚期路面，时代约为宋明时期，遗物以青、白瓷片为主。第三层为早期路面，时代约为汉代至南北朝，遗物以可能是车马器的铜饰件为证据。（见图 26）

T9 位于发掘区的最西端，东临 T8，西临林场简易公路，向北部扩方 1 米。其地势平坦。T9 的遗迹主要出现在第二层以下。

第二层为晚期路面，主要出土遗物为明清时期的陶片、瓷片等。路面距地表深 50 厘米左右，路面厚 5 厘米左右，较硬，呈相互上下叠压的千层饼状。

第二层以下，出现一道与直道大致平行的土梁。土梁剖面略呈梯形，上小底大。上部最宽 40 厘米，最窄 30 厘米；底部最宽 70 厘米，最窄 60 厘米。其土质坚硬，土色黑褐，为夯土。土梁为上下三层构成。自上而下，第一层为夯土，厚 15~20 厘米左右，土质坚硬，呈颗粒状。第二层土质松软，厚 15 厘米。第三层也为夯土，厚 10 厘米左右，土质坚硬，颜色为黑褐色。（见图 27、图 28）

初步推断，该段直道的使用路面，主要在现在路面的西端，即 T9 的部位（更

图 25　探方 4 南壁的地震裂缝　北—南

图 26　窑庄山探沟探方 8　东—西

图 27 探方 9 里的土梁　南—北

图 28 探方 9 里的土梁　东—西

图 29 探方 9 里的两层路面　东—西

图 30 探方 9 里的两层路面　南—北

图 31 探方 9 里的两层路面
西—东

图 32 探方 9 里的两层路面　北—南

西端的大部分直道路面已被现代公路破坏），而土梁的修筑，就是为了阻挡来自堑山面的山水对使用路面的冲毁破坏。秦直道全线的多个地点发掘显示，当时道路的使用大多集中在直道靠沟一侧，使用路面的宽度往往只占全部路面的三分之一甚至更少。

此层以下为第三层路面，厚5厘米。在T9中，第三层路面的西侧高于土梁的东侧。根据已发掘的T8与T9相对照，第三层为早期路面，时代约为秦汉至南北朝。此层以下为生土层。（见图29、图30、图31、图32）

（八）地层关系对应

以T9为例：

第一层叠压第二层压第三层压生土层。

（九）时代判断

根据发掘出土物可初步判断：第一层为耕土层，第二层约为宋明时期，第三层约为汉至南北朝时期。（见图33、图34）

（十）整理记录日期：2010年9月24日

图33 寻找路面

初审者按：

鉴于该地点的直道路面破坏相当严重，因此，以上发掘揭示的两层路面，不排除可以进一步划分成三层或四层。

2014年12月

图34 寻找路面

四、2010HQ 蚰蜒岭探沟1（TG1）发掘记录（9月10—15日发掘）

记录：陈省安

电脑录入：张少华

初审：张在明

（一）编号

2010HQ 蚰蜒岭（古道岭）探沟1（TG1）。

（二）绘图号

2010HQ 蚰蜒岭探沟1（TG1）平、剖面图四张。第一张：第一层平、剖面图；第二张：第二层平、剖面图；第三张：第三层平、剖面图；第四张：探沟总平、剖面图。

（三）位置

位于黄陵子午岭主脉以东的蚰蜒岭支脉上。蚰蜒岭探沟1选定于山脊的比较平坦处。

地理坐标：北纬34°44′52.9″，东经108°82′20.79″，海拔1604.8米，方向北偏东10°。

（四）发掘经过

首先选定地点，砍掉树木杂草，然后进行布方。在蚰蜒岭的东西向路段上，南北方向布长11米、宽1.50米的探沟1条。当日开始开挖。（见图35）

按照田野发掘

图35 蚰蜒岭探沟1远景 西—东

的要求，由上至下，时代从晚到早发掘。发掘当中，按照土质、土色不同划分地层，而且按照土层早晚叠压关系，以及土色、土质，划分好路面以及遗物，分层按号填写标签。

发掘于 2010 年 9 月 10 日开始，9 月 15 日下午结束，历时 6 天。每日用工 2 个，共用工 12 个。发掘者陈省安、贡学鸿。

（五）地层关系

经过发掘，地层关系如下。

第一层：地表层，土色褐黄色，探沟中部因为是现在便道，土质比较硬，两头松散。土层内包含物有树木花草根茎。该层厚 15~30 厘米。

第二层：路土层，浅褐、黑褐土色，土质比较硬，可以分成若干层。该层厚约 30~40 厘米。

从地形和剖面图上观察，蚰蜒岭探沟 1 中间高两头斜坡向下。探沟中间，底部距地表 65~90 厘米，两头底部距地表 30~45 厘米。

再下为黄色生土层。

（六）遗迹

经过发掘，我们了解到蚰蜒岭晚期路基到早期路基分为上下三层，分别叙述如下。

第一层：分上下两层，路基面叠压于表土层下，路面土色褐黑色，土质比较坚硬，路面呈千层饼状。路基面宽 7.65 米，最厚处 20~30 厘米，最薄处 18~20 厘米。该层路基面起伏不平，路面出现大小不等的坑窝。坑窝最大长 45 厘米，宽 8~10 厘米，深 5~6 厘米。最小坑窝直径 8~10 厘米，深 5 厘米。不规则形状坑窝直径约 30 厘米，最宽处 40 厘米，深 5 厘米。（见图 36、图 37、图 38、图 39、图 40、图 41）

第二层：叠压在第一层路基面以下，土色深褐色，土质结构比上层路基面更硬，千层饼状路面更加薄。路面宽 7.30 米，路面东南部比较平坦，西北方向稍有坡形斜下。该层路面上有更多大小、长短不等的小坑窝。坑窝最大直径约 40 厘米，深 5~7 厘米。最小长 15 厘米，宽 8 厘米，深 3 厘米。最小的圆坑直径 3~5 厘米，深 3 厘米。不规则形状坑窝长 40 厘米，宽 15 厘米，深 8 厘米。坑窝内填黄褐色

第二章 考古发掘探方、探沟记录和考古调查记录

图36 蚰蜒岭探沟1第一层上层路面 北—南

图37 蚰蜒岭探沟1第一层路面 南—北

图38 蚰蜒岭探沟1第一层路面 西—东

图39 蚰蜒岭探沟1第一层路面 北—南

图40 蚰蜒岭探沟1第一层下层路面 东—西

图41 蚰蜒岭探沟1第一层下层路面 西—东

虚土。比较大的可能是人踩的窝,也有可能是水冲击造成。小坑窝可能是小动物打洞形成。(见图42、图43、图44、图45、图46、图47)

第三层:叠压于第二层路基面以下,土色黑褐色,土质结构比第一层、第二层路基更硬,千层饼状路面更加薄。路基面宽6.80米。经过清理,该层路面出现

图42 蚰蜒岭探沟1第一层下层、第二层路面 南—北

图43 蚰蜒岭探沟1第一层下层、第二层路面 西—东

图44 蚰蜒岭探沟1第一层下层、第二层路面 北—南

图45 蚰蜒岭探沟1第一层下层、第二层路面 北—南

图47 蚰蜒岭探沟1第二层路面 北—南

图46 蚰蜒岭探沟1第二层路面 东—西

三道车辙和三道辙梁，由东往西说明。第一道辙梁宽 25 厘米，高 5~7 厘米；第二道辙梁宽 27 厘米，高 5~6 厘米；第三道辙梁宽 40 厘米，高 6~8 厘米。第一道辙沟紧贴辙梁，宽 25 厘米。第二道辙沟也贴着辙梁。两辙沟之间间距 1.20 米。车辙沟内有车轮碾过痕迹出现。

从质地、结构、颜色看，该层的车辙、辙梁，与富县桦沟口的车辙、辙梁极为相似。

第三层路面上也出现大小、形状不等的坑窝。其中一个近似椭圆形，直径 30~45 厘米，深 8~10 厘米。另一不规则者长 50 厘米，宽 10~20 厘米，深 8 厘米。小坑窝最大的直径 10 厘米，深 6~8 厘米；最小的直径 8 厘米，深 5~6 厘米。坑窝内填黄褐色虚土。（见图 48、图 49、图 50、图 51）

图 48　蚰蜒岭探沟 1 第二、三层路面　东—西

图 49　蚰蜒岭探沟 1 第二、三层路面　南—北

图 50　蚰蜒岭探沟 1 第二、三层路面　北—南

图 51　蚰蜒岭探沟 1 第二、三层路面　南—北

（七）遗物

各层路面出土遗物分别叙述如下。

第一层路面：

1号黑瓷片，素面，外面施黑色釉。三角形，最长一边长3.5厘米，宽1.8厘米，厚0.5厘米。

2号瓦片，素面，布纹。长方形，长2.5厘米，宽1.5厘米，厚1.2厘米。

3号白瓷片，素面，里外施白色釉。近似正方形，长宽1.8厘米，厚0.3厘米。瓷片一边圆唇，可能为碗口沿。

4号黑瓷片，系小瓷碗底部，下端带圈足，瓷质比较粗。素面，外施白釉，内施黑釉。形状不规则，长4厘米，宽2.2厘米，厚0.2厘米。

第二层路面：

1号陶片，陶色青褐色，素面。残存不规则正方形，长3厘米，宽2厘米，厚1厘米。陶片太小分不出器形。

2号陶片，陶色青褐色，素面，外面饰两道细弦纹。残存不规则长方形，长4.5厘米，宽2厘米，厚0.5厘米。从陶片两道弦纹判断，可能为陶缸肩部残片。

3号黑瓷片，瓷质比较粗，素面，里外施黑色釉。三角形，长3.5厘米，宽2.5厘米，厚0.6厘米。瓷片外面饰一道凸起弦纹。

4号小黑瓷片，瓷质比较粗，里外施黑色釉。三角形，长1.8厘米，宽1.8厘米，厚0.5厘米。

5号陶片，陶色青褐色，素面。残存长方形，长2.7厘米，宽1.6厘米，厚0.3厘米。为敞口缸口沿残片。

6号黑瓷片，瓷质比较粗，素面，里外施黑色釉。不规则方形，长3.5厘米，宽3厘米，厚0.8厘米。

第三层路面：

1号陶缸底残片，陶色灰褐色，素面，陶片底部有凸凹不平的小坑窝。方圆形，长4厘米，宽3厘米，厚0.5厘米。

2号绳纹陶片，陶色灰褐色，外面饰绳纹。形状不规则，长2.2厘米，宽2厘米，厚0.3厘米。

3号陶缸腹残片，陶色褐红色，陶质泥质，抹光素面，陶片外面有弦纹出现。残存长方形，长2.2厘米，宽1.5厘米，厚0.2厘米。

4号绳纹陶片，陶色青褐色，外面饰细绳纹。陶片外折敞口，可能是器物口沿残片。残存不规则三角形，长2.8厘米，宽2.5厘米，厚0.5厘米。

5号陶片，陶色青褐色，里外素面。长方形，长3.6厘米，宽2.7厘米，厚0.4厘米。

6号陶片，陶色灰褐色，外面饰细绳纹。残存圆角方形，长2.5厘米，宽2.2厘米。可能是陶缸腹部残片。

（八）遗迹判断

蚰蜒岭探沟1经发掘解剖，自上至下可分为三层，各层遗迹与遗物有所不同。第一、二层路面基本是晚期器物瓷片、陶片（可能有部分表土层下部的瓷片、陶片混入）。第三层路面上包含物大多数为绳纹陶片或陶器口沿残片，而且第三层路面出现了车辙沟、辙梁等遗迹。以此判断，第一、二层为晚期路面，时代可能在唐代至宋明时期，第三层推测为秦汉时期路面。

（九）小结

从出土的遗迹、遗物看，蚰蜒岭探沟1的秦直道路面分为上下三层。第三层路面的车辙、辙梁，与富县桦沟口的同类现象极为相似，时代可能在秦汉时期。第一、二层为晚期路面，时代可能在唐代至宋明时期。（见图52）

图52　测量绘图

（十）整理记录日期：2010年10月11日

初审者按：

经与蚰蜒岭探沟2、蚰蜒岭探方1的发掘比照分析，该探沟的分层存疑，其结论也要进一步推敲。

2014年12月

五、2010HQ 蚰蜒岭探沟 2（TG2）发掘记录（9月10—13日发掘）

记录：刘永利

电脑录入：张少华

初审：张在明

（一）编号

2010HQ 蚰蜒岭探沟 2（TG2）。

（二）绘图号

2010HQ 蚰蜒岭探沟 2 第一层下平、剖面图 -01。2010HQ 蚰蜒岭探沟 2 第二层下平、剖面图 -02。2010HQ 蚰蜒岭探沟 2 第三层下平、剖面图 -03。

（三）地理位置

秦直道蚰蜒岭段位于陕西省富县与黄陵交界处，地处子午岭支脉的山脊上。秦直道此处略为东西走向，地势较平坦，两侧为斜坡，顺山体而下为沟。

地理坐标：北纬 35°44′57″，东经 108°32′11.16″，海拔 1597.6 米。探方坐标北偏东 25°。

（四）发掘经过

根据蚰蜒岭段秦直道的走向，横向（南北向）布探沟 1 个，规格为长 8 米，宽 1.5 米。（见图 53）

该探沟于 2010 年 9 月 10 日开始发掘，9 月 13 日发掘结束，历时 4 天。平均每天用工 4 人，共用工 16 个。严格按照考古发掘规章，自上而下，由晚期到早期逐层发掘。总发掘面积为 12 平方米。

图 53 蚰蜒岭探沟 2 远景 东—西

（五）地层关系

第一层：表土层，此层中间部分为现代路面，土质结构较硬，土色浅黄，为上下叠压的饼状路土。现代路面两侧为堆积土，质松软，土色浅褐，夹杂大量的植物根茎。此层最厚处 50 厘米左右，最浅处 10 厘米左右。

第二层：路土，深 10~20 厘米左右，最深处 20 厘米，最浅处 10 厘米。此层土质较硬，土色灰褐，路面为倾斜叠压的千层饼状，夹杂有粗绳纹瓦片。此层中间较厚，两边较薄，表面有大小、深浅不一的许多小坑。

第三层：路土，深 15~30 厘米，最深处 30 厘米，最浅处 15 厘米。土质坚硬，土色黑褐色，为斜面叠压的千层饼状。在此层北部有两道东西走向的车辙延伸至两侧。此层以下为一层厚约 10 厘米的填土层。

第四层：填土层，即为路基。深 10 厘米左右。土质较硬，土色灰褐，夹杂有红色土块。此层以下即为生土。

（六）遗迹

探沟 2 的第一层，表面为中间高两边低。在此层中有大小不等的小坑。最大：

图 54　蚰蜒岭探沟 2 上层路面　东—西

图 55　蚰蜒岭探沟 2 上层路面　西—东

图 56　蚰蜒岭探沟 2 上层路面　北—南

图 57　蚰蜒岭探沟 2 上下层路面　东—西

图 58　蚰蜒岭探沟 2 上下层路面　南—北

图 60　蚰蜒岭探沟 2 上下层路面　北—南

图 61　蚰蜒岭探沟 2 下层路面局部　东—西

图 59　蚰蜒岭探沟 2 上下层路面　北—南

图62 蚰蜒岭探沟2下层路面局部　北—南

图63 蚰蜒岭探沟2下层路面局部　北—南

图64 探沟2南端的人工破坏沟　南—北

图65 探沟2南端的人工破坏沟　南—北

图66 探沟2南端斜向西南方向的车辙　东—西

长65厘米，宽20厘米；最小：长25厘米，宽15厘米左右。深度较浅，为2~3厘米。

遗迹大部分分布在第二、三层。

第二层中遗迹较多。此层的中南部有东西向的沟一道，宽1.5米左右，深5~10厘米。此层表面还分布有大小不等的许多小坑，坑形状不一，有长方形和椭圆形的。最大坑直径为25厘米左右，最小坑直径为5厘米左右。以坑1和坑2为例：坑1，平面长方形，长50厘米左右，宽15厘米，深7~8厘米；坑2，平面长方形，长45厘米左右，宽20厘米，深15厘米。此层中出土有绳纹瓦片2件。（见图54、图55、图56）

第三层中，在探沟北部有两条东西走向的车辙，辙间距1.1米。车辙最宽20厘米，最窄15厘米，深5厘米。车辙内有明显的碾压形成的千层饼状，没有发现辙梁的痕迹。从质地、结构、颜色方面相对比，该车辙与富县桦沟口的同类现象极为相似。

此层表面有为数不多的小坑三个，最大的直径15厘米，最小的直径10厘米，深度只有2~3厘米左右。（见图57、图58、图59、图60、图61、图62、图63）

在探沟的最南端，有一东北至西南向的水冲沟，打破第二、三层，冲沟宽60~110厘米。从冲沟的沟壁与地表基本垂直判断，该冲沟很可能是旨在破坏道路的人工沟。（见图64、图65）

值得注意的是，探沟最南端的上层路面上，车辙和辙梁的方向与探沟的方向

图67 探沟2南端斜向西南方向的车辙 西—东

图68 探沟2南端斜向西南方向的车辙 北—南

并不垂直，而是以约 30° 的角度斜向西南。这一现象，与探沟北部基本呈东西方向的车辙和辙梁形成鲜明的对照。（见图 66、图 67、图 68）

此层以下为第四层，即路基填土，深 15 厘米左右。其土质较硬，土色灰褐，夹杂有红烧土及少量料礓石块。第四层以下为生土层。

（七）遗物

在探沟 2 中共出土遗物 4 件：

1 号瓷片，出土于探沟 2 第一层中，坐标 400*30*6 厘米。灰胎，内外施黑釉，素面，内侧夹杂有酱釉，辨不清制法、器形。标本为不规则状，长 2 厘米，最宽 1.5 厘米，厚 0.4 厘米。可能为清代遗物。

2 号瓦片，出土于探沟 2 第二层中，坐标 110*20-30 厘米。灰胎，轮制，内为素面，外为粗绳纹。标本为不规则状，长 3.5 厘米，最宽 2 厘米，厚 1.4 厘米。可能为西汉晚期的遗物。（见图 69）

3 号瓦片，出土于探沟 2 第二层中，坐标 55*110-35 厘米。灰胎，轮制，内为素面，外为细绳纹。标本为不规则状，长 2 厘米，最宽 1.5 厘米，厚 0.6 厘米。可能为西汉晚期遗物。

4 号瓦片，出土于探沟 2 第三层中，坐标在探沟 2 的东南角。灰陶，外饰粗绳纹，内为素面。形状为不规则状，长 3.3 厘米，最宽 2.3 厘米，厚为 0.7 厘米。可能为西汉早中期遗物。

图 69　上层路面出土的绳纹瓦

（八）与相邻探方的地层关系对照

探沟 2：第一层叠压第二层（晚期路面）压第三层（早期路面）压第四层（填土路基）压（生土层）。

探方 1：第一层叠压第二层压第三层压第四层压（生土层）。

（九）时代推断

根据蚰蜒岭探沟2遗迹及出土遗物初步推断，第二、三层路面的时代可能是秦至西汉。经对比，该车辙的结构、颜色与富县桦沟口的车辙极为相似。因此，其下层道路可能是秦至西汉

图70　测量绘图

早期，上层道路可能是西汉中晚期。（见图70）

（十）整理记录日期：2010年9月25日

初审者按：

蚰蜒岭探沟2（含探方1）极为重要。一是所揭示的直道车辙、辙梁的质地、结构、颜色与富县桦沟口的完全对应。二是也发现了旨在破坏直道的人工沟。三是确认了该地点是秦直道上早晚两期道路转换的一个三岔路口。自东向西，早期道路经此地继续向西抵达兴隆关；晚期道路经此地偏向西南，通向宽达66米的直道最宽处。将图59与图66、图67、图68里的车辙相对照，即一目了然。

2014年12月

六、2010HQ 蚰蜒岭探方1（T1）发掘记录（9月13—15日发掘）

记录：刘永利

电脑录入：张少华

初审：张在明

（一）编号

2010HQ 蚰蜒岭探方 1。

（二）绘图号

2010HQ 蚰蜒岭探方 1 与相邻的探沟 2 平面关系图 -01。2010HQ 蚰蜒岭探方 1 第三层下平、剖图 -02。

（三）地理位置及方向

秦直道蚰蜒岭段探方 1 位于陕西省富县与黄陵交界处，地处子午岭支脉的山脊上。秦直道在此略为东西走向，两侧为斜坡，顺山体而下为沟。

地理坐标：北纬 35°44′57″，东经 108°32′11.16″，海拔 1597.6 米。探方坐标北偏东 25°。与 2010HQ 蚰蜒岭探沟 2 完全一样。

（四）发掘经过

根据发掘需要，在探沟 2 以东的南侧布一探方，探方规格长 4.3 米，宽 3.5 米。探方与探沟 2 之间留有 0.35 米宽的隔梁。发掘面积为 15 平方米。（见图 71、图 72、图 73）

探方于 2010 年 9 月 13 日开始发掘，9 月 15 日结束，历时 3 天。平均每天用工 4 人，共计用工 12 个。严格按照田野发掘规则进行，自上而下逐层清理，并及时进行照相、记录、绘图等工作。

图 71　蚰蜒岭探方 1 与探沟 2　东—西

图 72　蚰蜒岭探方 1 与探沟 2　东南—西北

图 73　蚰蜒岭探方 1 与探沟 2　北—南

图74 蚰蜒岭探方1西壁地层 东—西

图75 蚰蜒岭探方1解剖方地层 南—北

图76 蚰蜒岭探方1 东—西

图77 蚰蜒岭探方1 南—北

（五）地层关系

第一层：表土层，厚10~15厘米，为现代路面。土质较硬，土色淡黄，并夹杂有植物根状物，结构是上下叠压的饼状踩踏土。

第二层：厚25~30厘米左右。土质坚硬，土色灰黄，结构为相互叠压的千层饼状。呈颗粒状土块，夹有大量植物根状物及少量礓石块等。

第三层：厚15~20厘米。土质坚硬，土色黑褐，有明显的斜向叠压的千层饼状。呈颗粒状，与上层有明显的差别，硬度与叠压均有不同。此层表面有明显的车辙、辙梁等遗迹现象。

第四层：厚10~15厘米。土色较黄，土质较硬，夹杂有红色土块等，为路基填土。此层以下为生土。（见图74、图75）

（六）遗迹

在探方1中，遗迹主要在第二、三层中。

探方的南半部是一被水冲毁的断崖，探方内仅存有北半部的直道路面。第二层表面，有一东北至西南向的辙沟、辙梁延伸向西南方向。辙梁的土质坚硬，土色黑褐，碾压形成千层饼状，辙沟内为浅黄色淤土。辙梁宽约20厘米，高10厘米，辙沟宽约20厘米，深8厘米左右。经对比，该车辙、辙梁的结构、颜色与富县桦沟口的车辙、辙梁几乎完全一致。（见图76、图77、图78、图79、图80、图81、图82、图83、图84）

在探方的东壁下有两道沟槽。最宽的一个上口宽45厘米，底宽35厘米，深15厘米；另一个宽30厘米，深10厘米。探方的西壁下部也有一道类似的沟

图78　蚰蜒岭探方1　西—东

图79　蚰蜒岭探方1　北—南

图80　蚰蜒岭探方1　东南—西北

图82　蚰蜒岭探方1局部　西—东

图81　蚰蜒岭探方1局部　西—东

图 83　蚰蜒岭探方 1 局部　西北—东南

图 84　蚰蜒岭探方 1 局部　西南—东北

图 85　人工破坏沟　东—西

槽。从这些沟槽的两壁几乎与地面垂直判断，沟槽很可能是人工所挖。（见图 85）

第二层以下为第三层。

探方 1 中无遗物出土。

（七）探方 1 与探沟 2 地层关系对比

探方 1：第一层叠压第二层压第三层压第四层压（生土层）。

探沟 2：第一层叠压第二层（晚期路面）压第三层（早期路面）压第四层（填土路基）压（生土层）。

（八）时代推断

结合蚰蜒岭探沟 2 的发掘，对探方 1 遗迹初步推断，第二、三层路面的时代可能是秦至西汉。经对照，该探方的车辙、辙梁与富县桦沟口的同类遗迹极为相似。因此，其下层道路可能是秦至西汉早期，上层道路可能是西汉中晚期。

（九）整理记录日期：2010 年 10 月 11 日

七、2010HQ 南桂花烽燧发掘记录（9 月 17—21 日发掘）

记录：刘永利、王谦

电脑录入：张少华

初审：张在明

（一）编号

2010HQ 南桂花烽燧。

（二）绘图号

2010HQ 南桂花烽燧平、剖面图 -01。2010HQ 南桂花烽燧剖面图 -02。

（三）地理位置

南桂花烽燧位于黄陵县南桂花直道以北的子午岭山巅上，地势较高，视野开阔，与发掘探沟的直道垭口东西相对。（见图 86）

地理坐标：北纬 35°43′29.11″，东经 108°31′46.1″，海拔 1630.7 米。

图 86　南桂花烽燧发掘前　南—北

图87 南桂花烽燧发掘中 南—北

图88 南桂花烽燧发掘中 西—东

（四）发掘经过

该烽燧于2010年9月17日开始发掘，9月21日结束，历时5天。

发掘时，以烽燧顶部中心为基点，将烽燧分为相同的四等分。在烽燧的南半部布4米×5米的探方2个，探方间留1米隔梁进行解剖。随后，再解剖烽燧北半部的二分之一，即西北部，仍然布4米×5米的2个探方进行。从整个发掘解剖过程看，南半部表层土覆盖很薄，局部的烽燧夯土裸露在外。而北半部的表土覆盖较厚，最厚处达60厘米。其原因，可能与南半部向阳，四季和每天温差大，表土风化脱落严重有关。表土质地均较疏松，土色发黄，内夹杂大量的植物根系。探方坐标正北。（见图87、图88）

（五）地层关系

该烽燧从外形上看为圆锥台形，比较规整。通过发掘解剖，南坡表土层一般厚为20厘米，最厚28厘米，最薄15厘米，甚至还有更薄处。表土层内夹杂草本植物根系，一层见夯土。北坡表土层较厚，可分为两层，内夹杂大量的木本植物根系。北坡表土层最厚达60厘米，一般厚15~20厘米，最薄10厘米。

（六）遗物

遗物大部分出土于表土层下部和夯土上部。

1号陶片，共计3件，胎质灰色，素面。不规则长方形，长2~4厘米，宽1.8~2厘米，厚0.4厘米。为盆罐器物的残片。可能为宋元以后遗物。

2号豆青色瓷片，白胎，豆青釉，外饰弦纹。不规则长方形，长4.2厘米，宽3.4

厘米，厚0.3厘米。碗口沿残片。似为宋代遗物。

3号白瓷片，2件，胎色灰白，白釉。一件稍淡青，长方形，长2.4厘米，宽1.2厘米，厚0.2厘米。另一件，三角形，高2.8厘米，宽3.5厘米，厚0.3厘米。均为碗口沿残片。为明清时期遗物。

4号陶片，胎质灰色，厚胎，素面。长5.2厘米，宽5.5厘米，厚0.8厘米。为罐口沿，唇残，高颈，肩外鼓。可能为明清遗物。

5号陶片，泥质灰胎，素面。不规则形状，长4厘米，宽3.5厘米，厚0.5厘米。可能是罐残片。时代为明清时期。

6号青花瓷片，胎质硬，灰白色。为碗口沿，外部口沿下饰两道青蓝色弦纹，表面有冰裂纹。不规则长方形，长7.5厘米，宽5.5厘米，厚0.4厘米。碗内侧为白色素面。为明清时期遗物。

7号白瓷片，胎质灰白，为碗口沿，内外均为素面。外部口部向外突出，下部内收。呈三角形，长5厘米，宽4厘米，厚0.4厘米。为晚期瓷片。

（七）遗迹、遗物分析

南桂花烽燧与五里墩烽燧相比，规模较大，形制和修筑方法有所不同。南桂花烽燧近似方锥台形，底方上圆。最底层根基为正方形，在方形地基上逐层向上呈圆形平夯，自下而上逐层缩小。（见图89、图90、图91、图92、图93、图94、图95、图96）

烽燧顶部有一椭圆形火坑。周围为夯墙，宽约50~70厘米。火坑上大底小，上部长约3.8米，底径3.5米，深度为最深0.75米，最浅0.5米，一般深0.6米。

图89　南桂花烽燧　东—西

图90　南桂花烽燧　南—北

图 91　南桂花烽燧顶部　南—北

图 92　南桂花烽燧　西—东

图 93　南桂花烽燧　北—南

第二章　考古发掘探方、探沟记录和考古调查记录

图 94　南桂花烽燧　西北—东南

图 95　南桂花烽燧　东南—西北

图 96　南桂花烽燧上向下　西—东

图97 烽燧顶部的火坑 东—西

图98 烽燧顶部的火坑 南—北

图99 烽燧顶部的火坑 北—南

图100 摄像 西—东

火坑底部有红烧土痕迹，并有草木灰、木炭块。（见图97、图98、图99）

烽燧南坡有宽1米的黑色夯土，从根基通向顶部。东部有类似五里墩烽燧的凹槽，宽约1米。后塌陷内填大量的夯土块，土块色发黑，质地坚硬。

烽燧底部为初夯，向上夯层坚硬，夯土为黑褐色，共计有九层夯土。烽燧底部夯层较厚，45厘米左右。上部夯层较薄，厚10厘米左右。一般厚为15~20厘米。南桂花烽燧底部东西长10米，南北宽10米，总高度2.95米。（见图100）

（八）时代推断

南桂花烽燧与五里墩烽燧的形制、尺寸和修筑方法、点火位置均不同，发掘中也未见早期遗物。结合此地的历史和地望判断，烽燧的时代可能在宋金时期。

（九）整理记录日期：2010年9月28日

2010 年甘泉探方记录

发掘时间：2010 年 10 月

发掘地点：陕西甘泉

发掘项目：秦直道遗址

考古领队：张在明

考古队干部：姜家乃

考古技工：陈省安、贡学鸿

按惯例，考古探方的编号用阿拉伯数字和汉语拼音字母编写，如 2010GQ 圣马桥探沟 1，其中"2010"代表发掘年度，"G"代表（陕西）甘泉，"Q"代表秦直道遗址，"圣马桥探沟 1"代表具体地点的发掘内容。

一、2010 GQ 圣马桥探沟 1 发掘记录（10 月 23—29 日发掘）

记录：陈省安

电脑录入：喻鹏涛

初审：张在明

（一）编号

2010GQ 圣马桥探沟 1。

（二）绘图号

2010GQ 圣马桥探沟 1 平、剖面图两张。第一张：2010GQ 圣马桥探沟 1 上层平、剖面图；第二张：2010GQ 圣马桥探沟1下层平、剖面图。

（三）位置

位于甘泉县桥镇方家河村西，地处甘泉—志丹的公路北侧，公路南侧为洛河。其北靠山脉，东临秦直道上的夯土台，西临骡嘴沟。开挖探沟的小地名叫圣马桥。圣马桥所在地势平坦。

地理坐标：北纬36°27′58″，东经108°50′30″，海拔1069.1米。圣马桥探沟1方向北偏东240°。

圣马桥探沟1东与圣马桥探沟2相邻。（见图1、图2、图3）

图1　圣马桥探沟1远景　西—东

（四）发掘经过

圣马桥探沟1于2010年10月23日开始发掘，首先铲掉发掘区内的玉米秆根，然后布方。起初，圣马桥探沟1以直道南侧（即今公路北侧）土坎下的瓦砾堆积为目标分布探沟。（见图4、图5、图6、图7）首先分布4米×1.5米探沟2个。其后，由于发掘中地下遗迹

图2　圣马桥探沟1远景　南—北

图3　圣马桥探沟1远景　北—南

图 4 探沟 1 南端的瓦砾堆积　南—北

图 5 探沟 1 南端的瓦砾堆积　南—北

图 6 探沟 1 南端的瓦砾堆积　西—东

图 7 探沟 1 南端的瓦砾堆积

的发现，两个探沟不断向北扩展。最后，探沟 1 扩展至 12 米。

圣马桥探沟 1 严格按照田野发掘要求，由上至下，由晚期到早期顺序分层发掘，特别关注打破叠压关系。每发掘一层，按照土质、土色划分地层，按层收集遗物，并做好记录、绘图、照相。

10 月 29 日下午发掘结束，历时 7 天。中途除两天下雨外，实际发掘 5 天。

每日用工 3~4 个，共用工 17 个。发掘圣马桥探沟 1 负责人：陈省安、贡学鸿。

（五）地层关系

圣马桥探沟 1 经过发掘，地层分为四层：

第一层：耕土层。土色黄褐色，土质比较松软，土层内包含有玉米秆、根茎、草根。该层厚 20~25 厘米。

第二层：黄褐色花土层。土质比较松软，土层内含砂卵石块、素面瓦片，还有草根、根茎。该层厚 25~30 厘米。

第三层：路土层。此地斜坡状，东高西低，平整土地时平整过。土色红褐色，土质比较硬。土层内包含有粗细绳纹瓦片及红砂石块。该层厚20~25厘米。

第四层：路土层。土色黄褐色，土质比较硬，土层内包含有大量粗细绳纹板瓦片、筒瓦片，还有残铁器、红砂石块等。该层厚30~35厘米。

（参看2010GQ圣马桥探沟1平、剖面图）

（六）遗迹

探沟1内发现两层路土，分述如下。

第一层路面距地表最深75~90厘米，最浅35~40厘米。整个路基面宽9.1米。

经过发掘清理遗迹现象，路面上显露出千层饼状的辙梁两道。南边第一道辙梁宽30厘米，高10厘米；第二道辙梁宽35厘米，高10厘米左右。两道辙梁中间为辙沟，辙沟宽20厘米，深8~10厘米。两道辙梁以北4.5米处为第二道辙沟，辙沟宽50厘米，深15厘米。

第二道辙沟以北3米处为排水沟，排水沟呈口大底小斜坡形。排水沟上口长2米，宽1.5米，排水沟深40~50厘米。排水沟底部有小卵石出现。

第一层路面上清理出现坑窝，最大坑窝直径70厘米，深10厘米。一般坑窝长25厘米，宽7~8厘米，深8厘米。最小坑窝直径8厘米，宽6厘米，深5厘米。坑窝内填黄褐色土，土质松散。（见图8、图9、图10、图11）

第二层路面叠压在第一层以下。整个路基面宽4.1米。路土黑褐色，土质非常硬，千层饼状层非常薄。

图8　探沟1的上层路面　南—北　　　　图9　探沟1的上层路面　西—东

图 10 探沟 1 的上层路面 北—南   图 11 探沟 1 的上层路面 南—北

第二层路面上出现辙沟两道、辙梁两道。自南向北，第一道辙梁宽 1.1 米，高 10 厘米；第二道辙梁宽 60 厘米，高 8~10 厘米。第一道辙沟宽 25 厘米，深 7~8 厘米；第二道辙沟宽 20 厘米，深 4~6 厘米。两道辙沟间距 90 厘米。（见图 12、图 13、图 14、图 15、图 16、图 17）

第二层路面上出现外粗绳纹内麻点窝纹、菱形方格纹的瓦片，说明第二层道路为早期路面。

排水沟位于第二层路面北部，即靠山一侧。排水沟口大底小，上口长 2.45 米，宽 1.5 米，排水沟深 65 厘米，沟底距地表 1.35 米。排水沟内填黄褐色淤土，土质比较硬。（见图 18）

图 12 探沟 1 的上下两层路面 东—西   图 13 探沟 1 的上下两层路面 南—北

图 14 探沟 1 的上下两层路面　西—东

图 15 探沟 1 的上下两层路面　北—南

图 16 探沟 1 的上下两层路面　北—南

图 17 探沟 1 南端　北—南

图 18 探沟 1 下层路面的排水沟　东—西

（七）遗物

圣马桥探沟 1 两层路基面上出土遗物，按编号叙述如下：

1 号　残铁器片

不规则三角形，长 4.5 厘米，宽 3.5 厘米，厚 0.2 厘米。铁片上素面，生红褐锈。

2 号　陶纺轮

灰褐色，泥质素面。圆形，中间有一小圆孔，直径 3 厘米，厚 1 厘米。纺轮经长期使用磨损为斜面。出土于 T1 第四层。

3 号　细绳纹板瓦片

褐色，泥质，残存长方形，长 7 厘米，宽 4.5 厘米，厚 0.8 厘米。瓦片外面饰细绳纹，内为麻点窝纹。出土于 T2 第一层。

4 号　粗绳纹筒瓦片

青褐色，泥质，瓦片长方形，长 9 厘米，宽 8 厘米，厚 1.5 厘米。瓦片外面饰粗绳纹，内饰布纹。出土于 T2。

5 号　细绳纹瓦片

灰褐色，泥质，残存不规则长方形，长 13 厘米，宽 9 厘米，厚 1.5 厘米。瓦片外面饰细绳纹，内饰麻点窝纹。出土于 T2 辙沟内。

6 号　绳纹筒瓦片

青褐色，泥质，残存不规则三角形，长 6 厘米，宽 4 厘米，厚 1 厘米。瓦片外面饰绳纹，里面饰布纹。出土于 T2 辙沟内。

7 号　陶片

黑褐色，泥质，内外素面，残存不规则三角形，长 4.5 厘米，宽 1.5~3 厘米，厚 1 厘米。为陶罐残片。

初步判断，以上瓦片、陶片的时代为单一的秦汉时期，大多出土于第一层路面。

（八）判断

从遗迹观察，探沟 1 的上层路面保存较差，可能与后期扰动破坏有关。下层路面的辙梁、辙沟等遗迹比较规范，辙沟的间距（车的轮距）也与富县桦沟口的发掘一致。

探沟 1 的遗物中，从瓦片外表的绳纹，内面的麻点窝纹、菱形方格看，时代比较早。

（九）小结

根据圣马桥探沟 1 发掘的遗迹、遗物判断，该段直道与富县桦沟口的发掘完全一致，即下层路面为秦至西汉早期，上层路面为西汉中晚期。

（十）整理记录日期：2010 年 11 月 5 日

二、2010 GQ 圣马桥探沟 2 发掘记录（10 月 23—29 日发掘）

记录：陈省安

电脑录入：喻鹏涛

初审：张在明

（一）编号

2010GQ 圣马桥探沟 2。

（二）绘图号

2010GQ 圣马桥探沟 2 平、剖面图两张。第一张：2010GQ 圣马桥探沟 2 上层平、剖面图；第二张：2010GQ 圣马桥探沟 2 下层平、剖面图。

（三）位置

位于甘泉县桥镇方家河村西，地处甘泉—志丹的公路北侧，公路南侧为洛河。其北靠山脉，东临秦直道上的夯土台，西临骡嘴沟。开挖探沟的小地名叫圣马桥。

图 19　圣马桥探沟 2 远景　东—西

图 20　圣马桥探沟 2 远景　北—南

圣马桥所在地势平坦。

地理坐标：北纬 36°27′58″，东经 108°50′30″，海拔 1069.1 米。圣马桥探沟 2 方向北偏东 240°。

圣马桥探沟 2 西与圣马桥探沟 1 相邻。（见图 19、图 20）

（四）发掘经过

圣马桥探沟 2 于 2010 年 10 月 23 日开始布方、发掘。起初，圣马桥探沟 2 以直道南侧（即今公路北侧）土坎下的瓦砾堆积为目标，布 1.5 米宽的探沟。其后，由于发掘中地下遗迹的发现，探沟不断向北扩展。最后，探沟 2 扩展至 5.2 米长。（见图 21）

发掘中，探沟 2 与探沟 1 一样，其上层路面被拖拉机破坏，因此，发掘时采取了一分为二、上下层路面同时发掘的方法，省工不少。

圣马桥探沟 2 严格按照田野发掘要求，由上至下，由晚期到早期顺序分层发掘，特别关注打破叠压关系。每发掘一层，按照土质、土色划分地层，按层收集遗物，并做好记录、绘图、照相。

10 月 28 日下午发掘结束，历时 7 天。中途除两天下雨外，实际发掘 4 天半。

每日用工 3~4 个，共用工 17 个。发掘圣马桥探沟 2 负责人：陈省安、贡学鸿。

（五）地层关系

圣马桥探沟 2 的地层分为四层。

第一层：耕土层。土黄褐色，土质比较松软，内包含有根茎、草根。该层厚 20~25 厘米。

第二层：黄褐色花土层。土质比较松软，内含卵石块、素面瓦片，还有草根、根茎。该层厚 25~30 厘米。

第三层：路土层。此地斜坡状，东高西低，平整土地时被拖拉机平整

图 21　圣马桥探沟 2　南—北

过。土色红褐色，土质比较硬。土层内包含有粗细绳纹瓦片及红砂石块。该层厚20~25厘米。

第四层：路土层。土色黄褐色，土质比较硬，土层内包含有大量粗细绳纹板瓦片、筒瓦片，还有残铁器、红砂石块等。该层厚30~35厘米。

（六）遗迹

圣马桥的直道遗迹主要分布在探沟2内。探沟2内也发现了两层道路（见图22、图23、图24、图25、图26），分述如下。

第一层路面宽7.9米，路土厚21~23厘米。

圣马桥探沟2内的T1主要分布瓦片堆积。（见图27）向北（即靠山一侧）有路面遗迹出现。探沟2的瓦片堆积以北清理出三道辙梁和两道辙沟。由南向北（即由外向里），第一道辙梁宽30厘米，高5~7厘米；第二道辙梁宽30~32厘米，高7~8厘米；第三道辙梁宽20厘米，高5~6厘米。第一道辙沟宽45厘米，深10厘米；第二道辙沟宽25厘米，深8~10厘米。辙沟之间距离似不对应。

探沟2内的T2有两道辙梁、一道辙沟。自南向北，第一道辙梁宽15~20厘米，高5~6厘米；第二道辙梁宽10厘米，高4~6厘米。辙沟宽15~17厘米，深5~6厘米。

该层路面清理出大小不等的坑窝。最大坑窝长25厘米，宽5~6厘米，深7厘米；最小坑窝长10厘米，宽5厘米，深5厘米。

第二层路面宽3.55米，路基面距地表深40厘米，叠压在第一层路面下。土色黑褐色，土质比较坚硬，路面平整。有两道辙沟，南边辙沟深1~2厘米，北边辙沟深3~4厘米。两道辙沟中间为辙梁，辙梁宽75厘米，高4~5厘米。

因后期扰乱，第二层路面破坏比较严重。辙沟、辙梁以北有一踩踏硬面，硬面以南斜坡向下，与探沟2 T1的瓦片堆积连接在一起。路面向北斜坡向下到排水沟。

图22 探沟2南部的两层路面　西—东　　图23 探沟2北部的两层路面　西—东

图 24　探沟 2 的两层路面　北—南　　　　图 25　探沟 2 的两层路面　北—南

图 26　探沟 2 的两层路面　南—北　　　　图 27　探沟 2 南端的瓦砾堆积　南—北

图 28　探沟 2 下层路面的排水沟　北—南　　图 29　探沟 2 下层路面出土五铢钱

第二层路面以北为排水沟。排水沟上口沿距地表 1.32 米。排水沟口大下小，上端口长 1.27~1.32 米，宽 0.78~0.8 米，排水沟深 40 厘米。排水沟内填黄褐色淤土，填土内夹杂有小卵石块。（见图 28）

（七）遗物

探沟 2 靠山一侧的下层路面，出土一枚五铢钱，时代为西汉武帝时期。（见图 29）

（八）判断

探沟 2 的上层路面保存较差，是现代拖拉机破坏所致。下层路面的辙梁、辙沟等遗迹与富县桦沟口的发掘一致。

探沟 2 的遗物中，西汉武帝时期的五铢钱极为可贵。

（九）小结

圣马桥探沟 2 揭示的直道，与富县桦沟口完全一致。其时代：下层路面为秦至西汉早期，上层路面为西汉中晚期。

（十）整理记录日期：2010 年 11 月 6 日

初审者按：

以上两个探沟记录均较粗疏，遗漏遗迹、遗物不少，如两个记录均未提及上层路面的人工破坏沟（见图 30、图 31）等现象，探沟 2 的遗物项除五铢钱外均阙如，不知何故。

图 30　探沟 2 上层路面的人工沟　西—东

图 31　探沟 2 上层路面的人工沟　南—北

2010 年 12 月 8 日

2010年黄陵、甘泉发掘调查记录要点

记录：张在明

电脑录入：张少华

调查艾蒿店（9月1日）

艾1

五里墩南约5~6公里。堑山路长60~70米，宽约20米，堑高7~8米。略呈月牙形。

艾2

又行2公里。纯山脊。总长约200米。一般宽5~6米，最窄仅3米余。两侧下陡，西侧尤甚，几垂直90°。

其西侧下方为堑山路面，长150~160米，宽15~16米，堑高5~9米。堑东面。

艾3（大岔林场标牌处）

堑山路长170~180米，最宽约40米，堑高7~11米。略呈半月形。路稍不平，西高东低。堑西面。

艾4

又行5~6公里，有三四处。路不走山脊。前1走西侧，前2走东侧，前3走西侧。分析：山脊的一侧缓，为自然形成；另一侧陡，则为人工开凿，下必有路。

结论：五里墩—艾蒿店，直道走纯山脊者不多。

一、蚰蜒岭探沟（9月12日）

距兴隆关750米，两探沟距256米。

探沟 1

上层略同于 T2，但稍不平，且出 6 片明清瓷片。下层距上层 6~18 厘米，略同 T2，但似有一辙沟。路面南侧有硬齐面，与地几垂直。但未出遗物，憾！

二层清完，路面也发现晚期瓷片，可能未清到底，将一层分为两层。

探沟 2

上层路面较硬，平，色灰黄。结构大片状，可清出 3 厘米之碾压片。路面未见大小坑凹及辙沟类遗迹。

下层距上层 10~17 厘米，更硬，不平，色灰黑。结构小片状，清不出大片。路面极不平。可见梁辙起伏及踩踏坑。

下层路面上出 2 绳纹瓦。其一，色灰黄，2.5 厘米 ×1.5 厘米，厚 0.8 厘米，饰断续中绳纹，内光面。其二，4 厘米 ×2 厘米，厚 1.3 厘米，粗绳纹，内光面。极重要！

二、垭口探沟（9 月 19 日）

路宽 7.8 米。总印象路面特坚硬，大部分路面夹有礓石。

排水沟宽 90~110 厘米，深 40 厘米。北高南低，沟底铺有少量小礓石。

上层路面

厚 15~28 或 20~31 厘米，色黄，质硬。含大量礓石，最大者 14 厘米 ×9 厘米 ×8 厘米。路面坑洼极不平，最大坑 28 厘米，深 10 厘米。次大坑 13 厘米，深 9 厘米。可能说明沿用时间长。未见遗物。如此上层路面少见。

二层路面

厚 11~23 厘米，色黑，质更硬。含礓石少，似掺有处理过的礓石粉末。路面较平，未见辙沟遗迹。

三层路面

厚 15~16 厘米，色更黑，更硬。含礓石，最大者 10 厘米 ×8 厘米 ×7 厘米。路面不太平，平整度在前二层之间。

三、南桂花填方探沟 2（9 月 23 日）

位于子午岭主脉山脊缺断处的大型人工填方路段。

上层路面

距地表 8~15 厘米。路面宽 3.4 米。色灰黑，质硬。夹礓石，最大 4 厘米，最小 1.5 厘米。路面基本平，中西部略高。路肩西侧陡，东侧缓。路面出汉粗绳瓦及明清瓷片，说明早期瓦夹在晚期遗物中。

本层厚 16~22 厘米。

二层路面

二、三层均向东移，二层向东 40 厘米，二层路面比上层宽约 80 厘米。色黑，硬，礓石少于上层。有辙沟，内间距 140 厘米，外间距 190 厘米。路面出残铁锸。

三层路面

三层路面再向东移 160 厘米。路面更宽，坡度较上两层缓。路面东部 2.25 米宽的部分为土质，上有六道辙沟，似有对应关系，距 110 厘米。其余路面为碎礓石夹土，质硬。礓石大部分 1~2 厘米，最大 3 厘米。上无明显辙沟。路面最西部的礓石面有破坏，以土补之，界限分明。

四层路面

路面较三层向西移 80 厘米。宽度略同于三层，坡度也同三层。色黑，同上层，硬。有一辙沟。本层厚 10~12 厘米。其下为填土，黑，夹大礓石，硬。

本层含礓石少于其上三层，出外绳纹内大麻点筒瓦残片。

四、兔儿崾岘探沟（9月28日）

位于子午岭主脉纯山脊道路中部，地势略同南桂花填方直道，不排除有填方的可能。路两侧下为白桦等杂树。探沟长 6 米。

上层路面

与今路面层分清楚。路面带路肩宽 4.5 米，纯路面 4 米。路面中高两侧低。中部路土色黑，两侧较黄。质较硬，夹少量礓石，最大者 3 厘米 × 7 厘米 × 2 厘米，其余一般直径 1~2 厘米。

路面三辙梁四辙沟，较对称，规整。中央两辙沟间距 60 厘米，两两沟间距 110 厘米，最外两沟间距 170 厘米。

较黄陵以往发掘所见，辙沟显得宽且深。宽 26~40 厘米，深 9~13 厘米。

遗物：白、黑釉瓷片，有冰裂，似宋元物。

印象：

① 本层特厚，达 40~50 厘米（一般厚 26 厘米，最薄 10 厘米），似为所见各层之最，似沿用时间长所致。

② 路土无前发掘下层路土所见之深黑斜向千层饼状，其色较淡，呈水平向千层饼状，沟中有部分礓石。

下层路面

与上层界分清楚。色稍浅，硬度不及上层。含礓石较上层少，大者 17 厘米 × 10 厘米 × 7 厘米。

下层不及上层规整。路中部有一沟与路平行，沟宽 35 厘米，深 8~10 厘米。其东侧一辙沟宽 20 厘米，深 4~5 厘米。

解剖：本层厚 13~14 厘米。

遗物：出于表面或其中，灰陶器物 3 片，残碎，约东汉至南北朝物。

五、骡嘴沟堑石直道探沟（10 月 22 日）

堑石直道位于方家河西约 1 公里之骡嘴沟山上。堑石面与地面几成 90°，高 8.6 米。在其下直道上布探沟，方向 275°，即西偏北 5°。探沟含 4 米 × 4 米探方 4 个。循惯例，自靠沟向靠山编号。

T4：

上层路面距地表 11~54 厘米，细砂土，土色黄，较硬，内夹径 1~4 厘米的卵石。

表面不平，紧靠堑山面有一土梁，宽 50~56 厘米，高 7 厘米。另有坑深 10 厘米。路土表面出外绳纹内大麻点之瓦片。

T1：

上层路面距地表 6~9 厘米，下距石面仅 2~4 厘米，部分路面已见 107 厘米 × 42 厘米之岩底。细砂土，土色黄，较硬，内夹径 1~2 厘米的卵石、礓石。

路土表面较平。

T2：

质地同 T4。路面较平。东部有似辙沟一条，宽 12~18 厘米，深 3~6 厘米。另有略呈圆形小坑，径 11~13 厘米，深 2~4 厘米。

2011年安塞红花园遗址调查记录

记录：张在明

电脑录入：张少静

一、概况

时间：2011年9月7日。

地点：安塞县化子坪镇王台子村与白家畔村之间。

参加者：张在明、黄晓芬、王沛、袁继民、谢妮娅。

黄土台塬地貌，遗址位于一顶部较平的黄土台塬上。台塬略呈南北向的椭圆形，被分割为数个阶梯台状。遗址分布南北约400米，东西约250米，面积约10万平方米。遗址西北部300米处为一个较陡的台塬，秦直道即从两个台塬之间的沟部穿行，目前直道路面部分向西部堑山挖掘成平地，开辟为油田工作区。遗址顶部高出直道约20米。遗址以北约1公里有一直道垭口。（见图1、图2、图3、图4、图5）

二、遗迹

夯筑台基位于遗址中心的台塬顶部，估计面积约1.5万平方米。在上层和二层台塬的西部和南部的四五个地点，发现暴露的夯筑台基，可见高度近2米。从剖面看，夯台上部夯层较薄，下部夯层较厚。上部分夯层厚度有6.5、7、7.5、8、

图 1　红花园遗址远景　北—南

图 2　红花园遗址　北—南

图3 红花园遗址 西—东

图4 红花园遗址 南—北

图 5　红花园遗址局部　南—北

图 6　夯土台、夯层

图 7　夯土台、夯层

图 8　夯土台、夯层

图 9　夯土台、夯层

8.5、9厘米，平均厚7~8厘米；下部分夯层厚度有14、15厘米。（见图6、图7、图8、图9）

三、遗物

分布较多，发现数处瓦片堆积。（见图10、图11）

筒瓦、板瓦、瓦当、回纹砖多为灰陶，但质地和颜色又有细微的差别。仅从质地、制作方式、形制、纹饰看，筒瓦、板瓦就能分十余种，说明遗址上的宫殿等建筑曾多次建造、修葺，沿用时间很长。（见图12、图13）

采集的筒瓦、板瓦，粗略分类如下：

筒瓦：

① 外细绳纹，内光面；

② 外细绳纹，内布纹间绳纹；

③ 外细绳纹，内布纹；

④ 外细绳纹，内泥条盘筑；

图10 瓦片堆积

图11 瓦、瓦当、砖

图12 筒瓦、板瓦外面

图13 筒瓦、板瓦内面

图 14　带戳印的板瓦

图 15　云纹瓦当

图 16　回纹铺地砖

⑤外中绳纹，内光面；

⑥外中绳纹，内布纹。

板瓦：

①外粗绳纹，内光面；

②外细绳纹，内布纹；

③外绳纹，内麻点纹；

④外细绳纹，内麻点纹；

⑤外特粗绳纹，内光面；

⑥外交错特粗绳纹，内光面；

⑦外粗绳纹间较宽的抹带，内光面；

⑧大板瓦，外绳纹间抹带，内光面；

⑨大板瓦，外粗绳纹、戳印，内光面；（见图14）

⑩外粗绳纹，内方格纹；

⑪外细绳纹，内方格纹；

⑫外绳纹，内菱格纹；

瓦当1：云纹，当心方格纹。（见图15）

瓦当2：云纹，当心菱格纹。

铺地砖：表面回纹，背面光面。厚2.1~2.5厘米。（见图16）

空心砖：表面夔纹，背面光面，尺寸不详。（见图17）

陶水管：长25厘米，宽13厘米，厚2厘米。表面绳纹。

陶井圈：表面绳纹，内面光面，尺寸不详。（见图18）

础石1：近圆柱形，上径58~62厘米，高28厘米。（见图19）

础石2：近方形，上面长47厘米，宽38厘米，高16~18厘米。（见图20）

四、小识

当年编撰《中国文物地图集·陕西分册》时，曾和黄经略、叶学明、叶小燕诸先生讨论宫殿遗址的确认、定性和命名，最后的共识是要具备三条：有较大的夯土台，有上水和排水管道，有高规格的建筑材料（瓦当、铺地砖、空心砖、陶井圈、础石等）。近二十年过去了，如果要加一句，那就是秦直道上的行宫，位置一定是地势高耸和紧贴直道。

目前能确认的秦直道上的行宫遗址，自南向北有旬邑与甘肃正宁交界处的两女寨遗址、调令关南遗址、富县与甘

图17　夔纹空心砖

图18　陶井圈

图19　圆形础石

图 20　方形础石

图 21　抱紧 10 多万元的相机

图 22　挑拣陶片

泉交界处的墩梁遗址、志丹的任窑遗址、安塞的红花园遗址,以及内蒙古东胜西的城梁遗址。

以上的六处遗址中,红花园遗址面积最大,规格最高,遗物最丰富。惜时间紧,调查不能更深入进行。

安塞县的直道迹象断续,仅靠几个垭口或秦汉遗址连线标识,很少有富县车路梁那样保存较好的高规格路段,也与延安地区其余各县的直道殊异,极有考古钻探、试掘之必要。(见图 21、图 22)

五、整理记录日期:2011 年 9 月 15 日

2011 年黄陵艾蒿店直道调查记录

记录：张在明

绘图、电脑录入：张少静

调查概况：

时间：2011 年 12 月 16—17 日。

地点：黄陵县子午岭上艾蒿店至五里墩之间。

调查人：张在明、姜家乃、甘肃民工小董。

2011 年三次调查艾蒿店无果，此次终于如愿。

在陕西黄陵和甘肃宁县交界处的南北向子午岭上，若以五里墩为界，则南、北两个方向的秦直道差别很大。五里墩以北至兴隆关的直道，不仅规模大，且种类丰富，有堑山路面、大型填方路段、垭口路段和烽燧；而五里墩以南至艾蒿店的直道，不仅规模较小，且种类单一，仅有堑山路面和两处纯山脊路段，不见填方路段、垭口路段和烽燧。其原因，可能还是和五里墩南、北的子午岭山势和地形有关。

五里墩至艾蒿店的直道调查，分为 GPS 测点、皮尺测量、记录、绘图、照相等程序，共调查了 7 个典型地点。

一、去艾蒿店尽头

GPS 编号：362。

N35°36′75″，E 108°32′07″，海拔 1625 米。

二、烧锅梁下台堑山路段

南头 GPS 编号：372。

N 35°36′83″，E 108°32′04″，海拔 1586 米。

北头 GPS 编号：373。

N 35°36′92″，E 108°32′09″，海拔 1588 米。

堑山脊东侧。

堑山路面长 240 米，宽 43 米、44 米、45 米，堑山面均高 2~4 米，最高 5~6 米。

堑山路面向北 240 米始，开始向下倾斜，且向外侧延展，使路面出现一个向东再向北的转弯。向东转约 20 米，其对应的堑山面也向东转约 20 米。转弯后路面又延伸约 200 米，且不断向下倾斜。

直道路面内高外低，即自堑山面向靠沟一侧倾斜，坡度较大，约 15°，说明堑山面坍塌严重。

直道靠沟一侧的路边护坡较齐整，护坡较陡，与地表角度约 70~80°。（见图 1、图 2、图 3）

图 1 烧锅梁下台堑山路段 南—北

图 2　烧锅梁下台堑山路段　北—南

图 3　烧锅梁下台堑山路段　南—北

最初判断，该段堑山路面可能是五里墩至艾蒿店之间最长、保存最好的一段。至烧锅梁上台路面发现后，该段堑山路面存疑。

三、烧锅梁上台堑山路段

GPS 编号：375。

N 35°36′93″，E 108°32′07″，海拔 1596 米。

堑山脊东侧。

堑山路面长 191 米，宽 35 米，堑山面均高 5~6 米，最高 8~9 米。

整体状况与下台略同，但路面自堑山面向靠沟一侧的坡度较小，约 7~8°，说明堑山面坍塌程度一般。直道路边护坡也与下台类同。

在长近 200 米高大的堑山面的上半部，后代更向里堑山。其南段向下堑出现代简易公路，其北段向下堑出陡立的黄土壁面，壁面上开凿土窑洞六七孔。（见图 4、图 5、图 6、图 7、图 8）

该段堑山路面应是五里墩至艾蒿店之间最长、保存最好的一段。

图 4　烧锅梁上台堑山路段　北—南

图 5　烧锅梁上台堑山路段　北—南

图 6　烧锅梁上台堑山路段　东—西

图 7　烧锅梁上台堑山路段　南—北

图8 烧锅梁上台堑山路段 南—北

图9 烧锅梁北纯山脊路段 南—北

图10 烧锅梁北纯山脊路段 北—南

图11 菜子岭东南堑山路段 南—北

四、烧锅梁北纯山脊路段

GPS编号：377。

N 35°37′24″，E 108°31′98″，海拔1593米。

纯山脊路段长约300~350米，山脊两侧较陡，与地表角度约60~70°。

路面较平，有两三个较小的弯曲。山脊宽4~5米，路面宽3~3.5米。（见图9、图10）

五、菜子岭东南堑山路段

GPS编号：378。

N 35°38′04″，E 108°31′75″，海拔1573米。

堑山脊西侧。

堑山路面长114米，宽34米，堑山面高5~7米，最高8~9米。

由于破坏，直道向沟一侧的路边护坡不甚齐整。护坡也不太陡，可能是坍塌所致。

路面总体较平缓，坡度约4~5°。

现代简易公路辟于直道路面西侧五分之一至三分之一处。（见图11、图12、图13、图14、图15）

图12　菜子岭东南堑山路段　西—东

图13　菜子岭东南堑山路段　北—南

图14　菜子岭东南堑山路段　北—南

图 15　菜子岭东南堑山路段　西—东

六、五里墩南纯山脊路段

GPS 编号：379。

N 35°38′53″，E 108°31′42″，海拔 1566 米。

纯山脊路段长 104 米，山脊两侧较陡，与地表角度约 60~70°。

路段笔直，路面平整。山脊宽 5~6 米，路面宽 3~4 米。

该纯山脊路段规整、笔直，连通南北两座山岇，加上路面异乎寻常地平整，

图 16　五里墩南纯山脊路段　北—南

图 17　五里墩南纯山脊路段　南—北

有可能是人工填方形成。此也为直道的必经之地，应开探沟发掘，以期再次发见四叠层。（见图16、图17）

七、五里墩烽燧西堑山路段

GPS 编号：380。

N 35°38′74″，E 108°31′29″，海拔 1582 米。

该地点向北约 200 米的东侧，为一高地，高地顶部即为五里墩烽燧。

该路段向北约 200 米的西侧，有一较平坦之地，为一秦汉遗址。遗址面积约 5000 平方米，地表散布较多的绳纹筒瓦、板瓦残片。曾一度怀疑可能是一行宫遗址，但未见夯土台或夯土基址，也未见排水管道及高规格的建筑材料（瓦当、空心砖、铺地砖、陶井圈、础石等），遂排除。

直道路面堑山脊西侧。

堑山路面长 194 米，现路宽 23 米，路全宽(含路边排水沟)34 米。堑山面较规整，一般高 4~6 米，最低 2 米。

直道向沟一侧的路边护坡较齐整，护坡较陡，与地表角度约 70~80°，应是人工夯筑形成。

路面总体较平缓，坡度约 5~6°。

路面靠边坡处有一条与直道平行的排水沟，沟剖面呈倒梯形，上口宽约 2 米，底宽约 80~100 厘米，沟深 50~60 厘米。沟北高南低，即水向南流。该路段自山向沟依次为直道路面、现代简易路、隔梁、排水沟、小路、边坡（即直道护坡），沟与边坡间小路宽 1.5 米。如下图：

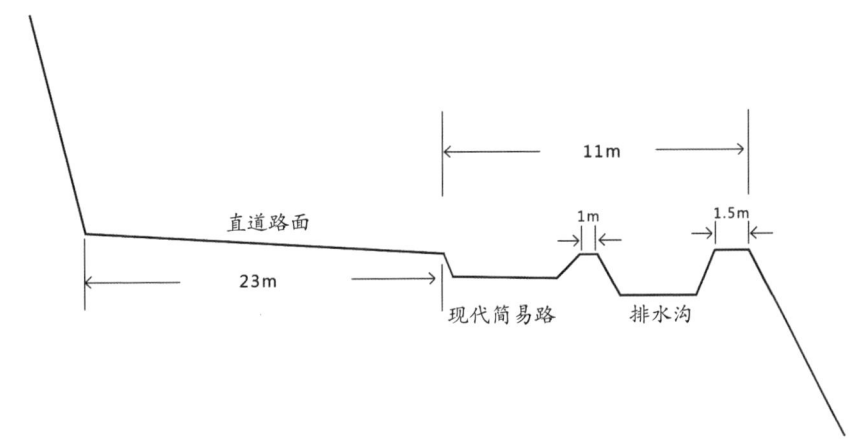

在秦直道全线，如此的道路结构实属少见（多个地点的发掘显示，直道的排水沟都在靠山一侧，该排水沟地处靠沟一侧，甚怪异），亟须钻探、试掘，以了解此段直道的真实结构。（见图18、图19、图20、图21）

图18　五里墩烽燧西堑山路段　南—北

图19　五里墩烽燧西堑山路段　南—北

图20　五里墩烽燧西堑山路段　西—东

图21　五里墩烽燧西堑山路段　北—南

第三章  考古日志

说　　明

1. 以下是2006—2012年秦直道发掘、调查时每天所记的考古日志，还有一些直道调查时的记录，因为短且零碎，不发表。

2. 回头看，最早一批（2006—2008年）的秦直道考古，至少有一半交了学费。看那时的不少推测和判断，脸红。

3. 考古日志多为流水账，枯燥，乏味，这就是考古人的生活。在漫长、琐碎、呆板而程序化的田野考古中，重要现象露头、珍贵文物出土带来的令人心悸的快感，毕竟千不逢一。

4. 这次发表的考古日志，修订了个别错字和病句。不加注解的原因，一是要有很多解释才能把考古这个生僻的专业说得通俗易懂，很累的；二是每一行都有"行规"，也自然有"行弊"（行业的弊病），对于后者（细心者会看出一二端倪），我不会特意隐瞒，但也实在不想多费口舌。

5. 日志中所记天气，均为考古工地所在地天气。

2006 年富县考古日志

11 月 30 日　星期四　晴

早 8 时，陕西省考古研究所张在明（以下称老张）、《文博》编辑部刘彦博（下称大刘）、西北大学考古系硕士研究生王有为（下称小王）乘车发西安，至高陵县考古所基地，收拾发掘、绘图等考古器具，会同技工常军绪、张建波（下称小常、小张）二人北上。

近午至富县，县文物旅游局局长陈兰、县文化馆馆长王永亮（下称大王）等宴请一行。席间杯盏殷勤，气氛融洽，陈表示全力支持考古队工作，并派该局副局长李春阳（下称小李）参加考古调查。

饭后，陈兰等驱车送考古队至县西 97 公里处的太白镇，将考古队住宿安排妥当，于暮中返回。

晚饭后考古队开会，分工，布置工作，并强调安全。

太白镇地处 309 国道上的陕甘交界处，辖属于甘肃省合水县。该地位于子午岭支脉的葫芦河畔，海拔约 1100 米。正所谓吃住在甘肃，干活在陕西。

在灯光昏暗的小镇上散步，天低星灿，寒气沁骨，路面已见冰凌，气温比西安低 10 摄氏度左右。下榻的太白饭店每张床铺 20 元，房间没有卫生间，如厕要去楼下后院的公厕。房间有暖气，室内温度达 17 摄氏度，大家很是满意。

永亮是陕北很有名气的书法家，晚上铺开宣纸，墨走龙蛇，大家赞不绝口。

12月1日　星期五　晴

晨，汽车温度计显示，温度零下10摄氏度。

8时吃饭，馒头、稀饭、咸菜，每人一个鸡蛋。8：30出发。太白镇至坡根底约4公里，从坡根底上山约3公里即是宽阔的车路梁秦直道。八人挤进"猎豹"越野车里，到坡根底下一半人，分两批上山。

这一段直道基本沿山脊分布，在山脊的最高处堑山，以降低路面坡度。直道路面大多宽30~40米，最宽处达47米。路面长着半米多高的荒草，路两侧斜直着嵯岈老树。

经踏查，并在直道的最宽处钻探，发现疑似的路土后，决定垂直于直道布一1.5米宽的探沟，以解剖路面。同时从村里雇来七位民工，说好日工资40元，即时开挖。

午时，民工因路远，不愿回家，老张、小王留在工地继续发掘，其余队员乘车返回吃饭。下午2时，众人返回时带来馒头、咸菜、开水，被饿极了的老张、小王一扫而光。

发掘的同时，老张、大刘、大王、小李等沿直道向北踏查约3公里，选择第二处发掘地点。

至收工，探沟西段的发掘似不顺利。最深处下挖约1米后，填土与生土的界限很不明显，且钻探疑似的路土始终未见，使人心焦。

一天步行了十几里路，早早（11时）睡去。

今日大刘作联：

　　步轻唯嫌惊纤鸟；

　　声高犹恐断老枝。

12月2日　星期六　晴

（见第四章"孤村夜语——考古日志选"《直道吟》）

12月3日　星期日　晴

早，气温零下7摄氏度。

上午，继续发掘、测量。

10时许，清墓盗洞扩挖完毕，有南北两个直道路面的地层剖面。其硬土层距地表 92~95 厘米，厚 14~20 厘米，色黑，与探沟 1 的硬土层深度基本一致。遂绘草图、照相。撤出人员至探沟 1 以北 1.2 公里处开挖探沟 2。

经测量，自沟口至山顶垭口（海拔 1330 米）的直道全长 4800 米。至午，除近沟口的数百米外，该段直道的 GPS 测量结束。测量内容包括直道走向、长度、宽度、海拔高度。

下午，老张、大刘、小常调查直道西侧山峁的烽燧。确认该烽燧原为夯筑，方锥台形，风化剥落后略呈圆锥台形，底径约 60 米，顶径约 4 米，存高约 6 米，夯层厚 12~18 厘米，一般厚 15 厘米。台顶部似有墙体，未见遗物。参考《中国文物地图集·陕西分册》里的陕北烽火台资料，推测该台是宋金时期葫芦河一线的防御通讯设施之一，与秦直道无关系。

同时，两探沟继续发掘。至收工，探沟 1 已进展过半，路面两侧似有排水沟。探沟 2 较短，仅长 30 米，距地表 30 余厘米即见硬土面，比探沟 1 浅出许多，但愿是路土。

下午 5 时许，太阳落山，山上立刻起风降温，寒气逼人。坚持到 5 时半已暮，只得收工下山。

今日大刘诗《题五里铺烽火台》：

> 南侵北扰争无端，
> 乐于人口夺米面；
> 千年烽燧弃荒岭，
> 世间何曾息狼烟？

12月4日　星期一　阴转晴

早，气温零下 4 摄氏度，上山后下有零星雪。

全天继续发掘两探沟。

至收工，探沟 2 的硬土面仅余 3 米余，其余均被水冲毁，路面的其他信息无法得知。所幸路东侧的排水沟保存尚完整，沟宽约 1 米，深约 0.3 米，沟底铺着小礓石块。接着绘图、照相。

测量得知，在这一地点，两千年来，秦代路面以上自然堆积土厚约 30 厘米，但路面中部被水冲去约 1.9 米。

探沟 2 的教训是：此地北高南低，也即顺直道方向（南北方向）的坡度较大，两千年来不断有山水冲刷路面，现地面已有明显的冲沟痕迹。今后选点，应选择宽阔平坦、地势低洼之地。

探沟1发掘，仅余中部长约3米的今路面部分（因车辆行驶而保留）。已知的现象有：1.古路面宽约10米，位于今路面（宽47米）中部。2.古路面中部高出两侧数厘米。3.古路土夹有小礓石块，坚硬，似经夯实。4.路面两侧有较宽的散水坡，再两侧似有排水沟。5.秦代路面以上10厘米处有一较厚的踩踏层，按平均年堆积厚度推算，可能是南北朝（汉？）时期遗存，是否说明当时频繁使用直道？

中午电建林，告调查、发掘情况。又电郭周虎，彼晚8时许驾车来到太白。

今日大刘诗《秦直道祭蒙恬》：

> 天路漫漫接北斗，
> 烟消塞上遁匈奴；
> 宫中快骑疾飞至，
> 轻松索得将军头。

12月5日　星期二　晴

早，气温零下9摄氏度。上山后林木荒草凝霜，玉枝琼挂，恰似满山遍野的珊瑚树，城市人绝对无此眼福。

岭上寒气凛冽，路土已冻一尺余，捡来枯枝生火，老张等五人继续发掘探沟1中部。

果如所料，直道路面中央更加高突。在路面上部出土一素面灰陶片，时代约为汉晋，可佐证路面时代。这是发掘几天来唯一的一件遗物，殊为珍贵。

经发掘，确认直道东侧（靠沟一侧）无排水沟，同时找到靠沟一侧的埋谷现象，即秦代堑山土的堆积层，甚为可慰。

同时，大刘等三人去直道东约2公里处的烟筒峁烽火台调查。发现台呈圆锥体，高5米，周长33米，夯土层厚10~12厘米。

为凑中午的阳光，午饭后1时即上山。绘探沟1平、剖面图，照相。后，又在探沟中部横向再挖一探沟，以解剖路面以下地层。日头西坠，朔风又起，众人冻得腿脚僵冷，坚持至5时收工下山。

同时，大刘等三人继续用GPS测量直道，从近沟口至葫芦河对岸共1公里余，至收工，直道测量全部结束。

今日大刘诗《秦直道咏武帝》：

> 直道长剑插敌腹，
> 金戈铁胄势破竹；
> 闻得武帝旌旗动，
> 单于鼠窜抱头走。

12月6日　星期三　阴间小雪

早，气温零下4摄氏度。

上午，老张等四人继续对探沟1钻探、发掘、绘图、照相，近午结束。遂回填探沟1，并给民工发工资。

午饭后，考古队撤离太白镇。应陈兰局长的推荐，一行先至直罗镇公安派出所，鉴定该所收缴的一批文物。又去羌村杜甫故址考察，然后返富县县城。

晚，县文物旅游局局长陈兰、县政府办公室张主任等设宴为考古队一行洗尘。其间，刘副县长走宴至席，致意并劝酒一巡。

是夜，宿于县宾馆。

山上沟里一个星期的摸爬滚打，全身脏得不行，大家把热水放大，狠狠地洗了一通。

12月7日　星期四　小雪转阴

早饭后陈兰、永亮来送行，考古队返西安。

先至高陵马家湾的省考古所基地，放置发掘、绘图等考古器具，再回西安，至家已晚上7点。

此次考古发掘，自2006年11月30日始，12月7日止，凡8天。考古日志记录至此结束。

2007年富县考古日志

4月9日　星期一　晴

早近9时,陕西省考古研究所张在明(以下称老张)、张占民、李增社,西北大学考古硕士研究生王有为(下称小王),技工小张组成的秦直道考古队乘车北上。

午至富县,县文物旅游局局长陈兰、副局长李春阳,县文化馆馆长王永亮等宴请一行。饭后,购买劳保用品。俄顷,延安市考古所所长王沛、副所长袁继民等也来富县,处理石油部门在秦直道上打井采油一事。王、袁云,不日将去考古队慰问。

下午6时许,考古队至太白镇。94公里的309国道竟然颠了近两个半小时,而甘肃境内的国道却坦平如砥,行驶如飞。一车人称赞甘肃公路局局长的同时,口诛笔伐陕西的公路局局长,将其口头枪毙N次矣。

考古队仍下榻太白饭店,住宿安排妥当。晚饭时,联系明日所用民工,老张强调安全,并分工,布置工作。

4月10日　星期二　晴

8时吃饭,8:30出发。共上六位民工,继续车路梁段秦直道的调查、发掘。

为了进一步印证去年的发掘,在探沟1北部200余米处的宽阔平坦处选点,开挖探沟3,宽度同前。

下午，占民、增社留守，熟悉秦直道资料，算账。老张率人继续发掘。

3时许，延安市考古所王沛、袁继民，县文物旅游局陈兰、李春阳等来工地，老张介绍去年和今年的发掘情况。后，诸人来驻地看电脑里去年的发掘资料，近5时离去。

4月11日　星期三　晴

（见第四章"孤村夜语——考古日志选"《黑户》）

4月12日　星期四　晴

全天发掘。

探沟3发掘与年前的探沟1差异较大。至午，已见三层路面。

4月13日　星期五　晴

今日兵分两路。老张、增社及富县陈兰、永亮、春阳调查埝沟直道，其余人继续发掘探沟3。

调查了八卦寺、马莲沟东直道，全程GPS测量。该段直道的一部分路面被开垦种地，耕作人也是黑户，居住在直道堑山面的土窑里。从土窑门前停放的三轮机动车看，日子过得明显比黄土梁沟的黑户好。

最后，对靠近甘泉县直道一侧的寨子山进行了调查，发现龙山、商周陶片及秦汉夯土基址、绳纹筒瓦、板瓦，初步确定为行宫遗址。

全天步行30余里，人困马乏。

下午，延安考古所王沛、袁继民买了一只羊来队，并亲自炖羊肉，晚饭大吃一顿，香。

4月14日　星期六　晴

上午再次兵分两路。老张、增社及延安所王沛、袁继民，富县永亮、春阳步行调查葫芦河南直道，其余人继续发掘探沟3。

步行调查20余里，全程GPS测量。发现了较为完整的上山段直道和长约400米，保存状况好于葫芦河南车路梁的一段直道。

下午全体发掘。老张安排自己离队后考古队的工作。

4月15日　星期日　晴

上午，老张返西安接国家文物局专家组叶学明先生，技工小张因事离队，考古队由张占民负责。

继续发掘探沟 3。在第二层硬土面上发现踩踏面两处，宽 45~50 厘米，厚度待解剖。

4月16日　星期一　阴转晴

发掘停一天。

因增社赴榆林参加长城普查，财务账、现金交占民。下午，增社与占民、小王赴富县，洗澡休整。

4月17日　星期二　阵雨转晴

上午，占民、小王返回太白，继续发掘探沟 3。

技工小史、小阎来考古队。

4月18日　星期三　晴

上午新开探沟 5，给探沟 4 绘图、照相。

下午同时发掘探沟 4、5。在探沟 4 内侧发现排水沟。

4月19日　星期四　晴

继续发掘探沟 4、5。在探沟 4 第三层路面东部发现几道沟，不知何因。

4月20日　星期五　晴

继续发掘探沟 4、5。

下午，老张接国家文物局专家组叶学明先生来考古队，老张介绍发掘与调查情况。

4月21日　星期六　晴

上午，全体来工地。叶学明先生仔细查看了去年和今年发掘的 5 个探沟，并对正在发掘的探沟 4 进行指导，指出存在问题。

下午继续发掘探沟 4、5。叶学明先生与老张、小王调查大麦秸沟直道，在后麦秸沟发现一处清代张姓家族墓地和秦汉遗址。

晚饭后开会，叶学明先生讲解考古发掘存在的问题，与大家进行交流。

4月22日　星期日　晴

上午，全体在工地。

经叶学明先生观察，确定探沟5已挖至生土，大部分路面无存。证实该探沟与探沟2一样，选点存在问题。嗣后，探沟4向北扩5米×5米探方，集中全体人员发掘。

下午继续发掘。近3时，老张陪叶学明先生离队赴延安、榆林。

4月23日　星期一　阴转雨

上午继续发掘探沟4-T1，同时发掘探沟5。

下午因雨休息半日，小王去庆阳购物。

4月24日　星期二　晴

全天发掘探沟4-T2及探沟5。

富县陈兰陪内蒙古作家来工地考察。

4月25日　星期三　晴

继续发掘探沟4-T2及探沟5。在探沟5外侧发现夯土，夯层明显，厚度约6~7厘米。

4月26日　星期四　晴

上午发掘探沟4、5，下午因所租吉普车无牌照躲避检查，停工半天。

下午，老张、王师送叶学明先生离延安后，经富县返考古队。

4月27日　星期五　晴

因考古所里车辆紧张，早饭后王师开车返西安。

全天继续发掘探沟4、5。

探沟4北部再布一方。

探沟5外侧的夯土宽8.5米，外侧高2.3米，夯层厚14~15厘米。内侧高0.5

米。夯土中部有一沟，可能是后期山水冲刷所致。

4月28日　星期六　晴

（见第四章"孤村夜语——考古日志选"《大麦秸沟梁探直道》）

4月29日　星期日　晴

人困马乏，休整一日。

一早，占民赴和尚塬，再转车返西安看病。

上午10时半，陈兰率富县文物局十余人来工地考察学习，老张、小王在现场介绍去年和今年的发掘情况。众人就地围坐在直道上，老张讲考古基础知识、项目由来及秦直道考古的进展。最后，陈兰号召其部下学习考古队的吃苦精神。

事毕已午1时，陈兰请老张、小王至和尚塬午餐。席间气氛融洽，老张云，希望陕西多有几个这样的局长支持考古队。

4月30日　星期一　晴有风

全天集中兵力发掘探沟4。

至收工，T1已发掘到底，绘图。T3内的夯土范围也初步摸清，已发现的路土下，可能还有一层更早的路面，遂决定将T2内的探沟进一步下挖。

岭上一下午狂风不断，黄土漫卷，众人都成了出土秦俑。

5月1日　星期二　晴

全天发掘探沟4。

至收工，似见秦代路面，原因：建于夯土上，形制与探沟1同，在其上发现汉代细绳纹陶片。如是，该探沟的三层路面的时代大致可分为秦汉、南北朝、唐宋三期，而二期使用的时间最长，路面向外（靠沟一侧）移。

5月2日　星期三　多云转零星小雨

早照相T1，接着挖探沟下层，至午完成，绘图、照相、录像。

下午回填探沟4，同时继续探沟5的扫尾、绘图、照相。

下午，租用的吉普车上山途中抛锚，等至6时多还不来，全体挤在三轮农用车上下山。中途遇抛锚的吉普，一车人帮忙修车，又推又拉，最后用三轮将吉普拖至太白，已晚上8时矣。

5月3日　星期四　晴

租用的吉普不能来，考古队与民工同乘三轮上山。中午不能下山，自带方便面、烧饼、开水为午饭。

全天发掘停顿的探沟3，同时继续回填探沟4。

至收工，探沟3外侧的夯土已清楚，路面发现两层，但内侧的排水沟尚不能最后确定。

由于今年发掘的探沟3、4、5外侧均有夯土，下午，对去年发掘的探沟1又进行了钻探，最后再次认定其外侧确无夯土。这说明，修筑直道时有无夯土是本着因地制宜的原则，而不强求一致。

晚上，太白村土霸穆朝娃醉醺醺地来到考古队，提出因找民工辛苦，要在民工工资中提成（日工资40元，他抽10元），与老张反复纠缠，被拒绝。其借着酒劲威胁说"不答应明天就干不成"，遭老张怒斥，彼马上又软下来，称"喝多了"，后悻悻离去。

5月4日　星期五　晴

继续发掘停顿的探沟3，同时回填探沟。

上午，老张赴平定川考察保全寺、张沟门石窟。三年前，老张与日本学者前往考察时，因车辆抛锚近在咫尺而返，此次才了一夙愿。11时许返工地。

至收工，探沟3下层已暴露，有车辙辙梁等遗迹。但内侧排水沟尚不清晰。回填比预期的快，探沟4、5回填毕，探沟1也回填了大部分。

下午近5时，陈兰陪铜川市文物局前局长董一俊、耀州窑博物馆馆长薛东兴、故宫某人来工地参观。老张介绍发掘情况。东兴还馈赠了西瓜、香蕉、桃等水果。

晚上，穆朝娃又来考古队纠缠，被老张、小王、小史再次拒绝，彼骂咧咧地离去。

是夜，老张检点并锁好现金，嘱队员注意门户，防止意外。

5月5日　星期六　晴

上午，继续回填探沟1，并全力发掘探沟3。近午，终于发现探沟内侧的排水沟，至此，探沟3发掘全部结束。遂绘图、照相、回填，至午1时完毕下山。

午饭后，结太白饭店食宿账。先是小王、小史，后老张出马，与老板娘、老板协商，力求减免优惠，磨嘴近一个小时。最后，以老板减免350元而结束。

后，以每天35元结民工工资，穆朝娃每个工提5元，与其结清。

近5时，考古队收拾行囊离太白，7时至富县，陈兰在县宾馆等候。适逢黄金周，宾馆房价暴涨至260元（去年12月仅120元），经陈兰联系疏通，优惠至180元。

晚，陈兰、永亮为考古队饯行。饭后，队员大洗一通（不少人已一个月未洗澡），洗下的污垢能上两亩地。

5月6日　星期日　晴

早，陈兰、永亮来宾馆，请考古队吃早饭。饭后又赠以当地特产苹果、油糕，惜惜相别。

午，一行至基地，张建林副所长请吃午饭。饭后，安排小王、小史留基地整理两天资料，其余人返西安。

此次考古发掘，自2007年4月9日始，5月6日止，凡28天。考古日志记录至此结束。

2008 年黄陵考古日志

12 月 18 日　星期四　晴

早,秦直道考古队领队张在明(下称老张)与李满仓(下称老李),技工小朱、小张乘车发西安,至黄陵店头午餐。购手套、矿泉水等。下午 2 时,至子午岭西侧约 8 公里的甘肃宁县桂花园林场。很顺利地在林场招待所联系好住宿,每铺 20 元,基本干净,还有暖气,尽管厕所在室外 60 多米处,仍幸福得无以复加。

继而上子午岭的南桂花,勘察地形,开始钻探。又至兴隆关,邀当地住户老宋看南桂花地形。近 6 时,初步钻探的几个钻孔显示,3 米内均为花土(即夯土),且东部硬度高于西部,此结果支持当初的假设(十几天前来此调查时,老张初步判定,此地长约百米的直道是一大型的人工填方工程),可谓出师顺利。

夜看星空,奇怪的是,比起十余天前的宁县九岘乡,星星竟少了许多,令人百思不解。

12 月 19 日　星期五　晴

早 9 时至南桂花工地,经汽车里程表测定,桂花园林场驻地距此地 14.7 公里。分兵两路,一路发掘探沟,一路钻探。用民工三人。

在南桂花堙谷路段东北侧开挖探沟,以摸清堙谷填方情况。至下班,发现填方夯土。钻探也发现夯土,均与判断吻合。

露天午餐,和三民工一起吃方便面。

12月20日　星期六　晴

仍分兵两路，分别挖探沟、钻探。用民工三人。

早因民工未到，老张、老李驱车勘探调查兴隆关以东蚰蜒岭直道。初，路狭窄难行，两人不时下车，指挥越野车倒车、越沟、急拐弯。至花家坡西，发现典型的堑山路面，长约300米，宽约30米。极兴奋，该路面可能是黄陵境内最好者。

昨日探沟基本结束，在其下又挖一探沟，其内也有填方夯土。然二探沟内夯土之夯层均不明显。

钻探继续，基本摸清该段直道三个面的界线。

午餐仍吃方便面。因降温，寒风露天甚苦。

12月21日　星期日　晴　冬至

（见第四章"孤村夜语——考古日志选"《马莲崾岘被狗咬》）

12月22日　星期一　晴

又是一夜寒风，温度零下16摄氏度，比昨日稍高。子午岭上西风刺骨，众人捡来枯枝、树根，生火取暖。

继续挖探沟、钻探。

从东向西看，这段填方直道很像一断面呈梯形的堤坝。昨日，在堤坝外侧开了两段不相连的探沟，今天，又在最下部开了一段，三段探沟呈一线但不相连。至收工的结果显示，三段探沟里均发现土石混筑的夯土，但夯层仍不清晰。

午，在一废弃的土窑里笼火，开水泡方便面。比露天强多了。

12月23日　星期二　晴

继续发掘探沟。近午结束发掘，绘图、照相。

给老宋等三位民工结清工资。方圆二三十里就住了这仨，都是好人呀。

考古队返桂花园，退房，收拾东西，出发下山。下午4时至宁县县城，宿一小宾馆，好像回到热带一样。街上吃羊杂碎，热而香。

开始整理资料。

12 月 24 日　星期三　晴间多云

整理资料一天。

至晚,南桂花直道的平面图、剖面图完成,探方记录初稿晚,待回去再输入电脑。

12 月 25 日　星期四　多云

早饭后,考古队经西峰、长武返西安。

此次考古发掘,自 2008 年 12 月 18 日始,12 月 25 日止,凡 8 天。考古日志记录至此结束。

2009年富县、洛川考古日志

该考古发掘，系陕西省考古研究院配合青（岛）兰（州）高速公路陕西境青皮塔—雷家角段建设的项目，经过一星期的紧张筹备始成行。

2月28日　星期六　晴

早7时，张在明（以下称老张）、姜家乃（下称小姜）至西安火车站，接自太原而来的山西省考古所罗新（下称老罗），至陕西考古研究院附近一宾馆安顿。一同再至院里商议接技工及开工地事，至午方散。

3月1日　星期日　晴

老张购买照相记忆卡、文具等。

一天内，山西、河南技工和鹏、毕德群、张延录、王宏乾、张明菊五人至西安。晚，老张、小姜、老罗与五技工宴于研究院附近的永丰川菜馆，为众人接风。

3月2日　星期一　阴间雪

早，老张、老罗、小姜率技工共八人自西安发，研究院配基办王小刚陪同，午至富县。青（岛）兰（州）高速公路富县项目部郭睿请吃午餐。

后，延安考古所所长王沛、文物局副局长刘智来，彼等正在宜川进行文物普查。稍停，与富县文物旅游局陈兰局长同赴五里铺工地。至，见葫芦河南岸桦沟口秦直道的盘山路已遭施工方破坏，幸亏前一段陈兰组织博物馆成员和文保员阻挡（双方对立最僵时，我方人员曾躺在施工方的推土机前），暂时制止了施工，使得这段直道的破坏尚不严重。

又同至甘肃合水太白镇，宿老地方太白酒店。因停水，房间无暖气。陈兰等人返县城。

晚饭后约参与上次发掘的村民白树成来，商议租车、用民工等事宜。

3月3日　星期二　多云间晴

早至工地，老张、老罗布置技工钻探后，与小姜、张明菊步行勘查上山的盘山路。结果与06、07年印象略同，盘山路弯向南的侧沟的一段自然塌毁严重，上一台阶后路面现象较好。勘查约1公里返回。

下午继续钻探。老张、老罗与小姜、张明菊勘查河北车路梁直道。

3月4日　星期三　阴转雨夹雪

上午开始布探方，并开始发掘。

午后结清太白饭店的住宿及餐费，购物，搬家至太白镇西一民居内。陈兰、王永亮冒雪来工地探视慰问，馈以苹果、香烟，甚感激。晚同餐后二人返县城。

3月5日　星期四　晴转阴

上午上三民工，继续布方，加上昨日共布26个5米×5米的探方，同时开挖。下午又上四民工，开挖3个探方。至下班，各个探方有路土、夯土、砖瓦堆积等现象出土。

第一次自己做晚饭，小姜手艺颇佳，做有排骨、鸡爪等菜，众人赞不绝口。

3月6日　星期五　晴转多云

（见第四章"孤村夜语——考古日志选"《白胖子、黑胖子》）

3月7日　星期六　晴转多云

全天发掘。多个探方发现车辙、瓦片堆积。

3月8日　星期日　晴转多云

全天发掘。

上部探方发掘一中年男性土坑墓。

车辙显示，这里的道路似分为早晚两期。

3月9日　星期一　晴转多云

休息一日，兼整理资料。

出来一个多星期了，每天在土里滚打，浑身上下脏得不得了。下午，老张率小姜、和鹏、王宏乾、张明菊至十几公里外的和尚塬洗澡。和尚塬原为张家湾镇的一个山村，因出石油猛然繁华，当地人称为"小香港"。跑了一条街的澡堂皆停水，老张戏曰：香港也停水。众人笑。

下午文保员焦怀章电，怕得罪人不愿减人。

3月10日　星期二　晴转多云

全天发掘。向沟方向的探沟又扩方。

因窝工必须减人，怕引起反弹，上午下班时采用小姜的建议抓阄，顺利地减去八人。

下午，高速公路项目办郭睿来太白，接老张、小姜、毕德群至洛川，对该县高速公路一线的两处文物点进行考古发掘。晚宿洛川宾馆。会延安所所长王沛、洛川博物馆馆长刘忠民。

至此，考古队兵分两路，秦直道工地由老罗临时负责。

3月11日　星期三　阴转雨夹雪

租用洛川博物馆小军车辆。

郭睿陪同老张、忠民、小姜、毕德群赴厢西堡寺庙遗址。至，同九标负责人接头后开始调查。午在九标职工食堂用餐（排骨真骨感！）。餐后，标段派两湘籍工人到工地协助发掘。

考古分工：老张全局、照相；忠民联系食宿、现场记录；小姜开车、测量、后勤；小毕钻探、绘图。分工协作，配合默契。

厢西堡庙为石窟式，内壁画、造像均无存。经发掘了解，庙前有一高33厘米的前台，台上分布4个石柱础，并发现一通清道光年的"重修大佛庙碑"，碑文书法上乘，保存完好。忠民安排租三轮车将碑运回县博物馆。

午餐后雨夹雪越下越大，四人冒雨雪完成发掘。下午5时返县城，宿府前街秦龙宾馆，晚饭吃羊肉面，香极。

3月12日　星期四　多云

早饭后老张至富县，与省考古研究院焦院长、王沛、刘智、袁继民、陈兰及延安电视台二记者会面后同赴太白，视察秦直道考古工地后返洛川。

老张接受延安电视台采访，简要介绍发掘情况。

以下为刘忠民所记：

  我与姜老师、毕师傅于10点钟回到洛川，将宾馆房子退了，在县城购买了米格纸、绘图板、手套等工作用品，于11点进发大山里的厢寺川。由于昨天下雨，道路受重车碾压，一路泥浆，一路凹凸，几次深陷泥潭，进退两难。好不容易等来一辆农用三轮，因没有绳拉不成，只好求他们共同推车。多亏姜老师技术好，在泥泞中于下午2点多到八标段。接待我们的是办公室主任杨震，杨答应配合发掘，可以在标段灶上吃饭，但住宿无法解决。

  我们中午在林场门口食堂吃了油泼面，又到标段找杨，他派了两名年轻人给我们带路，到寺庙遗址现场踏查。遗址表面有部分砖瓦、脊兽、石柱础。由于土地泥泞，无法发掘，三人商量后决定明天开始工作。

  当晚住厢寺川度假山庄，条件较好，住宿费每人30元，有电视，暖气不热，晚上还是冷。

  标段确实太忙，但杨为人狡猾，只认主管领导，对我们不重视，吃一顿饭很为难。

  姜老师用水洗车，露出面目。

3月13日　星期五　晴

早饭后由于车胎漏气，三人步行上工地，刚走不远，小军同张老师从洛川赶回，遂一同上工地。实地踏查后，发现遗址大部分被破坏，地面暴露许多砖瓦、石柱础。柱础可分为二类，还有一件不知名的石质构件。

我们在工地拍照后与杨联系，杨口头答应派机械和人员，但迟迟到不了位。张老师发了火，打电话给高速公路项目办的郭睿，说明破坏文物的责任完全在于施工方，我们已经照相、取证……不久，杨震亲自到现场协调，于11点钟带领我们吃午饭。下午派一辆挖掘机和七名工人配合，考古发掘总算得以顺利进展。

考古清理后，在寺庙遗址东侧发现一道墙基。天色不早，与工人一同收工回家。

大型机械的力量是不可想象的，一台机械可以顶上百个工人，如果没机械配合，很可能要四五天才能完成。

厢寺川的温度比洛川县城低，晚住在窑洞倍感寒冷，只好钻进被窝御寒。

3月14日　星期六　晴

初春的厢寺川真冷，睡了一夜腿还是冰的。

8点吃饭后到工地，有五名工人在等我们。按照分工，张老师照相，毕师傅绘图，我做记录。经过仔细记录、测量，于12点完成李家庄寺庙遗址的考古发掘。

此遗址可能是宋代遗存，坐北面南，基址内有两株古榆，其中一棵老树树围近5米，树干全空。张老师搞这样的发掘确实是牛刀杀鸡。

中午12点从厢寺川出发，1点半回到洛川，同焦院长一起在拓家羊肉馆用餐。下午张老师一行回富县。我在家整理资料，焦院长叫车返回西安。

以下又为老张所记：

接数个来电，告知延安电视台播出秦直道发掘的新闻。

3月15日　星期日　晴

早，老张、小姜再至洛川，取刘忠民输入的发掘记录。又参观洛川民俗博物馆。下午返富县，接得陈兰提供的面包车赴太白镇，至时已晚7时矣。

晚看到延安电视台播出的秦直道发掘新闻。

3月16日　星期一　晴

全天发掘，用民工七人。

今天西安最高温度24摄氏度，此地仍在零下，早上仍寒冷，生篝火，看熊熊火苗，才体会到原始人对火崇拜的原因。

又有探方发现车辙、瓦片堆积。老罗推测,上部探方的建筑可能是半地穴式,似有道理。

3月17日　星期二　晴

全天发掘,用民工八人。

中部探方的路肩清出,与山上路肩略同。在上部探方向上约30米处发现车辙辙梁,然距山根仅1米余,不解。下部探方终于发现车辙辙梁,稍慰。

姬乃军电,云陕西卫视播出了富县工地的考古发掘新闻。

午,老张电国家文物局专家组叶学明先生,汇报工地发掘情况,叶先生嘱,一定要争取保护该段遗址。

下午,华商报铜川记者站站长王卫平来工地采访。老张简单介绍情况后,吁请媒体支持保护该遗址。

下午5时,老张、小姜、毕德群、王宏乾察看河北车路梁直道。

3月18日　星期三　晴

早,老张、小姜、毕德群赴张村驿进行发掘。考古队再次兵分两路,太白方面由老罗负责。

近午,至张村驿镇20标指挥部,其副经理爱理不理地说不知考古发掘一事,无奈老张再电项目办小郭。

下午2时,三人再去时其王经理态度大变,立派李总工陪同去现场。至后,调查认定现场为一秦汉时期遗址,绳纹瓦遍地,钻探报告提供的2座窑址已遭破坏。三人与工地负责人丁队长商妥,明日一早来设备、工人,进行发掘。

接老罗电,云陕西卫视播出富县直道发掘后影响较大。下午,建设方设计部门来直道工地,了解情况并计划高速公路改线事。

老张电陈兰,希望考古方与县上配合,力争将直道考古现场保护下来。

3月19日　星期四　晴转多云

(见第四章"孤村夜语——考古日志选"《找边》)

3月20日　星期五　晴转多云

全天发掘。下午,陕西文物勘探公司陈建斌一行五人来工地,老罗接待。事后得知，彼等看到电视播出直道发掘，知钻探有误，来探深浅耳。

桥沟窑址亦发掘一天。下午 3 时许，老张接电，即返西安接叶学明先生。小姜、小毕干至 7 时结束，当晚，二人宿于直罗镇。

3 月 21 日　星期六　晴

全天两地发掘。

3 月 22 日　星期日　晴转多云

全天两地发掘。

3 月 23 日　星期一　晴转多云

早 7 时，老张至火车站接得自北京来的叶学明先生，至考古研究院见张建林副院长。后，老张、叶先生、建林 10 时出发，经长武、西峰，下午 5 时许至太白。遂参观工地。

3 月 24 日　星期二　晴

全天发掘。至今，已开探方 43 个。

上午，叶学明先生再次视察工地。老张陪建林上山考察车路梁直道及前年发掘旧址。午饭后，建林赴绥德验收该县文物普查。

技工张明菊母亲病故，与建林同车至富县，再返山西。毕德群陪同送至西安。

3 月 25 日　星期三　晴转多云

全天发掘。

下午，叶学明先生再次至工地指导，对上下两层车辙辙梁等现象进行解剖。

3 月 26 日　星期四　晴

全天发掘。

早，老张陪叶学明先生离开太白，技工张延录因妻子病同车离队返山西。午至富县，张延录上高速公路乘班车离去。陈兰、王永亮宴请叶、张二人。后与自绥德普查验收毕的张建林会合返西安。安排叶学明先生宿于长安会馆。晚，王炜林副院长、王占奎来，同进晚餐。

3月27日　星期五　晴转多云

全天发掘。

上午，老张、建林陪同叶学明先生至省文物局，向刘云辉副局长汇报富县工地发掘情况。

3月28日　星期六　晴转多云

全天发掘。

老张送叶学明先生至机场，叶返京。

3月29日　星期日　晴转多云

全天发掘。老张在西安写发掘汇报材料，购买帐篷、文具。

3月30日　星期一　晴

全天发掘。老张在西安查资料，购买梯子，筹备出发。

3月31日　星期二　晴

全天发掘。

上午，陈兰陪同富县领导、延安电视台台长等来工地参观，老罗介绍发掘情况。

早，老张与范培松、陆中明、陈宏喜、闵榆林、徐支和、刘建国、崔世凡、高洺、温芝芬、赵丽等人自西安出发，下午4时许至太白，参观工地。

4月1日　星期三　晴

直道全天发掘。

早8时，老张陪范、陆、陈等人参观河北车路梁直道及过去发掘之探沟，众人兴致颇高。10时许下山吃饭，后经富县返西安。

近午，陈兰率该局全体人员及陕报记者张玲玲来工地，老张介绍情况。后，陈兰邀老张、老罗至和尚塬吃饭。

下午，老张陪张玲玲又登车路梁直道，讲解历年发掘情况。4时许再至工地，老罗补充介绍发掘近况。

4月2日　星期四　雪雨

早至工地发掘，未几飘雪，后雪雨交加愈大，浑身皆湿，10时收工。

下午休息半日。

4月3日　星期五　晴

全天发掘。

上午，又开2探方，至此共开探方48个，用民工十三人。

技工张延录离队后至今无音信，其负责的上部探方发掘搁置。老罗率和鹏、毕德群对上部探方的建筑遗址进行再次钻探、分析。近午，老张、老罗商议后决定，暂时收缩战线，仅留三民工细清所开探方。

下午，老张、小姜及房东之子陈天明至富县张家湾镇，对该镇的两处高速公路沿线文物点进行初步调查。其一遗址，已遭严重破坏，其二石窟，工作量也不大。遂决定明日分兵两路发掘。三人下午6时返太白。

4月4日　星期六　晴

老罗留守，直道全天发掘。

早，老张、小姜、小毕及天明至张家湾镇川庄村。其村南的遗址严重破坏，调查后发现，高速公路南侧挖过的土坎上还残留有少量灰坑，遂开2探方发掘。至晚7时，共挖灰坑3个（其中1个又被2个灰坑打破），坑中发掘出不少陶片，属仰韶文化庙底沟类型遗存。

午餐于川庄村天明亲戚家。

晚宿于张家湾镇小旅社，脏、破、阴暗，无奈。

4月5日　星期日　晴

直道全天发掘。

早，老张等四人至张家湾镇曲儿村东的石窟调查，至午1时，测量、照相、记录完毕七处石窟及两处摩崖题刻。

午饭后四人至和尚塬。小毕、天明洗澡，老张、小姜至埝沟内黄土梁沟探望前年结识的黑户。返和尚塬后等待从山西归来的张明菊，晚7时一同回到太白。

4月6日　星期一　晴

全天发掘。

晚,北京叶先生电,询发掘情况。

4月7日　星期二　晴

直道全天发掘。再次分兵两路。

早,老张、小姜、毕德群发掘维摩寺遗址。11时至赴富县,接得县文物旅游局王副局长、小安,至茶坊镇眉毛寺村。现场查看后与施工方联系交涉,对方同意将施工红线让出2米。如此,维摩寺遗址的中轴线基本可以保存(在陕北,明清寺庙遗址仍保存中轴线的,并不多见)。另,施工方还同意出挖掘机、民工协助发掘。出师顺利,虽至2时才吃上午饭,大家仍很高兴。

饭后,联系住宿于甘泉县道镇一小旅社。

下午现场调查、钻探,为明日发掘做准备。

小安因接小孩,老张决定其不参加发掘。

上午,省铁路设计院某院长、总工等至直道工地,老罗接待。商议后,院长、总工现场拍板改变设计,保护桦沟口直道。又是一个好消息。

4月8日　星期三　晴

直道全天发掘。

早,老张、小姜、毕德群至维摩寺遗址,指挥挖掘机清理现场。10时许,王副局长、李春阳至,遂布方发掘。

下午,民工增至十人。这里靠近西安至延安的大路,雇来的民工全然不如直道的民工,干活时整个一个电影的慢动作,个别的使人想起边区时的改造对象二流子,真是急死人。

工地地处山口,风大,黄土漫扬,昏天黑地,人几乎站不住。干至4时收工。

回旅社后洗澡,每人洗出黄土2斤。小姜淘洗耳孔、鼻孔,出土半斤。

4月9日　星期四　多云转阴再转小雨

直道全天发掘。

又是风里土里一天。早，老张对两个二流子发了脾气，民工干活效率提高了。一天下来，布的9个探方大部见了底。维摩寺前殿、后殿的西山墙都已露头。其他探方中多为扰坑，出有少量仰韶、龙山、汉代陶片，1枚"开元通宝"铜币及大量明清瓦、陶、瓷片，建筑现象少，遗憾。

4月10日　星期五　晴

直道全天发掘。

昨晚小雨，今日晴，空气清新，工地少有灰土，不错。

上午，老张照相。后殿西山墙清理近尾声。小毕上山调查，采集到仰韶晚期的灰陶宽沿瓮等陶片。

午饭后，老张至富县，与自西安来的中国秦汉史研究会会长王子今、北京大学赵化成、西北大学张宏彦、广东肇庆学院周苏平教授及陕西考古研究院院长焦南峰会合，下午5时至直道工地。五人仔细看了发掘出来的路面、车辙辙梁、建筑遗址等，并与老张讨论直道的修筑方法、绳纹瓦断代等问题。

晚，诸教授与考古队聚餐，后又返太白饭店饮谈，并贺老张花甲生辰。说起西安事（老焦辞职等）皆叹惋。

老张感言：六十之际，唯知感恩。

4月11日　星期六　晴

全天发掘。

早，老张、老罗陪诸教授上山参观车路梁直道。近11时，诸教授经合水返西安。

下午，老张写《直道保护设想》。

小毕离队回家。

4月12日　星期日　晴

全天发掘。

上午，用白灰画出直道保护界限。老张给新出土的车辙辙梁照相，注意到一些辙梁上铺有碎礓石，盖新发现也。老罗安排对原出土的车辙辙梁再清理，并逐一洒水，铺草帘子保护。

下午，老张、小姜清洗其他6个发掘工地出土的陶片，准备撰写发掘报告。

4月13日　星期一　晴

全天发掘。

上午，老张给探方的车辙照相。并与老罗、小姜在直道下方施工方开挖的沟内调查，发现了与直道平行的长约90米的夯土，估计是直道护坡的延伸。

下午，老罗、和鹏对施工沟内的夯土再调查，证实夯土长60余米，并刮出夯土层面。

约3时，高速公路项目办郭睿来队，拷走《直道保护设想》。老张、小姜去镇上网吧，将《直道保护设想》发给考古研究院王小刚。返队后继续拍照清洗过的陶片，至下班，桥沟遗址的陶片照完。

4月14日　星期二　晴

全天发掘。

上午，老张、老罗在施工沟内调查，测得夯土护坡长66.5米，又刮出两处夯土层面并照相。老张继续探方车辙的照相。

下午，施工方动用挖掘机蛮横地在直道上方白线以内挖掘，将部分直道护坡损毁。老罗阻止时和对方发生冲突，我方据理力争后施工暂停。

老张、小姜继续清洗陶片，至下班，川庄、维摩寺两处遗址的陶片洗完。

晚，结清技工3月份工资。

4月15日　星期三　晴

全天发掘。

上午，老张、老罗在昨天护坡损毁处调查，发现护坡夯土。后又上山沿"之"字形盘山道调查，为下一步发掘做准备。

近10时，富县文物旅游局李春阳等来工地，察看发掘现场后随老张回队部，看发掘照片，拷走《直道保护设想》。

中午下班前，发3月份民工工资，共计9000余元。

下午，老张拍照2个探方的车辙。后与小姜回驻地拍照昨日清洗的陶片，至下班，川庄、维摩寺遗址的陶片照完。

4月16日　星期四　晴

全天发掘。

上午，老张拍照从上部护坡刮出的剖面。

近午，甘泉王永刚、县文联主席刘虎林等四人来工地，看现场后回队部午餐。老张云：考古队沿用三峡考古的老规矩，来者管吃管住管喝酒。席间畅论古今，洽甚。共饮白酒2瓶、啤酒7瓶。

下午，老张拍照2个探方车辙。后与小姜回驻地清洗厢寺川遗址陶片。

4月17日　星期五　晴转多云

全天发掘。

上午，又开1探方，至此共开探方63个，用民工十二人。老张拍照2个探方车辙。后与小姜回驻地拍照厢寺川遗址之陶建筑构件、铁磬等。

上午即清理来工地的道路，洒水，传有要人看工地。下午3时许来三年轻人，穿着时尚。其中挂"青兰高速公路建设指挥部工程师"胸牌的男子告老张、老罗，要考古队撤离。问原因，答曰：业主（即大老板）要来，出于安全。老张、老罗瞠目，押曰：太过分了。三年轻人离去。未几，十余辆越野车至，在工地看一圈走人。

5时许，国家历史博物馆信立祥先生、梁云等四人至。老张、老罗介绍发掘情况后，老张陪同上山参观。一登上车路梁直道，信立祥先生惊呼："啊呀，只有秦始皇才干得出来。"褒贬尽在其中。

晚聚餐于考古队，饮谈甚洽。

下午小毕自山西返队。

4月18日　星期六　阴转雨

全天发掘。

早饭后，信立祥先生、梁云四人赴延安。

下午，老张、小姜赴西安，因天晚、车灯不亮等，晚宿于富县。

4月19日　星期日　多云

直道全天发掘。开挖工地上方直道探沟。

下午，老张、小姜至西安。

4月20日　星期一　晴

直道全天发掘。

上午，老张至医院探望陈兰。后出席陕西省作协等单位召开的"秦直道研究与保护研讨会"，发言，谈及黑户等。

4月21日　星期二　晴

直道全天发掘。

老张整理6个报告，去财务借钱，购物。小姜修车，购买手推车，购物等。

4月22日　星期三　雨

上午直道发掘，下午发掘遇雨，停工。

老张参加陕西长城普查验收会。

4月23日　星期四　多云

全天直道发掘。

下午，老张、小姜、刘彦博自西安至工地，查看离队数天的直道发掘情况。

晚11时，考古测绘公司小赵、小强至太白。

4月24日　星期五　晴

全天发掘。

上午，老张、小姜、刘彦博上山，调查车路梁垭口以北直道，发现秦汉绳纹瓦、直道夯土、路土剖面等现象。

下午，老张、小姜、刘彦博、小赵考察工地以南盘山道，为测量做准备。发现：第五个"之"字形直道的尽头进入山脊，并折向南，第一组盘山道结束。

工地上方探沟清出4个脚印，深感意外，也算一新发现。

晚，刘彦博相告，彼中午给省文物局赵荣局长发短信汇报工地发现，赵回信要抽空来看，并转告老张注意身体云云。

4月25日　星期六　晴

（见第四章"孤村夜语——考古日志选"《发现脚印》）

4月26日　星期日　晴

全天发掘。

早，老张、小姜带小赵、小强看车路梁直道及盘山道，再次为测量做准备。后小赵去富县接测绘公司两同事，因此地测绘难度大，需人力、设备支援。

中部探方解剖，揭露出早晚两期车辙的对比关系。老张、老罗推测，目前出土的三期道路可能是秦、西汉早、西汉晚。而折向桦沟里的道路可能时代更晚，与直道无关。

晚，小赵带测绘局、煤航两同事至太白，餐于考古队。晚四人宿太白饭店。

4月27日　星期一　晴

（见第四章"孤村夜语——考古日志选"《文保员老焦》）

4月28日　星期二　晴

（见第四章"孤村夜语——考古日志选"《围剿公鸡》）

4月29日　星期三　晴

全天发掘。

一早，考古测绘公司小赵等四人离太白返西安。

近8时，老罗乘班车经西峰返西安，再乘火车回太原。

靠山夯土继续发掘，下午又在其西侧开探沟解剖夯土。

探方上部探沟发掘结束，证实直道外侧夯土护坡与更外侧夯土不相连，可能是类似甘泉方家河类型的夯土隔墙。

4月30日　星期四　阴转雨

全天发掘。

上午，老张带小毕上山，在第二个"之"字形盘山道上选点开挖探沟，其原则是地点要平、路要宽阔、树木要少。午后，"之"字形盘山道探沟开挖。

靠山夯土继续发掘，其第二个探沟发掘后发现原钻探有误。原认定的夯土似乎并没有那么大。

下午，老张拟好"探方遗物统计表"，在镇上一电脑城（好吓人的名字）出表复印。时接中央电视台《科技与探索》栏目一北京女性电,说要采访录制秦直道节目,最后很傲慢地说"录制费用要考古队出",被老张断然拒绝。

约4时风雨至,收工。

5月1日　星期五　晴

(见第四章"孤村夜语——考古日志选"《入桃源》)

5月2日　星期六　晴

全天直道发掘。

在"之"字形盘山道探沟今天又发现排水沟,其内上层为斜坡状叠压堆积土,下层为淤土。至此,直道道路的三大件(要素),即路土、夯土护坡、排水沟齐备。山上、山下发掘结果在此比对验证,是大好消息。

午建林电,询发掘情况并答应联系工地气球照相事。

上午两技工发生冲突,力劝,暂得平息。

5月3日　星期日　晴

全天发掘。

在上下部探方内均见车辙,可见对路土和车辙的把握渐趋成熟。回想前几年初始发掘时,经验不足,兼之发掘者互相沟通不够,造成失误,也是一教训。

将"之"字形盘山道探沟的排水沟发掘到底,下有碎礓石铺垫,与山上排水沟相符,可慰。

午,小姜朋友唐氏三人来队,午大饮。下午,三人参观车路梁直道及工地,近7时离队返西安。

发掘近尾,工作量渐减,下午收工前决定,明日裁民工二人,至十二人,以避免窝工。

晚近9时,焦南峰、张廷皓、赵福生、孙家洲、魏坚电,王子今同在,所言皆不经。后知,诸位时在京聚饮,皆有醉意矣。

5月4日　星期一　晴

全天直道发掘。

早老张、小姜去和尚塬购玻璃、麻纸，无获而归。

发掘显示，"之"字形盘山道探沟中部有人工开挖的与道路平行的沟槽，其后沟槽又形成自然冲沟，内出有宋元时期耀窑绿釉等瓷片。那么，1.人工沟槽的作用？毁路？防备敌军？ 2.宋元时期此段道路还在使用？在古人和自然面前，深感渺小。

下午，拍照盘山道探沟内的夯土护坡、排水沟。

5月5日　星期二　晴

全天发掘，开始清洗各探方标本。

早老张、小姜驱车进直道西侧的瓦川沟，调查可登直道的路。行20余公里，路尽，木栅栏内群羊如雪。探问二牧者方知，该沟最接近直道的小路也有3~4公里。看来，汽车可上直道唯有大麦秸沟一途也。

在"之"字形盘山道探沟内发现上下两层车辙，然均保存较差。再次观察探沟内沟槽及冲沟，仍难以定论。

今日温度达31摄氏度，穿单衣仍流汗。想初来时每天点篝火取暖，真酷暑两重天也。

下班时宣布，明日裁去所有女民工，仅留七名男者。

5月6日　星期三　晴

全天发掘，清洗、统计各探方瓦片、陶片标本。

下午，老罗与新华社记者冯国、小张至工地。

5月7日　星期四　晴

全天发掘。

早，老张陪冯国、小张察看车路梁直道。后，冯国、小张至工地拍照，10时许离去。

小姜、小毕、天明调查车路梁直道第二垭口两侧遗址。

对上部探方内的车辙辙梁、脚印浇灌石膏模型。

下午，延安市文物局姬局长、刘智及王沛、继民、双印、陈兰等来工地，老张介绍发掘情况。王沛、继民馈以西凤酒慰问，对数十年的老朋友，谢谢是说不出口的，只有心存感激了。

5月8日　星期五　多云转小雨

上午发掘。

拍照"之"字形盘山道探沟。钻探工地靠山一侧的夯土护坡，结果并没预想的大。揭取石膏模型。

午时小雨，下午停工。

3时许，老张、小姜驱车至富县，购买石膏。7时许，会合来工地参观的陕西历史博物馆马振智副馆长等五人。

5月9日　星期六　多云转雨

（见第四章"孤村夜语——考古日志选"《出土铜镞》）

5月10日　星期日　多云间小雨

因雨停工一天。

昨晚，老张与王沛联系妥。早饭后，老罗、小姜与四技工驱车赴延安参观。老张留守考古队。午，建林电，商工地气球照相等事。

5月11日　星期一　小雨

因雨再停工一天。

上午，就明日天气状况，老张与建林、陈兰反复联系，终于决定今日发车来工地进行气球照相。

下午4时许，老罗、小姜等自延安返队，晚饭吃饺子。

晚近8时，气球照相的王师傅、日本东亚大学教授黄晓芬乘研究院车至考古队。

5月12日　星期二　晴间多云

早6时起，天晴，喜。

老张、小姜、和鹏去工地，找民工揭取探方的草帘子，为气球照相、录像做准备。

上午清扫各探方。老张陪黄晓芬看工地，后又回队看发掘照片。11时，黄乘班车经西峰返西安。

下午气球照相，风大，兼照相遥控屏幕出问题，折腾了一下午始完成。午，陈兰所派录像者也至，对工地及车路梁直道均进行了录像。

晚 11 时又雨，窃喜此次决策英明，偷出一晴天，完成了气球照相和录像。晚电建林，彼很是得意了一番。

5月13日　星期三　小雨间中雨

早饭后，照相王师傅等离队返西安。

因雨发掘停，盖因考古队所借面包车千疮百孔，问题多多。10时，老张、小姜、陈天明冒雨至西峰修车。140公里竟走了四个小时。

晚宿于政府宾馆。

5月14日　星期四　小雨

发掘停。西峰修车一天。

5月15日　星期五　小雨转晴

停工一天。

下午2时，车修好。老张、小姜、陈天明至合水县博物馆联系下月在合水午亭子发掘事宜。近7时返太白。

5月16日　星期六　雷阵雨转晴

忙乱的一天。

因雨仍停工。早，老张、老罗、小姜、和鹏驱车去西约30公里处的子午岭，欲至午亭子、兴隆关一带考察，为下一步在该地发掘做准备。9时，至岭上的秦直道山庄，车熄火，反复检修无果。搭顺车下山，老张、老罗乘班车返太白。小姜、和鹏原地等待车厂的修理工来修车，至下午近4时无功而返。

半下午至晚上，又反复与西峰修车厂联系，对方不愿派人来。最后决定明日将车拖下山修理。

5月17日　星期日　晴

上午，将探方覆盖多日的塑料布揭开晾晒，照相、绘图。

约9时，自西安来的"伟宇户外"秘书长李永强（网名"华南虎"）一行十许人来。至工地连呼"张在明教授"，询之，方知系徐伊丽介绍，专程来考察秦直道也。而彼等昨日已到，看完车路梁直道后宿营山上。老张简单介绍发掘情况，其参观工地，又向老张、老罗赠送宣传品后离去。宣传品标示，该组织的宗旨是"将安全、快乐、帮困、环保进行到底"。

此事在当地小有震动。最初的判断是"盗墓的"，知道真相后的反应是"有钱没处花了"。

下午继续绘图，同时浇灌石膏模型。

中午考古测绘公司小赵、小强再次来太白，老张看其实测图，失误不少。下午，老张陪其补测工地上方"之"字形盘山道，并以GPS测量。发现第二道"之"字形路（外沿）长约310米，第三道"之"字形路比预想的更往西，长度可能与第二道相当。后又一起调查车路梁下方盘山道，在近河滩的耕地断崖间发现夯土，更坚定了原来的认识。

小姜上午再上子午岭，将车拖回太白修车厂，晚7时才将车修好开回，极为辛苦。

晚饭等小姜。

5月18日　星期一　晴

全天浇灌石膏模型，并为探方绘图。

早，老张、小毕至车路梁盘山道下方，对昨日疑似的夯土进行调查、钻探，排除了夯土的存在。返工地后回望，始觉调查地点有误，甚悔。

上午，老张、老罗、小毕对下部探方车辙中断头或接不上者进行检视，无果。

近午，小赵、小强复印探方图后离去。

午后上班，小毕不适，小姜陪其返太白就诊，血压100/180，遂歇息。

下午4时半，七辆车鱼贯过葫芦河，延安市张副市长、市文物局局长、市考古所王沛，富县某副县长、陈兰及延安电视台、延安日报记者等三十余人来工地。众人参观，老张介绍情况，其间近10部照相机、摄像机狂拍张副市长。约40分钟事毕，张副市长接过手下递上的一沓人民币赠老张，云"代表三百万延安人民感谢考古队对延安做出的贡献"，老张辞，众人力劝，遂受。后，市局馈以酒、烟、饮料。

众人离后，延安日报记者杜方远留考古队。晚采访老张等人。

晚上，老张将慰问的 2000 元钱（王沛离去时告诉老张，这钱是张副市长讲话前临时问其要的）分给考古队诸人。

5月19日　星期二　晴

全天浇灌石膏模型。

上午，杜方远在工地参观，并采访老罗等人。下午离去。

下午，开始回填靠河的 2 个空方。

老张、老罗商定工地撤出日期，并排定倒计时日程。老张、小姜安排购买沙子、回填包方、算账结账、安排回程车辆、洗照片等事。

晚上，将延安参观照片分各人。

5月20日　星期三　晴

（见第四章"孤村夜语——考古日志选"《祭奠亡灵》）

5月21日　星期四　阴转零星小雨

核对探方记录，回填。小王、小毕争吵。

上午 10 时半，省文物局赵荣局长、周魁英等来，参观工地探方及盘山道探沟，老张介绍情况。约一小时后离去。午，王炜林、陈显琪、肖健一、曹龙、王小刚在信息饭店请老张、老罗午餐。后也离去。

午接日本共同社、香港大公报、华商报等记者电，谈直道发掘的各项新发现。

下午决定，保留 4 个探方，其余的均回填。

李国栋电，云渭南普查队想念，请老张去。心潮难平。

晚核对照片与探方图，发现有误，纠正至凌晨 2 时。

5月22日　星期五　多云

全天继续回填探方，并补照 2 个探方的照片。

早接陈显琪书记电，云日本学者现场考察事有变，遂决定仅保留 2 个探方，其余全部回填。座谈会地点定在西安。

下午 2 时，华商报记者康正来工地，拍照尚未回填的 4 个探方，老张介绍发掘情况。

4时，陆中明、研究院司机小张开大货车至工地，将石膏模型装车。

5时许，给民工发工资。

近7时，考古队请参加发掘的十二位民工在镇上聚餐。

9—11时，结算技工工资、老罗补助及房东房租、水电、柴火等费用。与房东结账不愉快，几乎争吵。

5月23日　星期六　晴

一早装车，除十几个麻袋的发掘标本外，还有各类发掘用品及被褥、灶具等，装了满满的一车。遂告别太白。

午，两车至富县。午餐后去县博物馆，交付筒瓦等标本，清办各项手续。

晚上，陈兰、永亮等请考古队聚餐，说了不少感激的话。

宿县宾馆，众人大洗，一扫多日的积尘。

5月24日　星期日　晴间多云

早饭后出发返西安。

先至研究院的高陵基地，将十几麻袋的标本及被褥、灶具等放置于仓库。到西安后送老罗等去火车站返山西。

老张返家已晚上9时许。

此次考古发掘，自2009年3月2日始，5月24日止，凡84天。考古日志记录至此结束。

2010 年黄陵、甘泉考古日志

7月13日　星期二　晴

此行系为黄陵秦直道考古打前站。

午后极热，约37摄氏度，老张、增社、姜家乃（以下称小姜）、老范自西安北上，所租小面包内无空调，衣裤皆汗透。

经黄陵、店头，至甘肃宁县桂花园已近7时。

此地一年多未来，变化不小。林场搞了个森林公园招待中心，人气旺了许多。兼空气清冽，穿短袖甚至感到冷，比之西安之火炉，神仙地也。

宿于林场招待所。

7月14日　星期三　多云转雨

早饭后沿子午岭北上，看南桂花填方直道、兴隆关、古道岭（蚰蜒岭）等，在午亭子歇，午餐吃方便面。后，又沿子午岭北行约3公里，返。

经勘探调查，基本确定了直道的发掘探沟地点，计南桂花1、窑庄山1、古道岭1、兴隆关—午亭子2。另，解剖五里墩等1~2个烽燧，重点调查兴隆关、午亭子等地，希望能找到相关遗址。过去几次调查，五里墩—午亭子间的30公里内未见秦汉瓦，与逻辑不符。

返桂花园后，与林场招待所职工洽谈租房等事宜。

夜来雨，至天明未停。

7月15日　星期四　雨

早饭后冒雨返西安，至宁县后入歧途，往返多走了40~50公里。

长武午餐，至西安已4时许。

7月16—20日

在西安，筹备直道考古事，归还原租车，重新租车，找对讲机，购保温壶等物品。

7月21日　星期三　晴

（见第四章"孤村夜语——考古日志选"《夜上子午岭》）

7月22日　星期四　晴转阴转雨

今日GPS测得桂花园海拔1540米。

早饭后小姜联系修车，近午，宁县县城的修理工至，几分钟搞定，盖一电路线断也。费200元，不知该哭还是该笑。

其余人开会，老张讲几年来直道考古收获，及调查、发掘注意事宜，后讨论发掘事。

10时半驱车至五里墩，看烽燧。此地别后两年，林木更茂，将烽燧全部笼罩，大异于昔。计划解剖其半，了解其形制、规模。

下午清点发掘用品，给探铲安装探杆，清洗车辆。老张、增社、小姜去林场老郑处联系租房及雇用民工事。后小姜去九岘购物。

下午5时半，下雨。据说这雨要下三四天。进退两难矣。

7月23日　星期五　雨

一日雨，无稍歇。

早饭后开会，老张结合照片、图，讲前几年直道黄陵段考古收获，并讨论。

下午，老张、增社、小姜找林场老郑联系租房，经与其儿媳谈，商定以每月700元的价格租用其家，并雇其儿媳为考古队做饭。

7月24日　星期六　雨

雨一日，基本未停。

早饭后，老张、小姜驱车去九岘和55公里外的春荣镇购买折叠床、米面、蔬菜、油盐酱醋等，午1时半才返回。

增社与其他人从招待所搬家至所租房，招待所仅保留一间房，下午基本就位。

晚饭自己做着吃。

想来此次考古，本来计划7月初开始，由于某些原因耽误至7月下旬。刚来又遇连绵雨，真不知道说什么好。

7月25日　星期日　晴

早饭后开会，老张结合去年直道考古讲发掘记录问题，强调要学习日本、欧洲"一网打尽"的考古记录方法（即经过细致的观察和详尽的记录，其他人再去，会一个字也写不出来），更加规范、细致地做好调查和发掘记录。

听说黄陵以西某桥被冲毁，午饭后老张、小姜驱车经宁县返西安，约见日本及英国同行，并给考古队拉折叠床等。

考古队临时由增社负责。晚上，增社安排技工做好发掘准备。

7月26日　星期一　晴

早饭后增社率技工及民工七人赴南桂花，因道路泥泞而返，遂对五里墩烽燧进行发掘。

10时许，宁县桂花园林场及黄陵大岔林场护林员来现场阻挡。后，增社驱车去黄陵大岔林场协调，对方同意继续考古发掘的同时补办介绍信。后，增社又驱车赴桂花园林场，因该林场薛场长外出，协调无果。

五里墩烽燧发掘，揭露表土。

7月27日　星期二　晴

早饭后兵分两路，王谦、老陈发掘五里墩烽燧；小吕、小刘发掘南桂花垫方路段的探沟。

南桂花地点清理杂草、树木后，所布探沟长23米，宽1.5米，布方5个。

后，增社又去桂花园林场协调发掘事，对方云要向上级请示。

午餐在工地，泡方便面。

下午，增社拍照五里墩烽燧发掘现场。

午大热,牛虻凶猛,隔衣叮人无商量。

7月28日　星期三　晴

今日两路继续发掘。

上午 8 时,南桂花工地被宁县梁掌林场护林员阻挡,其后,经增社与桂花园林场老郑协商后发掘继续。

经过两天的发掘,才知道五里墩—午亭子间约 30 公里的森林分属于四五个林场,这些林场又同属宁县子午岭林业局宁县造林总场,解决问题必须与总场沟通。因此,增社给老张打电话,让老张开好介绍信,明日一同去总场联系。

老张去考古研究院开具给各林场的介绍信三张。

7月29日　星期四　晴

两地点继续发掘,用民工三人。

早上,老张、小姜自西安发,至基地将折叠床及被褥装车,再发。近午,增社也从工地出发。下午 4 时,三人在宁县会合,一同前往造林总场。见总场张书记,老张介绍直道项目及获 2009 年全国十大考古发现等情况,张书记对直道颇有兴趣,也有了解,彼提出考古队要将发掘结果告知总场,老张同意后,其答应通知下属林场给予支持。看来,结果似乎较满意。

返驻地已近 7 时。

饭后,老张了解发掘情况,察看出土的绳纹砖及明清瓷片。绳纹砖的时代应在汉唐之间,是直道考古发掘之首见。

今日全国大热,西安连日桑拿天,苦不堪言。天气预报明日兰州 40 摄氏度,罕见。兼全国水灾频仍,人祸不断,末世之兆乎?

晚,桂花园习习凉风,睡觉仍需厚被,天上人间也。

7月30日　星期五　晴

(见第四章"孤村夜语——考古日志选"《子午岭牛虻》)

7月31日　星期六　晴间大雨

早饭后增社驱车回西安,取钱并处理杂事。

两地点继续发掘。

五里墩烽燧发掘，因布方，重新绘图。

窑庄山直道探沟靠山的探方内，20厘米以下发现淤土，厚约2~3厘米，应是雨水冲刷堑山面后的泥土堆积而成——富县桦沟口森林探沟（即"之"字形盘山道探沟）的排水沟内，这种斜坡向淤土就很厚。至收工，各探方下挖约50~60厘米。

午餐方便面。

来桂花园十一天还没吃过肉。下午，老张、小姜去九岘买肉，改善伙食。

近4时返，途中压顶黑云自东而来，俄而大雨倾盆，世界迷蒙。急驱车赴五里墩将王谦、老陈及民工接回。路上不断电小刘，皆不通，返桂花园后电通，云正在返回的路上避雨。老张告其，趁雨刚下林中土路尚未泡透，无论如何要赶出来。不然，可能被困山中，一两天都出不来。近6时，小吕、小刘与民工乘蹦蹦车兼徒步返回，避免了被困深山的厄运。

晚饭有肉吃，小姜烧的，香。

8月1日　星期日　雨转阴

早起又小雨，停工一天。

早饭后开会，老张点评3个地点的发掘，大家讨论。老张要求每个地点要写出发掘总结，不要套话、废话，越细越好。字数要求：南桂花2000字，五里墩烽燧4000字，窑庄山约10000字。

下午老张审阅、修改小吕写就的南桂花探沟发掘记录。

今日得知，昨晚，小吕因老陈睡觉打鼾影响自己休息，两人发生冲突。老张遂与小姜、王谦商议，化解矛盾，避免事态扩大。

8月2日　星期一　多云转阴

今日，窑庄山工地因雨后道路泥泞无法前往，暂停。上五民工，集中发掘五里墩烽燧。

原发掘的二分之一继续绘图，并趁土湿刮出夯土的夯层，计厚6~8厘米，照相。另，再发掘四分之一烽燧，除草、砍树、挖根，刀耕火种，再布方、发掘。至收工，烽燧大轮廓已显，在墩台南侧发现圆形的红烧土和草木灰遗迹，估计可能是灶，也算是一收获。

小刘因儿子高考事请假，上午 10 时乘班车返阎良。

一早，厨女即怂恿着要去九岘买菜，从工地回来，小姜即与其前往。去后才知，其要办私事不说，还去附近一村接其妯娌、朋友。无奈。

8月3日　星期二　晴转多云

今日上四民工，继续发掘五里墩烽燧。至收工，新挖墩台基本结束。但台西部被破坏，破坏部分以下有平坦的硬面，其上可能为后代利用墩台挖的小窑洞。硬面上出有黑瓷碗和玻璃墨水瓶，时代很晚。

老张、小姜赴艾蒿店方向调查，行三四公里，因道路泥泞而返。

下午，增社自西安返队，取钱事无果。叹。

8月4日　星期三　阴

今日上八民工，两地点继续发掘。

五里墩烽燧打去隔梁，基本判定破坏墩台的就是小窑洞。

窑庄山直道探沟中部 GPS 测定：

北纬：35°43′36″。

东经：108°31′13.35″。

海拔：1589 米，其北部山峁制高点：1661 米。

在窑庄山直道探沟内又开挖 3 个探方。各探方 25 厘米以下均发现较厚的水平千层饼结构，原以为是淤土层，老乡说是拖拉机的碾压层，有道理。

在靠沟探方内 40~50 厘米以下发现上层路面，扩方，然未清出车辙。缺少清车辙之人，与太白镇联系，未果，憾。

今日阴且有小风，牛虻较少，蹲工地一天，很舒服。

增社去九岘购塑料薄膜。

8月5日　星期四　小雨

因雨停工一天，整资料。

想来此次发掘，雨水不断，发掘时停时续，与去年发掘时天天盼下雨完全不同。下来已半月，进展迟缓，收获不大，奈何。

早饭后，老张、小姜驱车回西安联系经费事。

增社驱车去九岘买菜。

8月6日　星期五　阴

因雨后道路泥泞，继续歇工。

早饭后，增社驱车率队员赴宁县购文具、工具包等。又洗澡，吃饺子后返队。

老张赴所见建林、炜林、小蒙，谈工地经费事，晚餐见云辉又谈其事，皆表示同情。

8月7日　星期六　阴

今日上八民工，两地点继续发掘。

增社与林场老郑结账，共250元，计购方便面4箱、矿泉水1箱。

8月8日　星期日　阴

（见第四章"孤村夜语——考古日志选"《行路难》）

8月9日　星期一　阴转雨

（见第四章"孤村夜语——考古日志选"《垭口遇雨》）

8月10日　星期二　阴转晴

昨夜雨不停，早起天晴，岭上仍无法上去，停工。

早饭后开会，总结、交流发掘情况。

整资料一天。

晴了一日，晚上老张电民工头小崔，询明日能否进山，答：怕不得成。遂绝了开工的念头。古人云，"有事问三老"，确乎。说到本地的天气、地理、物种等自然事，农村人要比城里人高明得多。

8月11日　星期三　阴转雨

果然，一早阴云重，未几即飘雨，让小崔说中了。停工。

早饭后，老张、小姜驱车去九岘买菜，中遇阵雨。

估计明日仍无法开工，下午4时许，老张、小姜驱车赴合水太白镇，察看去年发掘现场并联系清理车辙辙梁民工事。甫出发即逢豪雨，至宁县途中的两处低洼地时天昏地暗，雾幛山谷，入夜一般。打开车灯慢行，使人胆战心惊。行至合水县城南的某镇，路上积水已淹没车轮，挂一挡穿过，下车查看，发动机都被水淹。重新启程，机器马力大弱，行数十公里后始正常，叫人一阵后怕。

合水板桥——太白的路比去年大坏，后 50 公里摸黑赶路，至太白镇已 9 时矣。210 公里走了五个小时，累惨。

宿旧地太白饭店。

8 月 12 日　星期四　雨

继续停工。

早，老张、小姜去桦沟口工地，因葫芦河涨水，车无法近前。隔岸查看：兰青高速路确已改线，路面占用原葫芦河河道。新修好的路基与直道平行，比去年的发掘区低五六米。发掘现场荒草一片，了无一人，毫无去年考古工地车水马龙的"繁荣"景象。想起当时为保住秦直道做出的种种努力，最后一刻，建设方最终追加经费 1 亿多而改线，使人感慨万千。

后，二人又去五里铺村联系清理车辙民工等事，并了解到所里前一阵来人对直道的钻探情况。

晚宿于西峰。

8 月 13 日　星期五　阴间雨

继续停工。

上午，老张、小姜到去年修过汽车的修理厂更换汽车雨刷、电机等。午后返，下午 4 时许至桂花园。

晚上，增社发来短信，告院里经费只给 2.7 万元，且不可改变。郁闷。

今早小吕离队经宁县回家。

8 月 14 日　星期六　阴转多云

一早又滴小雨，停工。

上午，小姜去九岘买面，土谦、老陈窝了好几天，顺便去转转，散散心。10 时许，建林来电，云院里给的经费不是 2.7 万元，而是 4.7 万元。稍慰。

从上午开始，云渐薄，偶尔露出日头。下午，老张、小姜、王谦、老陈准备好梯子,去五里墩烽燧照相。至后发现,工地仍泥泞,且土台未覆盖的部分被雨冲刷,须晒干后重新清理。拍现场照数张,怅怅而返。

8月15日　星期日　晴

一早即大晴天。昨晚询小崔,彼坚持今天仍无法进山,又停工一天。

早饭后洗车。

上午,参加过去年桦沟口发掘的五里铺村贡学鸿来电,其明日自富县经黄陵来考古队。

8月16日　星期一　晴

今日终于开工。

早,老张、小姜、王谦、老陈及四民工发掘南桂花直道垭口遗址。至收工未见现象。

10时,老张、小姜驱车回西安联系经费并修车。

下午,富县五里铺村民工贡学鸿来队。

8月17日　星期二　晴

王谦、老陈、小贡及八民工发掘南桂花直道垭口及窑庄山直道探沟。

下午,增社及小刘回队。

8月18日　星期三　晴转雨

王谦、老陈、小刘、小贡及八民工发掘南桂花直道垭口及窑庄山直道探沟。至午下雨,匆匆撤离。才干了两天半又停工,无奈。

8月19日　星期四　雨

早起即雨,停工一天。

早,老张、小姜自西安发,出西安即雨,至耀州、铜川雨大,加上堵车,返队已下午近5时。

昨日预报,从18日到25日陕西全省有雨,如何是好?

晚饭后开会,宣布明日放假至26、27日。

8月20日　星期五　雨

早饭后全体乘一车发，另一车留队。至黄陵，王谦、老陈、小刘下车南下返家，老张、增社、小姜、小贡北上。至洛川会刘忠民，彼邀至县北一农家乐午餐。后又北上，至甘泉南大堵车约两小时，抵延安已8时矣。

延安所张晓明所长招待晚餐，老张将一月发掘情况向其通报，完成了"拜码头"。

是夜大雨未歇。

8月21日　星期六　雨

一早老张、增社、小姜南下，午后至西安。

考古队开始休假。

8月27日　星期五　晴

早，老张、增社、小姜、老陈自西安发，途中接小刘、王谦，店头午餐，下午3时半至桂花园，算相当顺利。后小贡也到。

与民工小崔联系后，决定明日开工。

晚，北京叶学明先生电老张，询工地情况。嘱多挖一些，少了解决不了问题。

8月28日　星期六　晴

终于又开工了。

上七民工，全天发掘南桂花直道垭口及窑庄山直道探沟。南桂花继续由老陈负责，窑庄山明确由小刘负责。至收工，垭口探沟中部距现象仅剩20~30厘米。窑庄山近半探方挖到路面，且在西2探方内出土一铜片，用途不明。

下午约2时半，张建林、王潇潇及黄陵文物局刘副局长来工地。老张、增社陪同，看了南桂花垫方直道、直道垭口，窑庄山直道探沟，兴隆关，古道岭及七里店南直道。近6时，经黄陵返西安。

建林、刘副局长慰问考古队以啤酒、奶，还带来王沛送的烟。临别，建林拥抱老张，老张记在心。

8月29日　星期日　晴转阴

上十民工，继续发掘南桂花垭口及窑庄山探沟。

至收工，垭口探沟中部路土已暴露，其面较平，色灰，夹有类似白灰的颗粒，质地的坚硬大大超过桦沟口直道路面。尚未发现车辙。

上午10时，老张、小姜驱车去艾蒿店调查。自五里墩出发五六公里车陷泥沼，电增社，彼车来拖不动。无奈又电小崔，彼开蹦蹦车带二民工来，又挖又拖始解困。想来两次调查艾蒿店均以失败告终，莫非命乎？

8月30日　星期一　阴转雨

同昨日，继续发掘南桂花垭口及窑庄山探沟。

窑庄山探沟西1探方的夯土隔梁已清理毕。老张现场观察并与小姜、小刘、王谦探讨后判断，该隔梁可能是上层路面（即靠山一侧的路面）的挡水墙，同时也是上层路面与下层路面的界限，也算一个站得住的解释。

另，在靠山的2个探方内发现多处地裂现象，其裂面笔直平整，深不可测，应是秦汉以后的地震造成。

南桂花垭口中部探方路面基本清完，仍未见车辙。

上午，小姜、王谦及一民工调查窑庄山直道东北侧的山峁。因林木覆盖，须披荆斩棘，弯腰钻行，登顶极为艰难。至顶，其上较平缓，然无任何遗物，失望而归。

午餐方便面，准备上工时落小雨。老张询小崔，曰："没事。"未几雨稍大，小崔张望西天曰："西边下大了，怕不得成。"众人遂以塑料布覆盖探沟遗迹，收拾家具，仓皇撤退。至桂花园雨更大，众人心想：幸亏出来了。

8月31日　星期二　晴间雷阵雨

同昨日，继续两个地点的发掘。

至收工，窑庄山探沟的大部基本挖完。经水平仪打线测量，现地表高度近山一侧高出靠沟一侧4.3米，比原估计的1.5~2米高出一倍，甚为意外。

上午，老张、小姜、王谦及一民工调查兴隆关的3个地点，结果，仅在关北约600米的一个晚期遗址内发现一片汉代的绳纹瓦外，无其他收获。颇失望，但想到排除法定理，心稍安。

早饭后，增社驱车返西安，再次联系追加经费事。

9月1日　星期三　晴转暴雨夹冰雹转阴

（见第四章"孤村夜语——考古日志选"《车陷艾蒿店》）

9月2日　星期四　阴转小雨转晴

停工，休整一天。

早饭后开会，总结前一段发掘，并布置、检查各地点技工写的发掘记录。

9月3日　星期五　晴转多云

难忘的一天。

早，小刘、小贡骑摩托，带着老张、小姜去艾蒿店接车。一路不断下车修路、铺路才能前行。近艾蒿店时，看到偷猎者铺设的高压电网和电死的野兔。9时许，较顺利地将车开到艾蒿店。

后，小刘、小贡骑摩托经正宁县西坡、宁县九岘返队。老张、小姜驱车经彬县返西安。

9月4日　星期六　阴

停工一天，整理发掘资料。

老张在院约谈老焦，商议追加发掘经费事。

9月5日　星期日　小雨

继续停工，整理发掘资料。

小姜在西安修车。

9月6日　星期一　阴转小到中雨

停工，整理发掘资料。

老张、老焦、增社驱车赴延安，王沛请吃晚餐，席间谈延安所支助秦直道发掘经费事，甚为感激。

9月7日　星期二　小雨

停工一天，整理发掘资料。

在延安，延安市张副市长请国家文物局宋新潮副局长午餐，老焦、老张、增社作陪。

9月8日　星期三　阴转小雨

再停工，整理发掘资料。

老张、老焦、增社驱车返西安。

9月9日　星期四　小雨转晴

停工一天，整理发掘资料。

早，老张、小姜自西安发，店头午餐，至双龙车又抛锚，修理无果，坚持开到桂花园，已下午4时。

到桂花园后，小刘、小贡骑摩托赴九岘给汽车电瓶充电。

9月10日　星期五　晴

久违的大晴天，开工，上八民工。

早去工地，发现垭口探沟内覆盖的塑料布被盗，探沟里路面等现象被水泡得一塌糊涂。窑庄山探沟内也湿得无法发掘，遂决定上蚰蜒岭（又称古道岭），先拣干处发掘。

2007年调查蚰蜒岭直道时，在兴隆关东约750米发现两个现代水坑，坑内断面均暴露有路土。遂在这两个地点分别布线，开挖探沟，两探沟相距256米。至收工，2个探沟的上层路面基本清完，明日即可绘图、照相。

顺利的话，二探沟的发掘3~4天可完成，比窑庄山省工省时多矣。但愿现象多多，并有遗物佐证道路的时代。

9月11日　星期六　晴

上四民工，继续发掘蚰蜒岭直道探沟。

上午，2个探沟的上层路面绘图、照相毕，然后探沟分半，一半继续清理下层路面。

下午，老张、小姜带一民工再次调查兴隆关以北直道，基本确定了在兴隆关北约14公里的七里店南为发掘地点。

收工，返至五里墩时车又出毛病。晚饭后，小姜、王谦赴春荣镇修车。至晚无果，宿于宁县。

9月12日　星期日　晴

（见第四章"孤村夜语——考古日志选"《蚰蜒岭上三片瓦》）

9月13日　星期一　晴

上四民工，发掘同昨日。

T2的三层清到底，而打破三层的灰坑是否为破坏道路的人工坑，值得考虑。

T1清到三层（相当于二层），也出汉代陶片，可慰。

9月14日　星期二　阴

（见第四章"孤村夜语——考古日志选"《考古的沧海一粟》）

9月15日　星期三　阴

提心吊胆一夜，早起天阴无雨，喜。上四民工，继续发掘2探沟。

紧张的一天，晚收工了一个小时，终于完成了2探沟的发掘。

累，多打几个字的力气似乎都没有了。

黄陵小兰电，本星期六、日携同事来工地参观。黄晓芬电，近一二日也来工地。

9月16日　星期四　晴转多云

早起天晴，喜忧参半。喜，可抓紧继续发掘；忧，连干了六天，累得屁滚尿流，偷盼下雨歇两天的希望落空。

上六民工，杀个回马枪，继续窑庄山和南桂花垭口的发掘。同时，清扫五里墩烽燧，照相。

小刘的窑庄山，老陈、小贡的南桂花垭口，王谦的五里墩烽燧，老张、小姜则三地巡回。至收工，前两地发掘大部完成，明日可望照相、结束，且在南桂花垭口探沟内发现排水沟，有些喜出望外。五里墩烽燧照相毕，但一个方向的拍照有阴影，明日还要重拍。

早饭时老张、增社宣布，挖出一枚铜币或箭头奖励半个月工资。大家干劲增加，特别是老陈，手拿手铲闷头猛挖，还不许小贡清理他所认为的重要地点。老张去时，看到他挖的位置属自然堆积的淤土层，离秦汉的路面还差多半米，众人大笑。

早饭后，增社返西安。

9月17日　星期五　晴转多云

说好上七民工，只来了五人。临时调整，窑庄山探沟暂停，南桂花垭口发掘继续，其余人全力以赴发掘南桂花烽燧。同时，补拍五里墩烽燧照。

至收工，南桂花垭口探沟清理、照相毕（含排水沟），明日清理第三层路面。南桂花烽燧经过披荆斩木、布方，东南四分之一发掘已见轮廓。

老张决定，该烽燧的发掘由小刘负责，希望：1. 加快速度（五里墩烽燧用时十天）；2. 提高质量，验证、补充前烽燧发掘的不足，把秦直道烽燧的第一次考古发掘做扎实。

闷热的一天，汗流浃背地奔波于三个地点，真像夏天又回来了。

收工后，小姜说：工地发掘时，干部拿起手铲、锹、镢、斧干几下，效率就大不一样。老张深然之。

下午，洛川博物馆刘忠民馆长电，近日来工地。

9月18日　星期六　晴转多云

上六民工，继续发掘南桂花烽燧及垭口探沟。

一早天气就闷热，即使在众山最高处海拔1630米的南桂花烽燧，拿手铲清几下夯土台，用镢头刨几下浮土，马上就汗流满面，不一会儿，上衣就汗透。没几天就到中秋了，听说西安人昨天又开始使用空调，今年的天气真是疯了。

南桂花烽燧的西南探方开始清理，也即烽燧南半部的两个探方同时发掘。至收工，夯土台大样可见，且在土台顶部发现土坑和灰烬层，可见五里墩烽燧南侧的平面不一定是点燃烽火之地。

在垭口探沟的第三层清出路面，质硬，掺有礓石。高兴。

上午10时半，洛川博物馆刘忠民馆长携馆里同事三人至五里墩，老张、小姜接。遂陪同参观兴隆关、南桂花两地的发掘探沟和烽燧。午1点半，老张、小姜、王谦陪至九岘饭馆午餐，席间把盏叙旧，乐也融融。

餐后，刘忠民等来考古队小坐，馈以月饼、苹果、香烟，后经上畛子、双龙返洛川。

9月19—23日

（见第四章"孤村夜语——考古日志选"《发现直道四叠层》）

9月24日　星期五　小雨转中雨

昨半夜小雨，一早仍之，又得停工。

早饭后，安排留守诸人整理近日发掘资料，老张、小姜驱车回西安汇报发掘事。

9月25日　星期六　阴转晴

昨夜小雨，一早阴，下午晴。

停工，整理资料一日。

9月26日　星期日　晴

早6时半，躺在家中床上的老张接民工小崔电，说昨天晒了一天，今天可以进山干活了。老张喜，遂电告王谦，今天继续发掘南桂花烽燧。

老张、小姜一早驱车北上，下午近3时至兴隆关，与民工老闫商定后天发掘七里店事，再至南桂花烽燧。

该烽燧发掘基本结束，正在绘图。但其平面形制介于方圆之间，总觉得有些问题。

晚，老张审阅小刘、老陈、王谦所写的发掘记录。

9月27日　星期一　晴转多云

上二民工，发掘南桂花烽燧和兔儿崾岘探沟。

昨晚商定今天不上民工，考古队全体发掘南桂花烽燧。早饭时小刘说，看天气预报，明天又有雨。遂决定分兵两路。老陈、王谦、小贡继续清理南桂花烽燧，并绘图；老张、小姜、小刘去北桂花叫两民工，去七里店方向开探沟发掘。

老张三人在七里店方向又做调查，最终在兔儿崾岘南约1.1公里的狭窄山脊上选定地点，布线开7米长的探沟发掘。上层路面距地表仅10厘米左右，特厚，可能说明延续使用时间较长。至收工，上层路面照相、绘图毕，又向下发掘了一部分。

南桂花烽燧清理与绘图结束。

下午 4 时，增社自西安返队。晚饭后，彼去九岘给车轮胎补气，并购啤酒等物。

此次发掘真是与雨飙上了，晚饭后又落零星小雨，期盼明日能继续开工。

9 月 28 日　星期二　阴转雨

（见第四章"孤村夜语——考古日志选"《逃离兔儿崾岘》）

9 月 29 日　星期三　多云间晴

早饭后全体洗衣。

10 时许开会，宣布自今日起放假，国庆后再发掘收尾。后，增社、小刘、老陈、王谦经黄陵回家，老张、小姜、小贡留守，待天晴路通后去南桂花取车，然后返家。

留守的三人仍是腰痛腿痛，休息一天。

9 月 30 日　星期四　多云间小雨

本拟午饭后进山取车，因小雨放弃。

三人整理资料、发掘标本一天。

10 月 1 日　星期五　晴间多云

早 8：30，老张、小姜、小贡进山取车。路上几处积水泥滑，车陷，好在陷得不深，还算顺利地把车接了回来。

收拾东西，近 11 时出发返西安，途中在香坊吃农家乐。又雨，窃喜早上取车的英明决策。

下午在宜君梁又堵车，过耀州又堵，回家已晚上 9 时矣。

10 月 2—9 日

考古队放假。

10 月 8 日　星期五　晴间多云

晚 9 时，分别从瑞典、北京、西安三个渠道得知获奖事，泪下。即电告老陆、老范、子今、建林、建新等十余人，这代表了世界和人类的良心。

想起了村上春树的话：面对高墙和鸡蛋，我永远站在鸡蛋一边。

10月9日　星期六　晴间多云

昨晚给十余人发短信后，无一人回应，甚纳闷。今日电询建林、建新、老焦、川、小徐、占奎等，答皆未收到短信。晚上得知，有关者开动了大规模的屏蔽封锁行动，其中也包括中国移动的短信。

此时的心情可想而知。

晚，应占奎邀，与建林、老焦聚餐于长安会馆。

10月10日　星期日　雨

早，老张、小姜、老陈、张少华自西安发，途中接小刘，一路皆雨，午饭店头羊肉面，下午3时许至桂花园。

打扫收拾，安排食宿。老张、小姜、小张赴九岘买菜。

今日北方骤然降温10摄氏度以上，桂花园尤然。晚上桌前打电脑，穿上所有衣服仍两膝冰冷，感觉温度绝对在10摄氏度以下。这种感觉很熟悉，使人立刻想到12月、1月三峡，3月富县的寒屋，马上又有些留恋昨日西安家中的温暖，进而想到为《薪火永传》写的序。这就是考古人的选择，自找的，无悔。

10月11日　星期一　晴

早饭后开小会，老张讲资料整理中的问题。

全体整资料一天。

小姜去九岘补胎，未果。

下午3时，老张、小姜驱车至北桂花、兴隆关探路，并通知民工明日上工，5时半归来。

10月12日　星期二　小雨

早全体出发，至南桂花即遇零星小雨。众人仰望天空，几番犹豫后返至老芦堡，停约20分钟后雨渐大，无奈之下返回驻地。

午11时，老张、小姜至五里墩，与延安市文物局刘智、考古所王沛及黄陵文物局刘副局长、黄帝陵管理局兰科长、电视台记者等七人碰头后一同参观五里墩烽燧。后，延安诸人在九岘请考古队吃午餐，再返考古队观看发掘照片，并馈以苹果、烟、酒，3时许离去。

午 2 时许，增社带考古研究院工地验收组，计副院长张仲立及田亚奇、岳联建、肖健一、马金磊来队。因雨无法进山，老张陪同参观五里墩烽燧后汇报发掘情况，增社汇报经费使用情况，验收组审看了发掘资料、图纸、标本等。

4 时许，老张、增社陪同验收组一行至宁县，宿于宁县大酒店。

晚上喝酒，八人喝了三瓶"庆阳大曲"。

10 月 13 日　星期三　晴

上午，验收组评议后宣布验收结论：秦直道考古队获得优秀。后，验收组一行返西安，老张、增社返桂花园。

午饭后，增社、小张返西安，小刘同车返家，考古队仅留老张、小姜、老陈、小贡四人。

下午，小姜、小贡去正宁县补胎、加油，归来已 9 时矣。

10 月 14 日　星期四　晴间小雷阵雨

（见第四章"孤村夜语——考古日志选"《野林中的印象派》）

10 月 15 日　星期五　晴

结结实实干了一天。上三民工，全天发掘七里店南直道探沟。

至收工，探沟 T1、T3 的上层路面已清完，在 T5 清出了排水沟，均已绘图、照相。且 T2 的下层路面也清出，与兔儿崾岘探沟略同，甚慰。

经对道路靠沟一侧剖面反复刮削、观察，未发现夯土，可能是晚期道路与早期直道的区别。

今日进展顺利，此地发掘可望明天结束。

今天老张的表慢了，返回驻地已 6：25，比昨日还晚。

下午 4 时，增社携录像机返工地。

10 月 16 日　星期六　晴

又是结实的一天，上三民工，结束了七里店南和兔儿崾岘探沟的发掘。

早，全体先至七里店继续发掘，增社录像。10 时许，小姜带两民工赴蚰蜒岭清理部分回填的两个探沟。下午 2 时，增社去蚰蜒岭录像。4 时，七里店发掘、绘图、照相结束，全体去兔儿崾岘，5时许完成。

全天分两组转战七里店、兔儿崾岘、蚰蜒岭三地，两辆车马不停蹄，忙了个人仰马翻。

10月17日　星期日　晴转雨

天气预报，明日北方又有雨。遂上三民工，结束了直道黄陵段的全部考古发掘。

早去南桂花，将T2的回填土清出，增社、小姜录像，老张再照相，再二次回填。同时，再次清理T1，连同2008年发掘的探沟，绘图、照相。老陈第一次绘制的T1剖面图错误严重，老张发现后着其重新绘制。

后，拍照南桂花烽燧。又至窑庄山探沟，对探沟西部进行清理，未发现下层路面，告发掘彻底结束。

自上午至收工，与三民工磋商回填探沟及烽燧事，最终，以1600元达成协议。先付三民工300元，回填结束，验收通过后再付其余费用。

今天收工早，5时30分返回驻地。晚，老张搜出几块豆腐干和一袋酱萝卜，考古队喝酒，庆祝黄陵田野考古结束。

自7月21日算起，来此地差三天就三个月了。细想起来，遗憾还有多多，如：一些发掘的细节还有些把握不住，两个烽燧的认定总觉得还欠周密，兴隆关西最宽直道及午亭子周边的考古调查终未进行，只好留于以后了。

早与晚，老张与甘泉方面联系，议定19日考古队转移至甘泉方家河，再进行十天左右的调查、发掘。

晚9时许突降雨，初尚小，后淋漓成中雨，11时停。明日肯定进不了山了，暗自庆幸今天野外发掘全部结束，不然，又得耽误三四天。

10月18日　星期一　晴转阴

早饭后增社返西安，带走折叠床、被褥等不用之物。

整资料一日。

近午，老张、小姜赴正宁县城，购买下一步发掘用品。

10月19日　星期二　多云

早饭后，全体将工具、被褥等装车，小姜落实"三光"政策，将考古队没吃完的面粉、粉条、花生米、辣椒统统打包装上了车。8：30 出发，在洛川堵车约半小时，至甘泉已 1：30。

见王永刚、县文物旅游局刘立平局长，饭后，二人陪同考古队至桥镇方家河。刘局长通过熟人在村里租用三孔窑洞，给考古队安排好住宿。王、刘又带老张去方家河村西及洛河对岸的安家沟察看直道及其附属遗址。5 时许王、刘等返甘泉。

在桥镇一川菜馆吃晚饭，要了个红烧鱼，香。

此地海拔较桂花园低约 500 米，虽纬度偏北，但暖和很多。

10 月 20 日　星期三　晴

上午，全体赴村西的骡嘴沟直道，考察堑石道路、堑石路面的凿孔（柱坑？）遗迹及直道夯土护坡。10 时许，又沿村东一土路驱车登山，考察洛河北直道，直至离任窑仅五六公里的志丹境内。该段直道从规格和保存状况看，属于一般。

下午上二民工，全体再赴骡嘴沟直道，在堑石道路上选点，布线发掘探沟。探沟长约 17 米，自靠山一侧开挖。至下午 6 时，靠山探方内的上层路面已清出，其上有不少蚕豆大的鹅卵石，为历次直道发掘首见。鹅卵石必采自洛河，而此地高于洛川河面约百米，可见当时工程之艰巨、浩大。另，路面还出土绳纹残瓦 2 片，其一内为大麻点，甚慰。可以说甘泉的发掘开端顺利。

10 月 21 日　星期四　多云间晴

上二民工，全天发掘骡嘴沟堑石直道探沟，及探沟上方约 250 米的凿孔遗迹。

早，老张、小姜赴永宁购买电插座、电线、钳子、手套等。

至收工，探沟内 4 个探方的上层路面基本清完（T3 的上层路面未保留），并绘图。探沟上方的凿孔遗迹也已清出，但其用途建筑柱础乎？加固地基乎？寨障乎？仍百思不得其解。

每日上山两次，累也。

10 月 22 日　星期五　阴间零星小雨

同昨日，上二民工，全天发掘骡嘴沟直道探沟及凿孔遗迹。

今天下定决心，结束山上的发掘。早上 7：40 即出发，中午不下山，吃方便面，下午回到驻地已 6：10。终于完成了山上两个地点的全部工作。中间下了零星小雨，一度想到撤退，最后还是坚持住了。

骡嘴沟直道探沟内4个探方的下层路面全部清完，T4的下层路面又往下解剖，直至堑石面，并绘图、照相，以塑料布覆盖。

该探沟的发掘结果与预想的无大出入，大结构与富县、黄陵的相同，两层路面，时代为秦到西汉。

凿孔遗迹也拍照，并绘制了平面、剖面图。

累，但想到以后再也不用上山，值。

10月23日　星期六　阴

上五民工，全天发掘山下的直道建筑遗址。

上午，在圣马桥西的建筑遗址选点，开挖2个探沟。

同时，小姜带一民工上山，对骡嘴沟直道凿孔遗迹的石孔进行测量、记录。中午下班时结束。

2个探沟显示，建筑基址的大部分都被公路破坏，仅剩下边角部分的少量残瓦堆积。意外的是，在2个探沟都发现路土，经老张、小姜实地调查，这里可能是直道下山的"之"字形盘山道的最下一条道路。本来想挖遗址，最后还是路，真与道路有不解之缘。

午，研究院人事科给老陈打电话，让其离开考古队。随后，老张电询建林、增社，得知有人告状。长700公里的秦直道竟容不下两个人，甚是不平。

10月24日　星期日　小雨

昨夜即雨，晨仍之，气温骤降。

早饭后全体驱车去洛河南调查直道，至河边才知车无法过河，也无法上山，遂返驻地整理资料。

近午，全体赴志丹县城洗澡。要了两个标准间的钟点房，美美地洗了一通，每人能洗出半斤黄土。

午餐吃了东北的炖鱼，香极。

下午雨中夹雪，天气预报说温度在零摄氏度以下，大家都穿上了所有的衣服，仍冻得缩手缩脚。

10 月 25 日　星期一　阴

一早阴霾重重，洛河边的风刮得人清鼻直流。上五民工，继续发掘直道建筑遗址。

上午，老张、小姜再次调查直道下山路线，并对直道下山范围内的夯土护坡、墩台、探沟进行测量，绘出草图。看来，所谓圣马桥的大型夯土墩台是一个道路转弯处的转盘，直道绕其转弯 180 度后向洛河上游延伸、过河。另，T1 内直道路面的坡度，也显示直道是向洛河上游延伸。

2 个探沟的发掘显示，探沟内靠河一侧的瓦片不断向里延伸，为了搞清建筑的全貌，也不断向里开挖。

下午，T1 内的上层路面清完，也出现了顺路方向的人工沟。至此，在富县、黄陵、甘泉三县均发现此现象，可见当时对直道的破坏是一项全线的整体行动。遂绘图、照相。

快收工时，从 T1 的上层路面往下发掘，挖了 40 多厘米也未见到下层路面。根据这几年的经验，最多 30 厘米就会见到下层，如果真的只有这一层，那么，这几天形成的观点，特别是下山直道转弯 180 度的推测都会受到挑战，真是让人担忧。

早上刚上班，老张收到考古研究院的文件，真不知说什么好。

10 月 26 日　星期二　小雪

（见第四章"孤村夜语——考古日志选"《方家河老白》）

10 月 27 日　星期三　晴

（见第四章"孤村夜语——考古日志选"《小钟的饭香》）

10 月 28 日　星期四　晴

上三民工，继续发掘直道建筑遗址及探沟。

一早去工地，对 T2 进行最后的清理，并绘图、照相。

10 时许，县王永刚、文物局李艳丽副局长、某主任三人来工地。老张、小姜陪同参观山上及山下的发掘现场，12 时多返考古队，看发掘图纸、标本。午餐加了两个菜，一块在考古队吃。

餐后，老陈、小贡继续绘图 T2。

老张与王永刚等去洛河上游的志丹县石猴子村，调查直道过河迹象。在石猴子与安家沟之间，发现秦汉遗址及疑似过河迹象。另，还在石猴子村东采集到"货泉"1 枚，与去年富县桦沟口发掘出的"大泉五十"相印证，又多了一个直道废弃时代下限的证明。

下午 4 时许，县刘虎林、体育局某局长、县政府办公室某主任及油田老板、秦直道爱好者某至。老张陪同，再次参观山上、山下的发掘现场。

晚饭在桥镇，刘虎林做东，宴请考古队及诸人。席间油田老板唱《羊肚肚手巾三道道蓝》等陕北民歌，老张诵读《直道吟》词，情欢意洽。

晚 9 时许，王永刚、刘虎林等人返甘泉，考古队返方家河。

10 月 29 日　星期五　晴

上午，小姜带三民工上山，回填直道探沟及凿孔遗迹。老张等三人对圣马桥西的 2 个探沟进行记录。同时，采集陶瓦标本及准备化验的路土、生土样品和人骨。

10 时，山上回填毕，小姜带三民工继续回填山下的 T1。

下午，小姜、小贡带三民工继续回填，由于小姜亲自动手，抓得紧，至收工，山下 2 个探沟基本回填完毕。

老张、老陈在驻地整理资料。

晚上，在驻地邀请小贾等民工共进晚餐。晚饭后，给民工结清了工资。

10 月 30 日　星期六　晴

一早，考古队收拾用品，装车，早饭后与房东小钟合影留念，遂出发至甘泉。

近 11 时至甘泉，县文物局李艳丽副局长安排住甘泉宾馆。未几，永刚至，谈方家河直道发掘事。

下午，考古队继续整资料、结算甘泉发掘账目。

晚，县文物局宴请考古队一行，永刚、虎林陪同。席末，县原文化馆李安福来。

10 月 31 日　星期日　晴

一早，李艳丽副局长等来宾馆，结清考古队发掘账目。后，共进早餐，永刚亦来陪同。

8时半，考古队出发返西安。因途中在洛川堵车，下午4时许才至研究院泾渭基地，放下随车带来的发掘用品，安置老陈在基地整理发掘资料，后返西安。

自7月13日考古队至宁县桂花园打前站算起，考古队至今已工作三个半月，其间，历盛夏、秋、初冬三个季节，回首往事，感慨万千。

11月15日　星期一　晴

早，黄陵发掘打前站的四人——老张、增社、姜家乃、老范自西安发，去工地验收回填事宜。店头午餐。至双龙某村看山上崖壁大佛，状甚怪异，时代不好判断。

2时许至五里墩，看烽燧，其回填质量不错。再至南桂花察看，3个探沟、1个烽燧的回填都过关。又去北桂花，与老田、小刘等结清回填费用。

嗣后，在午亭子小停，再经马莲崾岘下山。途中枯叶漫铺几无路，一片原始荒野。天黑时至太白，因全镇停电，又赶至和尚塬上高速，至富县已9时许。宿于富县宾馆。

11月16日　星期二　晴

早饭后去富县文物旅游局，见陈兰、永亮等人，归还所借车辆。此次因考古经费拮据，未给富县文物旅游局租车费，老张心中很不安。

午，陈兰邀餐，喝酒甚欢。

餐后陈兰派车送老张、小姜、老范返西安。增社搭周虎车返。

此次考古发掘（含打前站和处理回填等遗留事），自2010年7月13日始，11月16日止，凡4个月零4天。考古日志记录至此结束。

2011 年安塞、黄陵考古日志

9月7日　星期三　雨转晴

早雨，6时半老张与小姜发，至西北大学接日本东亚大学黄晓芬教授及其儿子后北上，在北郊兜圈子约一小时方上高速。近铜川时天放晴。

午，与延安考古所王沛、继民，安塞县博物馆谢妮娅会于安塞县城，谢请吃羊肉面。

后，一行至化子坪镇，遇土路，极泥泞。弃车步行约2公里，谢在附近农村租得三轮蹦蹦车，走走停停10余公里，始至秦直道上的红花园行宫遗址。该遗址较任窑遗址大，规格高，遗物亦更丰富，除绳纹筒瓦、板瓦外，还见石础、瓦当、陶井圈、夔纹空心砖等，收获很大。惜时间紧，调查不能更深入进行。

安塞县直道现象断续，似仅靠几个垭口或秦汉遗址连线标识，与延安其余各县殊异，极有钻探、试掘之必要。

归途又堵车，且行且停，至化子坪镇政府已8时多。镇文化站邀宴，掷骰斗酒，宴情汹汹，谢、王、仆皆喝高也。

晚宿于安塞县城石油宾馆。

9月8日　星期四　晴

早饭后，一行除谢外均出发，走近路，经志丹县城、永宁至甘泉方家河。看去年发掘的山下、山上探沟。午，下寺湾午餐后王沛、继民等返延安。我们一车四人奔桂花园。

途中,在富县上高速,经黄陵、店头,近桂花园处一野兔撞上车头,至驻地已8时许。

饭后与小姜散步,林场寂静,空无一人,想去年在此三个多月的风雨坎坷,颇有感慨。

9月9日　星期五　晴间雨

早饭后进山,仆驱车,沿子午岭主脉逐一察看去年之发掘旧址。

午饭在兴隆关泡方便面。适老户主老阎不在,旧识仅有四川南充某。彼长髯及胸,一改去年旧容,我等称其"拉登"。彼热情异常,现场自土蜂巢内割蜜半盆馈赠,情甚感动。后,小姜、黄教授购其野生木耳。

下午3时许车近午亭子,路泥泞而返,途中又雨,深恐重蹈去年陷车覆辙,遂仓皇加速,至五里墩才松了口气。

去宁县途中天又晴,一路顺畅,5时许抵。宿昔日旧地富星宾馆。

晚餐吃羊肉、羊杂碎,喝啤酒,谈时事、历史,洽。

晚,黄教授在电脑上看去年的发掘资料,并谈下一步合作调查研究秦直道事。

9月10日　星期六　阴转小雨

早饭后给黄拷贝去年发掘资料,谈日本古道路研究会打算再次考察直道事。

返。午至长武,吃羊肉面,近西安小雨,至家已近6时。

此次考古调查自2011年9月7日始,10日止,凡4天。考古日志记录至此结束。

12月15日　星期四　晴

早小姜开车来,发,开到黄陵后换仆开车。

午至店头,逢警察街口堵路,言镇上有活动,所有车辆均须绕行。仆正倒车后退,一警察近前索要驾照,验毕,喃喃曰:看你年龄大了,手生得很。使人哭笑不得。

绕行途中堵车约一小时。在店头午餐,购方便面、酒。

4时许至桂花园,积雪未全消,安顿住招待所。又发至九岘新庄村,见去年所雇民工及小崔等,说好雇民工一人,约定明天9点来桂花园。

是晚寒冷，估计温度在零下 10 摄氏度以下。房间暖气开了两小时即停，室内不觉温暖。床上被子不厚且短小，问服务员索要毛毯或被子，答要严格执行一床一被的规定，遭拒。遂将所有衣裤覆盖棉被上，勉强睡去。

12 月 16 日　星期五　晴

（见第四章"孤村夜语——考古日志选"《桂花园出恭》）

12 月 17 日　星期六　晴

早饭后三人发兴隆关。车过芦邑庄天飘小雪，复前行，路遇积雪，上坡处遇阻。下车修路，推车，前行数公里又遇阻。又是下车修路，推车，弄得一身泥，踌躇再三，无奈返回。

至桂花园，结账，收拾东西，发正宁。途中过河，见河面半冰封，河水高溢，思忖良久乃折回去宁县。宿老地方富星宾馆。

晚上，整理调查资料至深夜。

12 月 18 日　星期日　晴

上午继续整理调查资料，近午退房，赴正宁。

午后至，宿正宁宾馆。午餐羊肉汤泡锅盔，25 泉一份，味道不错。饭后一店内吃鸡腿，费 16 泉，为最贱之记录。

12 月 19 日　星期一　晴

（见第四章"孤村夜语——考古日志选"《正宁祭》附日记）

此次考古调查，自 2010 年 12 月 15 日始，19 日止，凡 5 天。考古日志记录至此结束。

2012年黄陵、旬邑考古日志

3月17日　星期六　晴

　　早9时小姜驱车来，去西北大学接日本东亚大学教授黄晓芬，再北上，至基地已11时。接老技工颜泽余，将发掘用品装车，午2时至黄陵店头。午餐在老地方吃羊肉面。

　　饭后购方便面、酒、小吃等，至双龙加油，购香烟后西行，经上畛子至五里墩。

　　根据去年调查的思路，行至五里墩南约1公里处止，确认了发掘地点。钻探，地表下约35厘米见路土，窃喜，知此地无误也。在此地点以北发现瓦砾堆积，分布长度约20米，瓦为外素面内布纹，泽余认为是唐代物。

　　然小路仍泥泞，费力推车、倒车始上大路。五里墩至桂花园一路道路破损严重，与年前迥异，兼堵车，至桂花园已6时许。

　　安顿住宿毕，电九岘新庄小崔，说妥明天雇民工事，约定明天8点来桂花园。

　　晚饭在桂花园唯一的饭铺，要了四个菜，四人喝了一瓶50度西凤。

　　饭后与小姜散步，见林场老郑。

　　又来桂花园，已不知多少次了。温度没有想象的那么低。满天繁星依旧，想起2008年第一次与小刘、小白宿九岘，寒冬夜，星斗璀璨，如梦如幻。

3月18日　星期日　晴

年前调查五里墩南纯山脊路段，当时记录如下：

GPS 编号：379。N 35°38′53″，E 108°31′42″，海拔：1566 米。

纯山脊路段长 104 米，山脊两侧较陡，与地表角度约 60~70 度。路段笔直，路面平整。山脊宽 5~6 米，路面宽 3~4 米。

该纯山脊路段规整、笔直，连通南北两座山岇，加上路面异乎寻常地平整，有可能是人工填方形成。此也为直道的必经之地，应开探沟发掘，以期再次发见四叠层。

早 8 时，四人与二民工发。

在纯山脊路段中部开 1.5 米宽的探沟，发掘十几厘米后发现路土冻结，坚硬如铁。费力挖至 30 厘米后，感觉上层路面可能挖过了。考虑再三，遂向北扩方 50 厘米，下挖 20 厘米暂停，以期路土消冻，明日继续发掘。

同时在路段隔 5 米打眼钻探，以期绘出剖面图。

4 时许撤离，至五里墩北上，近老芦堡处道路泥泞，无功而返。

昨夜黄独宿一室，因室内无暖气，今夜与泽余调换。其宿套间内室，仆与小姜宿外室。

3月19日　星期一　阴

早起，发现昨夜小雨，地面小湿，所幸雨不大。

8 时半发，至五里墩南继续发掘。

本层清完，现象不明显，唯瓦、陶瓷片不少。绘图、四个方向照相。下挖约 20 厘米仍是冻土，许多现象清不出来不说，各层路面的边（界限）也不好把握。踌躇再三，决定终止发掘。看来，这次来得的确不是时候。

方便面午餐后，回填探沟，继续钻探。2 时许结束。此次最大的收获，可能是验证了此纯山脊路段为填方也。

回桂花园，算账，收拾，发至宁县。去了两个宾馆均无法洗澡，遂发正宁，6 时许至，宿老地方正宁宾馆。

晚饭吃羊肉汤、锅盔，老板明言，因羊肉涨价，每份由25提至29泉。然肉仍多，味佳，众皆满意。

晚上整理发掘资料。

一晚停水，洗澡梦泡汤。

3月20日　星期二　阴

早饭再吃羊肉汤、锅盔。

近午至调令关，向南步行1公里余调查。发现距关仅数百米的纯山脊路段，宽5~6米，可能为填方。另，发现夯土台，基本搞清关之形制。而关北高台可能是行宫所在。

午餐在转角，吃烩面片。

至研究院基地，放置发掘品，泽余留下继续整理发掘钻探资料。

至家近7时，累极。

此次考古调查自2012年3月17日始，20日止，凡4天。考古日志记录至此结束。

7月17日　星期二　阴

早9时小姜驱车来，与西北大学硕士研究生喻鹏涛（以下称小喻）发。先至研究院基地拿梯子、地图、发掘用品，再至唐献陵考古队，接技工颜泽余后北上。在耀州午饭，每人一碗面、一碗面皮。

在黄陵前仆接替小姜驾车，至店头购买白酒、啤酒、方便面、矿泉水，再至双龙加油，再一口气开到桂花园，适5时。今天开车近百公里，并不觉得手生。

3月20日来此地至今，已近四个月，除黄陵至五里墩的路比以前好些之外，没有太大变化。晚饭谈新疆（小喻的家在新疆塔城）、西藏，仆说汉人和少数民族人之间要换位思考，诸人看法基本相同。

与新庄小崔联系，说好明天雇用民工事。

饭后四人散步桂花园，有些凉意，想想此时西安的溽热，满意而幸福。

7月18日　星期三　晴转阴

（见第四章"孤村夜语——考古日志选"《认真干就有收获》）

7月19日　星期四　阴转小雨

早8时，四人与二民工再至五里墩南探沟，接昨日继续发掘。

至午1时，在探沟内的三、四层路面挖出并绘图、照相毕。饭后二民工回填探沟，仆四人驱车至艾蒿店。

途中，近艾蒿店的靠山一侧的路边，偷猎者所布高压电线长达2公里余。为防止触电，我们的车须避行于路的另一侧，既要防止掉入沟内，又要避免林木刮擦，行驶极为艰难。前年在此地，意外遭遇被电死的野猪，重达150斤，体尚温，旧事犹在眼前。

在艾蒿店南选2个地点，测GPS，编号，记录经纬度、海拔，遂钻探、照相、记录。其中一个为纯山脊路段，地表下18厘米即见两层路土，颇为顺利。

6时返桂花园。

今日收获：1.昨日所列三点均已落实、确认，未出意外；2.首次调查、钻探艾蒿店以南直道，其结果亦在预期之中。

为五里墩南探沟发掘顺利结束，晚饭奢侈一回，要了五个菜，有大盘鸡、凉拌牛肉、鸡蛋炒青椒、烧茄子、洋葱拌木耳，费120泉，比西安便宜许多。四人喝了一瓶白酒、两瓶啤酒。饭后散步，泽余直着舌头，话语连连。

天黑时小雨，大家庆幸今天发掘结束。

7月20日　星期五　阴间雨

早饭后退房、收拾，7:30发。仆开车，经五里墩、艾蒿店，至调令关近10时。住于森林公园度假中心，午前整资料。

下午2时出发，寻找调令关以南直道。

先至303省道北侧第一个豁口，车进入不久即发现纯山脊，又行二三公里后，发现土路一直下行，最终路至尽头。查地图验证，该豁口处的道路不在子午岭主脉的山脊上，而是子午岭支脉一个较为宽阔的山脊。

又至省道北侧第二个被铁丝网拦住的豁口（在上一个豁口东侧）。三人越网入，在距公路30余米处选点，测GPS，编号，钻探，未发现路土。返至林场总部，询一戴姓职工，彼指定第二个豁口为秦直道，并带我们前往。

再次进入，步行不久即发现纯山脊路段。测GPS，钻探，发现路土，记录，照相。如此前行1公里多，道路多为较缓的下行，且荒野更甚，密林中的路上随处可见野猪的新鲜粪便。共在6个地点钻探，大部分发现了路土，且可分出黄、黑两色的上下层。真不虚此行也。

近7时返回。

今日收获：

1. 调令关海拔1730米，高出五里墩百余米，自关向北多为下行。

2. 调令关以北的钻探结果未出意料。钻探时选点极重要，要选纯山脊路段的中部，地点要平，要远离堑山路段和坡度大的路段。

3. 艾蒿店—调令关段直道长约17公里，印象：纯山脊路段较多，堑山路段特别是大型堑山路段少。

4. 调令关—黑麻湾段直道长十二三公里，多位于平坦、宽阔的纯山脊（秦直道全程中，像这样平坦、宽阔的纯山脊绝少），堑山路段更少。

7月21日　星期六　雨

小、中、大雨整整一天。

早起看天，阴，有风。早饭后退房、收拾，8时发。至调令关离省道向南，进入2公里余路泥泞受阻，下车钻探未见现象。大雨突来，向北急返，近关处路泥滑难行，三人雨中奋力推车才上省道。事后一阵后怕。

直道走不通，雨中沿省道东发。经转角至马栏，陕甘根据地旧址工字房前新楼巍然，又是枣大的馅一拃厚的皮，心里很不是滋味。

沿新路至石门关。因林场宾馆承接省市移动公司会议，无床位。去林场总部见罗书记，彼招待午餐。电话联系上旬邑博物馆原馆长张永超，张因新妻产子甫出院，今天不能来石门关。

饭后，雨中，罗书记带领诸人参观上月落成的秦直道博物馆，其陈列基本遵照当年仆、老陆、彦博给出的内容，心慰。再去宾馆，安排好四人的住宿。

下午整理钻探资料。

晚饭在宾馆，罗书记安排。

晚看电视，北京暴雨，几成泽国，马路漂车有淹毙者，绝对又是一项世界纪录。短视理念、面子工程的必然结果，可悲。

7月22日　星期日　晴

早起见天晴。不到6时张永超电，商定立刻来石门关，7时许至，一同早餐。

9时出发，沿石门关—马栏新公路，走走停停，寻找直道。在距石门关12公里处见旧路，小姜守车，四人入。至午，共深入约2公里，在6个纯山脊地点测GPS、钻探。其中3个地点见路土（1个地点可分上下层路土），2个地点无现象，直接打出岩底。如此，可以基本确认该路为直道矣。

返回1时。饭后张永超返县城。

下午，四人再赴石门关关口，看山上寺庙、秦汉遗址。

晚上，移动公司在宾馆楼下广场举办晚餐及篝火晚会，吃、喝、唱、舞，所请的美女、美男主持人肉麻地吹捧着移动公司的老总，直至夜11时，不堪其扰。

7月23日　星期一　阴间小雨

紧张、劳累，但收获不小的一天。

早饭后，似乎不甘心如此撤军，突发奇想再上子午岭。结账时电罗书记，其把住宿和吃饭的钱都免了，很过意不去。

沿新路经马栏、刘家店上子午岭。沿直道深入5公里后路遇积水，遂折返。途中选5个纯山脊或堑山路面的地点测GPS、钻探，其中3个地点发现路土。与此前不同的是，路土距地表较浅且路土较薄，不知何故。

测量、钻探时牛虻疯狂如仇，咬人无商量，每个人都恨不得再长出两只手来挥赶，状极狼狈。无奈之中，老张只好让小喻停止记录，手持树枝不停挥打，其余三人方能正常工作。近12时雨来，钻探结束，匆匆下山。

至马栏参观旧址，吃午饭，一人一碗面。

雨中沿新路经耀州庙湾、柳林、铜川新区，将泽余送至唐献陵工地。再至研究院基地，放置物品，为小喻办理进门卡、食宿等。返家已6时许。

今天开车约250公里。

此次考古调查自2012年7月17日始，23日止，凡7天。考古日志记录至此结束。

第四章 孤村夜语——考古日志选

说　　明

　　本部分以时间为序，择自2006—2012年秦直道发掘、调查时的考古日志，标题和注为此次所加。

直 道 吟[①]

秦车汉辙何处觅,
怆然独立崖头。
岭壑无语,
雀鸣枯枝,
惊乍雪林麋兔,
又是一番冬秋。
云尽处,
问斜直嵖岈老树,
可见秦皇旌旒。

图1 嵖岈老树

天涯无尽荒草路,
烽燧望断,
壮怀尽收。
吼一声三道蓝羊肚手巾,
小儿女,
长安忆,
泪频双流。

图2 无尽荒草路

---

① 该日记,择自2006年12月调查发掘陕西富县车路梁秦直道时所记的考古日志。此次虽然仅仅发掘了两条探沟,但却是有史以来秦直道全线第一次考古发掘。

东山月升早,

朔风起鄜州①。

2006 年 12 月 2 日

于陕北富县秦直道考古工地

附：考古日记

2006 年 12 月 2 日　星期六　晴

早晨，汽车温度计显示，气温零下 12 摄氏度，感觉更冷。至车路梁工地，直道上的荒草凝着厚厚的霜，冻土厚达 20 多厘米，众人冻得缩手缩脚。

今日工作分为 3 组：（1）小王、二技工带民工继续发掘探沟 1。（2）大刘、小李用 GPS 测量车路梁直道。（3）大王带民工发掘探沟以南直道上一座被盗的晚期墓。② 老张则三地巡回。

今日较顺利，至收工，探沟 1 东段在地表 90 厘米下发现了硬土面，可能是碾压的路土。GPS 测量直道约 4 公里，因 GPS 无电暂停。晚期墓的时代为清代，墓主女性，40~50 岁。该墓的盗洞经扩挖，其剖面为直道路面的地层提供了依据。

晚上大刘又作诗：

长坡不闻铁马声，

蹦跳山雀觅小虫；

人世苍茫随风去，

春来草木又新生。

大刘再三索句，老张作词（见前）。

---

① 富县即古鄜州，唐代诗人杜甫曾寓居于此，作有"三吏""三别"等。

② 大刘（彦博），时为《文博》编辑部副研究员。大王（永亮），富县文化馆馆长。小李（春阳），富县文物旅游局副局长。小王（有为），西北大学考古系硕士研究生。以上均为考古队成员。

黑　　户[①]

2007 年 4 月 11 日　星期三　晴

今日兵分两路。老张、占民、增社[②]步行调查直道，其余人继续发掘车路梁上的探沟。

调查的直道在本段的第二垭口以北至埝沟[③]的水磨坪村，万分之一地图上的全程直线距离约 5 公里，并用 GPS 测量。

自第二垭口向右手缓坡向下，其后的直道保存不好，共发现两处较明显的堑山遗迹。

其一为 GPS72 地点，堑山面东北—西南向，长 90~100 米，高 3~5 米。堑山垮塌土形成 45°的斜坡，将路面的大部分覆盖，可见的路面仅宽约 2 米。据估计，原直道路面宽 12~14 米，堑山面高约 10 米。

其二在 GPS72 地点以北约 200 米处。堑山面略呈东西向，长 40~50 米，高 2~3 米。堑山垮塌土形成的斜坡较陡，将路面全部覆盖。

从远处观察，堑山面垮塌形成的斜坡上，树木往往粗壮茂密；而路面以上的山梁和路面以下的山坡地带，树木稀疏，植被以草为主。

---

① 该日记，择自 2007 年 4—5 月调查发掘陕西富县秦直道时所记的考古日志。
② 占民（张占民）、增社（李增社），均为考古队成员。
③ 埝沟，系富县张家湾镇葫芦河北侧的一条岔沟，埝沟河为季节河，也是葫芦河的一条支流。秦直道自南向北过埝沟在水磨坪村上马莲沟梁北去。

调查至略与车路梁平行的捻沟，向北行约 2 公里，三人进入东北向的一荒沟。进沟约 4 公里未见任何古道路迹象，也未见人烟，无法问路。三人以 GPS 定位，再与万分之一地图核对，仍不能确定所在位置和行走方向。

时已过午，三人饥渴疲累，彷徨无措。忽遥闻远处犬吠，"有人家！"三人心喜。急前行数百米，见左手半山坡上有一土窑，甚矮陋破败。攀坡入内，见一女子，三十四五岁，肤色黑红，貌端好，正在炕上梳理织线。询之，知此地为黄土梁沟，查地图，方知调查方向大谬矣。

三人一屁股坐在炕头、门槛上，累得站不起来。顷，向女子央食，其也不问话，立马下炕，拢柴生火，炒菜造饭，操作麻利，无一多余动作。仅四十余分钟，香味弥漫窑内，盛在大瓷碗中的米饭、土豆丝炒肉端上。三人顾不上客气，饿虎下山般地大吃起来。

其间交谈，女主人毫不掩饰地说自己家为黑户，即无户口、无身份证，政府各部门（农业、林业、公安、民政、人口、计划生育等等）均未在册登记，中华人民共和国法定 13 亿余人口以外的人家。女主人还说："在这山里，黑户一满都有。"交谈得知，女子志丹人，其掌柜靖边人，两人青春时不满父母包办婚姻，私奔至此绝境安身，借放羊种地为生，已十八年矣。今育有二男一女，大男仅读至初一即辍学打工，二男小学五年级，小女小学二年级，都正在读书。

问其收入，答"养了一百只羊，一年卖万把元钱"（人均年收入 2000 元）。视其土窑内，除土炕、灶台、缸盆外，无一件家具。且无电，更无一件电器，夜来点蜡照明。窑壁上，贴满其儿女的语文、数学、英语作业簿的纸页。

问县里、乡里有人来过这里否。答"一满没人来过"。偶尔

图 1　现代版的兰花花

林业上的人来检查，两口子将羊群圈藏在山背后，发现了要罚款的。

未几，男主人返，其面色黑红，毛毛眼，隆鼻，典型的陕北俊后生也。女人盛饭夹菜，殷勤招呼，朴实自然。老张语于男主人："你有个好婆姨。"二人相视，憨厚地笑。

三人吃饱喝足，老张与增社稍作商议，付饭钱20元给女主人，不受，云"来一趟就不容易"，推辞再三方收下。临行，老张给二人照相，其并肩立于土窑前，老张喊：亲热点。男手搭女肩，笑容很灿烂。返回的途中，三人谈论着这"兰花花"的现代版，20多里的山路不觉得累。

附：十几天后老张给男主人的回信

光荣兄弟：

寄去照片，请查收。

那天，我们三人迷了路，又累又饿，你婆姨接待我们，辛苦为我们做饭，我们非常感谢。

你们都是好人，我们会永远记住你们的。

没有见到你们的三个孩子，希望他们好好读书，学习上有需要帮助的，请告诉我们。

问好，问你的好婆姨好，问孩子们好。

好人一生平安幸福。

张在明
2007年4月29日

大麦秸沟梁探直道[①]

2007 年 4 月 28 日　星期六　晴

占民、小史继续发掘探沟 4、5。老张、小王、小阎步行调查、GPS 测量大麦秸沟梁直道。[②]

该段直道长约 20 公里，因为远离村落，一路无人烟，加之绝大多部分路面被梢林覆没，过去从未调查过。

早 7 时半出发，至大麦秸村后山路尽，租用三轮农用车继续登山。三人手抓车帮蹲在车厢里，心都快被颠出来了。

至海拔 1530 米的山梁，其上直道路面明显，保存较好，然大部分被梢林覆盖。先向南调查至椿树庄附近，约 3 公里。再折向北，沿陕甘交界的山脊，即陕西大麦秸沟、桦树沟与甘肃瓦川沟的分水岭调查。

午，三人就榨菜啃了烧饼，每人的两瓶水也早早喝完。饭后继续调查，在白水崾岘[③]南一带的直道拐弯处走岔了路（该右拐而不该直走），向西北进入甘肃境内四五公里才发现。折回岔路口时已耽误两个多小时。吃了迷路的亏，每到直道拐弯处都格外小心，左右探看搜索，尽管耽误了一点时间，却避免了大方向的

---

① 该日记，择自 2007 年 4—5 月调查发掘陕西富县秦直道时所记的考古日志。大麦秸沟、桦树沟、瓦川沟，均为葫芦河南侧的支沟，大麦秸沟、桦树沟在陕西富县，瓦川沟在甘肃合水县。

② （张）占民、小王（有为），西北大学考古硕士研究生，均为考古队成员。小史、小阎，考古队技工。

③ 大麦秸村、椿树庄、白水崾岘，均为秦直道上曾经的居民点，今多已被废弃，无人居住。

失误。

天热，不少路段须低头在林丛中钻行，帽子不知被挂掉多少次，脸和手臂也被树枝划出了口子，被汗水浸过，火辣辣地疼。最要命的是渴，难耐的渴，嘴唇干裂，心里冒火。在这林木丛生的山梁上，绝对找不水。脚底磨出了泡，步伐越来越慢。由于时间紧和疲劳，后约三分之一路程的 GPS 测量点和拍照明显减少。

下午 6 时多，走到 4 月 14 日调查的终点，即最直、最宽的一段直道，稍微松了一口气，三人瘫倒在地上。天色将暮，老张知道，从这里下到桦树沟口走小路还有十几里，小路也仅走过一次，如果天黑前下不了山，手机无信号，绝水断粮，露宿山林一夜（当地老乡说过，山

图 1　林中跋涉

图 2　歇歇，确定方向

上的林子里有豹子、狼和野猪，十几年在子午岭跑下来，也确实见过豹子的脚印和长着半尺长獠牙的野猪），弄不好要出人命的。老张当机立断：玩命也得下山。

老张带路走在前边，三人咬牙拼命急奔。好在一路下坡，好在老天庇佑再未走错路，连滚带爬近两个小时后，终于在暮色中看见了远处的桦树沟口，看见救命的考古队汽车。激动的三人一阵乱喊："毛主席万岁！"又一次瘫倒在半山坡上。老张哑着嗓子朝山下的汽车大喊：拿水来！二十分钟后，小史抱着三瓶水爬了上

来，三人一气喝光，才有了下山的气力。

由于迷路，全天走了近60里路，下山已近8时。回想一天，不由得一阵后怕。

收获：

1. 全程GPS测量，资料显示，直道基本沿陕甘省界所在的山脊分布。从GPS上显示的两省分界线看，直道线路大部分在陕西境内，少部分线路在甘肃境内。

2. 直道的形制一般与葫芦河南相同，但在许多路段的外侧（靠沟一侧）发现与道路平行的排水沟，其中一个地点的沟宽4.3米，深0.4米。随着堑山面的转换，如直道在山脊东侧堑山转换为在山脊西侧堑山，这些排水沟也横穿路面，相应转换至路的外侧。横穿路面的排水沟上是否有桥，排水沟所在的路基是否经过特别处理，均须进一步考古发掘。

3. 桦树沟西的一段直道4月14日已初步调查，这次再调查证实，该段基本呈南北向，长约400米，宽30~40米，笔直，路面平坦，无杂树，很可能是富县乃至秦直道全线保存最好、最笔直的一段。

4. 三人的脚板都收获血泡，以小王最多。

兴隆关怀旧[①]

昨看艾蒿店,
今在兴隆关。
麻湾饿饭处,[②]
一别十八年。[③]

2008 年 11 月 29 日

图 1　兴隆关

[①] 该诗择自 2008 年 11 月 28—30 日调查黄陵秦直道时所记的考古日志。
[②] 艾蒿店、兴隆关、麻湾（黑麻湾），均为秦直道上曾经的居民点，今已被废弃。
[③] 十八年前的 1990 年 8 月，王子今、焦南峰、周苏平、张在明四人步行调查秦直道时，曾在黑麻湾林业站乞食。

岭上读《夹边沟》有感[1]

灯暗土炕暖，
鹡鸰[2]读《夹边》。
一路滂沱泪，
又上子午巅。
共和卅年史，
一书抵万篇。
掩卷独自忖，
旧页仍连年。

2008 年 11 月 30 日

---

[1] 该诗择自 2008 年 11 月 28—30 日调查黄陵秦直道时所记的考古日志。
[2] 鹡鸰，即鹡鸰沟，在宝鸡坪头镇，仆在此插队两年。

马莲崾岘被狗咬[①]

2008 年 12 月 21 日　星期日　晴　冬至

一夜寒风，早起温度零下 18 摄氏度，为近二十年未见。延至 10 时，日头明亮，温度升至零下 16 摄氏度，上山。海拔 1600 米的子午岭山巅，西风刺面如刀割，众人皆叫苦。

继续挖探沟、钻探，包括钻探南桂花烽燧遗址。

老张、老李[②]驱车沿子午岭北上，勘探兴隆关以北直道。一路路况尚可，经椿树园、碾子梁、七里店、午亭子、梨树湾、庙湾，至马莲崾岘。

马莲崾岘仅有土窑洞二三孔，居民一户，牧羊为业。有狗十余只，皆凶悍暴戾，逢人狂吠，幸多有铁链束缚。至，户主不在，仅有一十五岁女童值门。老张上前询女童，一巨犬忽飞扑前，在老张左腿猛咬一口。老张弯腰举手，犬退。视之，虽着牛仔、毛线裤，难抵犬牙如刀，腿伤虽浅，但已出血矣。

女童至前，以铁链拴定巨犬。老张、老李向女童问路，照相后离去。途中，老李力主去县城医院打狂犬疫苗。老张自忖，此地至最近的甘肃宁县、合水县城在百公里以上，且路况不佳，就算到了县城，医院也未必有狂犬疫苗，遂罢。

在午亭子以南、以北，均发现数处堑山路面，最长约 200 米，宽 20 余米。上世纪 80 年代甘肃省文物局调查报告称，该段路面宽仅 5~6 米，不知为何有如

[①] 该日记，择自 2008 年 12 月调查发掘陕西黄陵县秦直道时所记的考古日志。此次调查发掘，确认了南桂花的秦直道，是秦直道全线工程量最大的填方路段。

[②] 老李，李满仓，考古队成员。

图 1　马莲崾岘女孩：恶狗的小主人

此大的差异。

从万分之一地图看，午亭子西北 2~3 公里处，即为子午岭主脉与东侧支脉之结点，从此结点至富县大麦秸沟西梁之直道（富县调查时已落实）约 30 公里，且一直沿山脊选线（也是陕甘之省界），当年的直道是否会这样走？这样选线至少有两点好处：1. 不走弯曲起伏的蚰蜒岭，不用跨越葫芦河支流小河，同时避免一个上山和下山。2. 少走 20~30 公里。如果这条路线可以确定，那么，从旬邑黑麻湾至富县坡根底，秦直道就一直沿陕甘省界走，倒也简单明了。①

这一段路线过去无人提出，也无人走过，值得一探。

午亭子极重要，值得关注。1. 午亭者，子午岭之亭也，与秦汉行政制度相合。2. 午亭子是一个交通枢纽，目前看，午亭子至少通四个方向：南通兴隆关，东下山达槐树庄，西北沿子午岭主脉至华池，西下山抵合水。假如上述观点成立，即算上午亭子西北 2~3 公里处的结点，就又增加了一个方向：正北，通向秦汉的北方前线。

考察兴隆关至午亭子直道的收获：

1. 秦直道的走向，远比已知和想象的复杂。我一直主张，不要轻易否定别人的观点，特别是不要轻易否定史念海先生的观点。因为，不论是从文献和现存遗迹看，史念海先生都是慎重的。若仅从时代不明的零星、断续的堑山路面勾连成线去判断，秦直道的主干线，至少是支线，可以有许多条。若仅依据自己走过的一条判定，容易犯瞎子摸象的错误。

2. 秦直道的主干线从修成到完全废弃，近千年，此间，由于自然、政治、经济等原因，一些路段被废弃，局部修改线路，增加一些支线，再正常不过了。康藏、青藏两路，修好才五十多年，改线、重修不知有多少，何况秦直道？

3. 考古发掘的缺失，特别是科学、有准确地层关系的考古遗迹的缺失，是秦直道研究的一大弱点，须实在跟进。

---

① 南桂花、椿树园、碾子梁、七里店、午亭子、梨树湾、庙湾、马莲崾岘、大麦秸沟、蚰蜒岭、坡根底，均为秦直道上曾经的居民点，今多已被废弃。

白胖子、黑胖子[1]

2009年3月6日　星期五　晴转多云

早起，门口盆中的水结冰约半寸厚，众人皆曰冷。

上下午各又增七民工，至此，民工总数已达二十一人。

直道南侧高台钻探，发现东西向排水沟，又增加一道路现象品种。西部探方砖瓦堆积清理毕，照相。中部探方发现车辙辙梁，鼓舞人心。

发掘才仅仅两天，前几年在葫芦河以北车路梁上秦直道发掘的各种主要遗迹均有露头，使人意想不到。但愿能搞清这些遗迹的内在联系，即直道的走向、结构、直道建筑的布局及与直道的关系。

数日下来，深感此时的发掘实在不是时候，人冷不说，土冻近1尺，出土的迹象隔日又冻结，费时又费工矣。

今天增加的民工中，有白胖子、黑胖子两人，一定要写几句。

说起来，两个胖子都是当地有脸面的人物。他们都是陕西富县林场五里铺林业站的职工，方圆几十里的原始林和次生林的安全防护都归他们管。

前天一早在工地，天寒地冻，手都伸不出来，钻探、记录、照相都成了问题。老张灵机一动，组织大家将施工方清理的遍地枯枝、树根点了堆篝火，火苗有1米多高，别说，大家马上觉得暖和了不少。

大家得意了不到一小时，一辆摩托车从远处开来。民工们说，出麻达咧，林场的人来了，要罚款哩。

---

[1] 该日记，择自2009年3—5月调查发掘陕西富县秦直道时所记的考古日志。

图 1　熊熊的篝火又点着了

图 2　两个胖子干活很实在

摩托开到火堆旁，下来一白一黑两个胖子。两人都是五短身材，浓眉大眼，魁梧而朴实，要不是一白一黑，真有点像兄弟俩。老张上去，递烟。胖子：上边有规定……冬天……防火……。老张：对不起……对不起……承认错误……下不为例……。看两个胖子没提罚款，老张当机立断，喊人立马灭火，明火灭了，还用土盖上冒烟的树根，实诚而恳切。两个胖子临走前：抽烟要小心！

胖子走后，民工们说："见你们是省上来的考古队，态度好，没罚款。"是呀，态度当然好，一个60岁的老汉（的确，下个月，老张就正式晋升花甲），对两个不到30岁的年轻人，就差下跪了。

想不到今天早上一上工，两个胖子来到工地，要求当民工参加发掘。毕竟，一天50元的工资，对工资菲薄的林场职工来说，还是很有诱惑力的。

老张：在我们这儿干，不影响你们的工作？胖子：不影响，下工以后我们去山上转一圈（指巡视林区，防火防灾）就行了。

老张：好，你俩今天就上班。老张顿了一下，面无表情地看着远处：你俩先给咱把火点上。你看，大家冻得没法干么。

两个胖子互相看了一眼，转身去捡遍地的枯枝树根。几分钟之后，熊熊篝火燃起，火苗近2米高。考古队干部、技工、民工的脸上都有了笑。

看着两个胖子操心地经管着篝火，不时地添加树根，将篝火周围枯黄的蒿草铲去，防止篝火蔓延，下班前将明火熄灭，细心地用土将余烬覆盖，老张在心里骂着自己：真他妈老流氓，仗着手里的那点权，不惜用钞票的皮鞭抽打两个胖子的职业良心，老流氓呀老流氓！骂够了，又为自己辩解：实在是没办法呀，大家都冻成孙子了，活怎么干？说到底，陕北的正月哪有干考古的？这不是糟蹋行当吗？最后的结论是：高速公路！① 高速，高速，赶着去死呀！

骂自己、为自己辩解，老张心里的拉锯战，整整进行了一天。

---

① 该考古发掘，是为了配合国家项目青（岛）兰（州）高速公路陕西境青皮塔—雷家角段进行的。

找　　边①

2009年3月19日　星期四　晴转多云

早，高速公路施工方派来推土机及四名工人，配合考古队发掘。②顺公路布3个5米×5米的探方。至下午收工，共清出马蹄形、圆形陶窑各1座及灰坑。灰坑和窑内有大量的绳纹筒瓦、板瓦及灰陶盆、罐、甑、钵残片。绳纹瓦的内面，大部分饰布纹，少量饰大麻点纹，说明这批陶窑的最早时代，可能在秦代。

探方以东，还发现一大型圆形陶窑，已被施工方破坏得仅剩下窑床底部，殊为可惜。

考古发掘中的"找边"是一件很愉快的事。本来是被黄土覆盖了数千年的混沌一体的土层堆积，用眼睛看，用脑子分析，再用手铲，甚至竹签，细心地剥离出两种不同土质的边界，或土与石、砖、烧结物的边界，最后剥离出某种质地、形状、颜色的古代遗存，再最后，得出你对这一遗存的判断和结论。

找到难度大的"边"，其满足度甚至能达到快感的程度，如嗜酒者饮茅台，嗜毒者抽鸦片。

社会里看人、认人，往往也有这样一个过程。通过一件事，一件考验人的心

---

① 该日记，择自2009年3—5月调查发掘陕西富县秦直道时所记的考古日志。
② 2009年3—5月秦直道考古队除负责富县桦沟口秦直道遗址的发掘外，还承担着配合青（岛）兰（州）高速公路洛川、富县段其他五个文物点的考古发掘和调查。该日记所记的，是富县张村驿镇一秦汉窑址的发掘。

智、道德、良心的事，透过这个人平时自我标榜的华丽外表，看到人性阴暗的一面，一下子发现了这个人的"边"，或者叫底线。这一过程很冷酷，绝对不是一件愉快的事；当这个人是你的朋友时，是寒心、失望；这个人不是朋友时，虽有一些旁观者的快意，更多的，还是对人这种动物的冷反思。

《魔鬼辞典》里，对"恶棍"一词的解释：卖水果的没小心从水果箱的反面打开了纸箱。绝了！

午饭，镇上小铺的羊杂碎很好吃，热烈而结实，陕北第一。

发现脚印[①]

2009年4月25日　星期六　晴

早饭后，刘彦博[②]乘班车经西峰返西安。

早去工地，见探方内残水结冰，始知昨夜打电脑文字时腿寒之原因。时近5月结冰，鲜见矣。

全天发掘，并开始测绘。

上午，因怀疑靠山一侧的夯土可能是阙址，老张电王子今[③]，询古文献记载的秦汉门阙情况。

又有探方发现脚印，共13个，有男，有女，有小孩，当时立刻想到了孟姜女，但马上否定：1.孟姜女是个美丽的传说；2.秦代的孟姜女如果走过秦直道，她的脚印应该留在这一层以下十几厘米的下层路面上，现在的脚印是西汉中期至两汉之间。

无论如何，这是写小说的绝佳素材，使人浮想联翩。

在工地，老张与众人相商，决定5月15日结束工地，一应工作要以此为据。

发掘至此，出土车辙共有4期，其中2、3期分界尚不明晰。

[①] 该日记，择自2009年3—5月调查发掘陕西富县秦直道时所记的考古日志。
[②] 刘彦博，时为陕西省文物信息中心副研究员。
[③] 王子今，中国人民大学教授、中国秦汉史研究会会长。

图 1　发现脚印

图 2　和"孟姜女"留个影

中午下班时汽车后轮爆胎。下午，老张、小姜①去和尚塬补胎未果。造访和尚塬村村长，彼云，埝沟内的松树沟一庙址里有4~5米高的石造像，值得一去。

晚，小赵、小强②宿考古队。

---

① 小姜（家乃），考古队成员。
② 小赵、小强，某考古勘探测绘公司工作人员，来工地测绘大型考古发掘地形图。

文保员老焦[①]

2009年4月27日　星期一　晴

全天发掘、测绘。

上午老张电张建林[②]副院长，汇报发掘情况。张对发掘、测绘、保护均有建议。

下午老张与大家商定，车辙、脚印等六处重要遗迹用石膏制模，委托和鹏、张明菊[③]办理。

今天工地探方、上山盘山道测绘毕。

在中国，管文物考古的最高"衙门"是国家文物局，最下面的"腿"就是文保员了。文保员全称为文物保护员，是县文物部门在文物点所在地聘用的农民，一年有少量的补贴。文保员的任务是巡视保护文物，有情况向上边报告。

文保员焦怀章50来岁，河南人，来此地三十多年乡音不改。一身衣服一年洗一回，但干活没问题。考古队来了要雇民工，老焦自然是第一个。那天民工拉话，说到活少了工地要裁人，老焦说，裁了克林顿也裁不到我老焦。

老焦是个真正的"无知无畏者"。在工地，考古队经常讨论一些拿不准的问题，大家很谨慎地用"有可能""大概""不排除"时，他不时地河南腔大嗓门插话，断言某某长某某短。世界上任何事，哪怕是美国大选、海湾战争，甚至原子弹、

[①] 该日记，择自2009年3—5月调查发掘陕西富县秦直道时所记的考古日志。
[②] 张建林，隋唐考古、西藏考古研究员，时任陕西省考古研究院副院长。
[③] 和鹏、张明菊，均为考古队技工。

图1　老焦干活没问题

航天飞机、登月计划他都敢发言，常常弄得大家哭笑不得。今天下午他又插话大谈秦始皇时，老张问：关公早还是秦始皇早？他脱口答：关公早。小姜又问：朱元璋早还是李世民早？答：朱元璋早。众皆笑。

老焦不解地看着大家，也憨憨地笑。

围 剿 公 鸡[①]

2009年4月28日　星期二　晴

全天发掘、测绘。

除发掘探方、探沟外，又开探沟对靠山夯土进行解剖。初步认定，该夯土台长约30米，宽约20米，高6~7米，其规模之大出乎意料。

午，叶学明[②]先生电老张，询发掘情况，并嘱要谨慎细心，对于遗迹现象宁不够毋过。

下午，陈兰[③]与延安市文物局某及延安电视台记者来工地，带来为考古队买的石膏、麻布。老张介绍发掘情况后，电视台现场拍摄并采访陈兰、老张。

昨晚买一公鸡，准备下午杀了为老罗[④]饯行，无奈公鸡越狱逃脱。下班后考古队全体出动，加上"地方部队"（民工）共八人，崖上崖下包抄堵截。机灵百倍的敌鸡在崖缝、树丛间东躲西藏，围剿近一小时无果。最后，考古队失望地放弃了活捉方案，"地方部队"用半截砖和石块猛烈炮击，宁死不屈的公鸡终于舍生取义。众人气喘吁吁、汗流浃背地提着公鸡的尸体凯旋时，新月已上太白镇[⑤]的西山。

---

① 该日记，择自2009年3—5月调查发掘陕西富县秦直道时所记的考古日志。
② 叶学明，考古研究员，国家文物局考古专家组成员。
③ 陈兰，陕西富县文物旅游局局长。
④ 老罗，罗新，山西省考古研究所原副所长。
⑤ 太白镇，考古队驻地，辖于甘肃省合水县。

入 桃 源[①]

2009 年 5 月 1 日　星期五　晴

全天发掘。

早趁天气晴好，老张、小姜上对面山上拍照工地和"之"字形盘山道。后又进桦沟，调查可登秦直道的几条采油简易公路。行约 10 公里路尽，沟道稍平阔。二人看岭山葱绿，梨花粉白，一牧者殷殷探问，木栅栏内猪羊相闻。五一节日来此桃源地，心情大畅且不虚此行也。

下午继续发掘"之"字形盘山道，探沟内发现夯土护坡、路土，但愿现象多多。

晚上记考古日志，想白天入桃源境，遂成句。

（一）

春晚子午岭，

独爱雨后青山。

苍莽净洗，一尘不染，

穹宇湛蓝云如棉。

长恨塞北无春天，

深翠嫩绿尽驳斑。

[①] 该日记，择自 2009 年 3—5 月调查发掘陕西富县桦沟口秦直道时所记的考古日志。

第四章 孤村夜语——考古日志选

图1 桃红李白梦桃源1

借问秦辙路边骨,
可知人无眠,
春闺泪飞万重关。

（二）
梦里千度,
青青石板小镇路。
布伞雨巷,摩肩丁香,
撩起惆怅无数。

图2 桃红李白梦桃源2

桃林尽处山口,
家在何处,
把心持护,
那堪红肥绿素。
梦醒,梦醒,
大漠大河泪如注。

图3 言爹放羊去

出土铜镞①

2009年5月9日　星期六　多云转雨

上午发掘。

下部探方车辙辙梁上出土无铤铜镞1件，与前年车路梁所出铜镞迥异，甚喜。查看铜镞方向，系自下而上，略为自东向西，可判断为匈奴一方使用的武器。算一下，两次铜镞出土地点相距（直线距离）仅两三公里，看来，桦沟口这个秦直道上的关卡，经历了不止一次的南北战争。

图1　技工小王手气好

11时许，老张、振智等人自富县至工地，参观发掘后登车路梁察看直道。近12时，甘泉县文物局某局长、刘虎林来工地，老罗介绍发掘情况。②后，历博、甘泉七人在考古队午餐后离去。

今天探方内出土铜镞，适逢振智、虎林等人来工地，莫非是老同学、老朋友带来的福气？

午后雨大，下午停工，享受到少有的半日休息。

---

① 该日记，择自2009年3—5月调查发掘陕西富县秦直道时所记的考古日志。
② 振智，马振智，研究员，陕西历史博物馆副馆长。刘虎林，甘泉县文联主席。

祭奠亡灵[①]

2009年5月20日　星期三　晴

上午，核对探方记录，回填探方、探沟，采集路土、人骨标本，准备做鉴定。

下午，祭奠、掩埋人骨。

考古队全体来到工地的两个已发掘的墓地，拿出镇上买来的红布、烧纸和一瓶白酒，用红布覆盖人骨，掩埋，酹酒，焚纸。老张带领大家三鞠躬。

几十年的考古干下来，常常发生这样的疑问：每个考古人一生中都会挖不少墓，对于出土的人骨，一般都按考古惯例，采集个别标本后就地回埋。差一些的，甚至任其暴露、抛弃，惊扰了那么多人的祖先，打着科学研究（老张曾多次自嘲，考古就是打着科学旗号的盗墓）和文物保护的旗号就能说过去吗？

这，是一个父亲？母亲？儿子？女儿？是三千里外江南水乡春闺的那个梦里人？

说句老话：造孽！谁没有父母和祖先。

改变对古人和历史的轻慢，从现在开始。

20世纪80年代，陕西临潼的新石器时代康家遗址，从美国回来的哈佛博士刘莉女士主持考古。开挖前，她举行了隆重的开挖仪式，焚香，杀鸡公，放鞭炮。发掘后，祭奠、掩埋出土的人骨。考古界很多人惊讶：哈佛的博士咋也这么迷信！

[①] 该日记，择自2009年3—5月调查发掘陕西富县秦直道时所记的考古日志。

图 1 祭奠亡灵 1

图 2 祭奠亡灵 2

二十多年过去了，更多的考古人在思索：科学真的可以代替宗教吗？

下午近 4 时，研究院陈显琪、王炜林、肖健一、曹龙来。①陈显琪书记告诉老张，日本一 80 岁的古道路学者欲在 6 月 5 日来现场考察并座谈，让做好准备。

---

① 陈显琪、王炜林，分别为陕西考古研究院书记、副院长。肖健一、曹龙，研究院副研究员。

夜上子午岭①

2010年7月21日　星期三　晴

早，老张、增社、小姜自西安发。至研究院基地会合技工老陈、小吕、小刘，将被褥、灶具等装车，小姜与三技工驱一车先发去桂花园②。

老张、增社至耀州接从淳化赶来的王谦，因联络所误，耽误约一小时。③午1:30至富县，陈兰、永亮请餐，陈馈酒、烟。后，借富县文物旅游局的小面包车，发。经黄陵隆坊至店头，购洗衣粉、肥皂、手套等，给车换机油后再发。

晚上约7时，过上畛子④的五个白高墙监狱，距桂花园约20公里时车被颠熄火，停在子午岭下前后无人烟处。检查无果后，老张电小姜，彼与小刘带麻绳、手电驱车赶来，又检查无果。遂以麻绳连接二车，增社驾前车，载众人，小姜驾后车，以每小时15公里的速度翻越子午岭。天黑、山大、路陡，众人心情紧张，大气不敢出，唯恐绳断、拴绳之铁环断裂或二车相撞。老张在车上把头探出窗外，不断地大喊："慢！慢！""上坡！上坡！""下坡！下坡！""前面急转弯，慢！"终于爬上了子午岭。至桂花园松了口气，看表，已10点半矣，大家才感到了累、饿。

每人一碗烩面后，睡觉。

吃面时小姜说，来途中，彼车与一乌鸦相撞，心谓之不祥，其后果然应在后车。总之，今日出师不利，但愿以后顺遂。

仍宿于林场招待所。

---

① 该日记，择自2010年7—10月调查发掘黄陵秦直道时所记的考古日志。
② 桂花园，甘肃省宁县桂花园林场所在地，位于子午岭主脉西侧，海拔1540余米，距秦直道8公里。
③ 王谦，为考古队成员。老陈、小吕、小刘，均为考古队技工。
④ 上畛子，位于子午岭主脉东侧，辖于黄陵，此处监狱与旬邑马栏、富县槐树庄处并称为陕西三大监狱。

子午岭牛虻[①]

2010 年 7 月 30 日　星期五　晴

今日，五里墩烽燧继续发掘，另开始发掘窑庄山直道。

早饭后，老张、小姜及小吕、小刘至南桂花路段探沟，察看后发现，探沟内未发现早期路面。遂决定该探沟工作暂停。

后又至北桂花以南的窑庄山堑山直道，该地杂草没人，艰难穿行后选定地点。[②] 至下午收工，该地的杂草已平完，所布探沟长 46 米余，含 5 米 ×5 米的探方 9 个，并从两端开始发掘。

钻探得知，靠沟一侧的探方里，1 米以下即见路土等现象。

五里墩烽燧发掘其半，因未布方，纠正之。发掘的二分之一显示，原烽燧夯筑，三层阶梯状方台，登台踏步西向，二层台上筑有矮墙。台底边长 7.8 米，高 2 米，墙内长 4.9 米。因风蚀破坏，保存不好，原貌仍欠清晰。决定再发掘四分之一，以搞清全貌。

一天下来，使人受不了的首先是热。中午，子午岭在太阳的炙烤下，林子里如蒸笼一般，稍一动作即汗如泉涌，不一会儿就浑身汗透。不断喝水也一天不尿，傍晚，终于排出了这一天的第一泡尿，量很少，颜色黄里透红，让人胆战心惊地

[①] 该日记，择自 2010 年 7—9 月调查发掘黄陵秦直道时所记的考古日志。
[②] 五里墩、窑庄山、南桂花、北桂花，均为秦直道上曾经的居民点，今多已被废弃，如五里墩有一林业站点，窑庄山、北桂花无人居住，南桂花仅居住一户。

想到了血尿。

更让人害怕的，是牛虻（当地人称牛蝇）的厉害。人乍到一地，嗅觉极敏锐的牛虻立即闻到汗味，马上嗡嗡然结队来袭，不一刻，就爬满人的头、脸、两臂和上身，特别是背部，多者能爬二三十只，用手挥赶也毫不理会。附体的牛虻隔衣猛叮，甚至两层衣裳也能叮透，感到了痛，一巴掌打去，鲜血裹着牛虻落地。不一会儿，拍牛虻的手就被血染红了。

说来也可怜，在世界上各类长翅膀的昆虫里，牛虻可能是飞行速度最慢、反应最迟钝的。完全用不着"稳准狠"，随便一巴掌就能打死一只。为吸一口血而豁出命的愚猛、执着，使人想起了义和团。尽管无奈，尽管不屑，但你必须和它周旋，为了自卫，亲手杀死一只只廉价的生命。一天下来，带着浑身的红肿，看着手上沾满的自己和敌人的血，你会绝望到发疯。这真是让人毫无办法，除非你什么也不干，拿着草帽一秒钟也不停地挥舞。

当地人说，牛虻能叮死牛，估计可能是病牛或老牛。想到那么厚的牛皮都抵挡不住牛虻的嘴，真让人不寒而栗。

考古队员被叮得叫苦连天，突然发现，一起干活的当地民工的身上却少有牛虻叮爬，难道他们与牛虻是亲戚？问其故，说，我们穿的是化纤，你们都穿棉布，牛虻最爱叮。

图1　收工下山

当地人还说，立秋以后牛虻就少了，如果再下上一两场雨，牛虻就没有了。看到了希望，大家马上扳指头，算立秋的日子。

下工后，考古队的房子稍作调整，老张、小姜搬至林场另一职工家，独立的小院，一人一间房子。关上小院大门，脱了个赤条条一丝不挂，一盆自来水自头顶浇下，冲去一天的汗水和疲惫。

互相看背部牛虻叮咬的红肿点，小姜的如晴夜繁星，达四十余个。老张稍少，有二十余。互相拍照，存证留念。

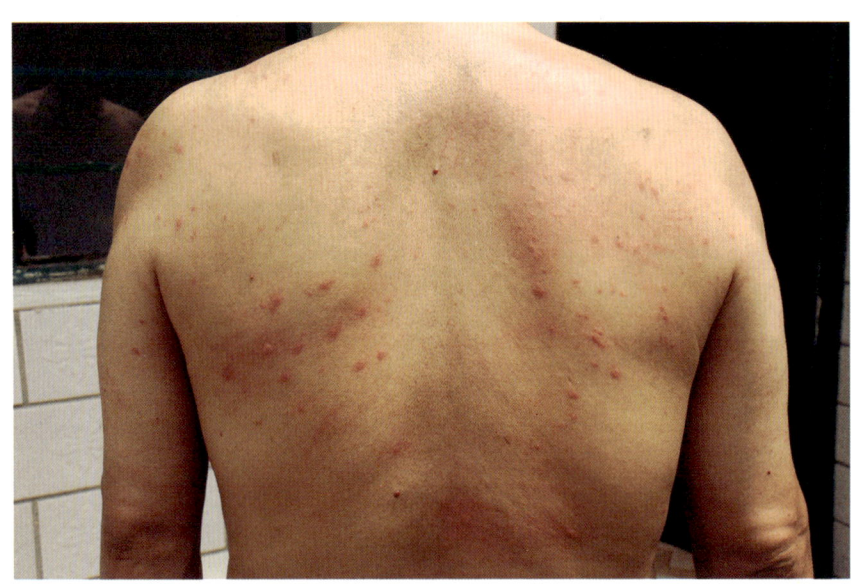

图 2　向谁讨还血债

行 路 难[1]

2010年8月8日　星期日　阴

今日还是上八民工，两地点继续发掘。

五里墩烽燧向北扩方，绘图后工作暂时结束。

窑庄山直道探沟全面下挖，但未见现象，不知何故。

老张、小姜体验了祸不单行。

早8时，老张、小姜驱车自西安返工地。先去考古研究院高陵基地取帐篷，三个库房都找不着，无奈只好北上。

近午，车开至宜君梁忽然抛锚，又逢一阵大雨。二人分头打电话，好不容易请来铜川的修车师傅。检查，离合器出了故障，须换配件，修车师傅又返回铜川去取。二人躺在路边的草丛里，急，饿，渴，心情坏到了极点。整整耽误了四个多小时才将车修好，开到店头吃午饭，已6点半矣。

饭后发，本计划赶天擦黑赶回桂花园，不料才走了七八公里又碰上近百辆车的大堵车。原来，近午此地也下了一场暴雨，将店头至双龙间一段约2公里的简易路冲毁，致使道路泥泞难行，不少车陷入泥沼抛锚。

一寸一寸地蜗行—等待—一寸一寸地蜗行—等待，就这样过了近三个小时。最后的数十米烂泥路，我们的小面包不断在泥沼中打转、后滑、左偏、右偏。老

---

[1] 该日记，择自2010年7—10月调查发掘黄陵秦直道时所记的考古日志。

张下车，指挥，推车，调度别的车配合，弄得双手、双脚、双腿，甚至脸和头都是烂泥。多亏小姜车技纯熟，多亏苍苍老天庇佑，终于走出了泥沼。

回头看，几辆抛锚车的人，有的拿出方便面、饼子、榨菜，有的在整理毛毯、床单，他们已经准备在此过夜。不如此，又能怎么样呢？来直升机接你？做梦去吧！

一阵后怕，满腔幸福。

事后小姜说，那么多好车（名牌车、进口车）、大车（越野车、大货车）都陷在这里出不来，我们这国产的"五菱"小面包（新车价格才3万多）竟然出来了，谁信呀！

算下来，40公里的路走了五个多小时，到达桂花园驻地已过半夜12点。凉水洗去浑身的泥，热水也未喝一口，倒头睡去。

垭口遇雨[①]

2010年8月9日　星期一　阴转雨

今日上八民工。

窑庄山直道探沟继续发掘,人员除小姜、小吕外,增加了王谦。至午,西2探方内发现路土。

另,老张、老陈及三民工至南桂花东侧的直道垭口勘察。此地可能是黄陵县境内50余公里的直道上唯一的垭口,老张在2007年调查时即发现。直道在此略呈东西向,长约20米。垭口原宽度约11米,现已坍塌成缓坡鞍形。垭口路面中心高,两端斜坡向下。在垭口中心

图1　深藏于密林中的垭口直道

---

① 该日记,择自2010年7—10月调查发掘黄陵秦直道时所记的考古日志。

图2 斩木伐草，清理发掘区　　　　　　　　　　图3 饭后，坐在半尺厚的落叶上发一会儿呆

打了3个钻孔，均在距地表90~110厘米处发现路土，其色黑，坚硬，呈千层饼状，厚15~20厘米。心喜。

遂斧镢交挥，斩木伐草，清理平整发掘区。至午，布好垂直于直道的2米宽探沟一条，内含5米×5米的探方3个。

林中选一片稍平之地，五人杂坐在2寸厚的腐叶上吃午饭。第一碗方便面刚泡好就开始落雨点，心存侥幸可能是过云雨。匆匆吃完第一碗后雨点变大，打得树上枝叶啪啪作响。

老张当机下令："撤！"众人急忙用塑料布遮盖好探方，收拾发掘工具，会合小姜等人上车出山。大家都知道，在这子午岭深处的密林里，稍有些雨，人车就会困在林中，不等天晴路干透，谁也别想出来。

这样的亏吃得多了。

车陷艾蒿店[①]

2010 年 9 月 1 日　星期三　晴转暴雨夹冰雹转阴

惊心动魄、备受煎熬的一天。

一早大晴天，上六民工，两地继续发掘。

考古队全体先至南桂花的垭口，现场观摩交流情况后分头发掘。

老张、小姜再次驱车去艾蒿店调查。至五里墩南七八公里车再次陷泥中，幸亏带有铁锨，挖泥、垫土，浑身泥土，疲惫不堪，干了约一小时才将车弄了出来。

午，一人一碗方便面后来了精神，决定继续前行。约 2 时，行至距艾蒿店约 2 公里时，老天毫无前奏地在一分钟之内突变，乌云变戏法一样突然遮住了天，暴雨夹着冰雹倾盆而下。车正好熄火停在一个山洼的低洼处，进退都是上坡位置使人两难。无奈，只有坐在车里听着雨点和冰雹擂鼓般击打着车顶，恐惧在心中升起，担心暴雨引发泥石流将车带人卷走，担心就这样困在车里，可能是一夜，可能是两天，手机没有信号，绝粮断水，在这方圆几十里见不到一个人的子午岭密林中。

当时想到，如果转移一下位置，手机有了信号，是否要打 110 报警，或者向院里或林场告急，请求救援。

暴雨一口气下了一小时后，雨稍小了，又过了半小时，雨基本停了。两人商

[①] 该日记，择自 2010 年 7—10 月调查发掘黄陵秦直道时所记的考古日志。

量后,决定弃车步行,走出大山,如果手机有了信号,再向考古队的其他人求援,派蹦蹦车或摩托来接。

将面包车安顿好,带上相机等贵重用品,穿着浑身几乎湿透的衣服,两人步行出发。2公里后,手机有了信号。与小崔联系后得知,对方也困在山中,目前正在边修路边往深山外边的公路上赶。

约 25 里的山路走了三小时,离公路上的五里墩还有三四公里时,小贡步行来接。走了一两公里后王谦、小崔也步行来接。① 精疲力尽地赶到五里墩时,天已摸黑。坐上蹦蹦车回到桂花园考古队驻地,已 8 时矣。

这是今年第三次深入不毛之地调查艾蒿店的秦直道,按到达目的地为标准,还是失败了。艾蒿店啊艾蒿店,见你怎么这么难!

---

① 小贡,考古队技工。小崔,考古队雇佣的甘肃宁县民工。

蚰蜒岭上三片瓦[①]

2010年9月12日　星期日　晴

今日大收获，兴奋。晚饭后给十余个同行、好友发短信，曰：蚰蜒岭上三片瓦，再次验证东线说。——直道考古有感。

上午上四民工，继续发掘蚰蜒岭直道。

考古队的车在修，大家去工地只好搭乘民工小崔的蹦蹦车，大家和民工一样，手抓着车帮子蹲在车厢里（如果坐着，遇到一个大坑，会把人颠到车外），从驻地到工地颠了一小时十分钟，颠得五脏六腑全部重新排列组合。下班依旧。

深叹：1.还是自己的破面包舒服。2.甘肃这些民工也真不容易，就是这样的车，每天光路上就要颠三个小时，因为他们的村子距工地比考古队更远。

到中午，两个探沟的一半清完，均发现了下层路面。至此，兴隆关以东三个地点（蚰蜒岭、富县桦沟口、车路梁）的秦直道都是上下两层路面，符合预期。遂按程序照相、绘图、做记录。下午继续清理另一半。至收工，T2下层清完，遂又照相、绘图。

T1与T2截然相反，T1的上层路面出了六七片晚期瓷片，T2一片未见；相反，T2下层出了三片西汉的绳纹瓦，T1却是光头。

[①] 该日记，择自2010年7—10月调查发掘黄陵秦直道时所记的考古日志。蚰蜒岭，起于子午岭上的兴隆关，是子午岭向东的一条支脉，陕西黄陵县和富县以此为界。秦直道"东线说"认为，秦直道自南向北至兴隆关后，沿蚰蜒岭折向东，再折向北。

尤其让人兴奋的是，T2下层出的三片绳纹瓦，两片压在路面上，一片出于路面下的灰坑内，三片瓦像肉夹馍一样夹住了下层路面，也卡住了下层路面的绝对年代（约秦至西汉早期），是一大幸事。

看《华商报》的秦直道论坛，诸位大家侃侃大谈直道的东线、西线说，口气都大得吓人，但认真跑一跑直道、真正了解直道的又有几人。中国学术界急功近利的浮夸、短视，于此可见一斑。

晚9时半，小姜、王谦终于修车归来，明天可以不坐小崔的蹦蹦车挨颠了，幸福呀。

图1 扶稳，不敢晃

图2 空山不见人

考古的沧海一粟[①]

2010年9月14日　星期二　阴

今日收获颇丰，只恨时间太短，一点也不觉得累。

上四民工，继续发掘蚰蜒岭上二探沟。

为了搞清T2的人工坑，在T2的东侧扩一方，想不到有意外收获。1.探方内出车辙辙梁两道，质地、结构、颜色与富县桦沟口直道的完全一样，大有再次重逢、相见恨晚的感觉，说明两地路面很可能是同期的。2.该辙梁走向与今林区简易路并不重合，而是向南偏出约20度，指向探沟南侧的大型断崖坑，直道路面在坑边戛然而止，准确无误地证明了人工坑的作用就是破坏道路，而且也成功地破坏了道路。3.前天出的能卡住路面时代的三片瓦现象，在这里也有发现。

长七八米的T2，竟能提供如此多的信息，真是老天有眼也。

T1清到四层（相当于三层），终于也出了汉代陶片。

本来想今天结束两个探沟，但现象太多，希望明天完成。明天千万不要下雨。

增社下午从延安返队，带来了延安所支助的5万泉，想哭。

考古体会：解决一个问题的同时，会产生两个问题。在直道考古的沧海，每个人仅是一粟。

[①] 该日记，择自2010年7—10月调查发掘黄陵秦直道时所记的考古日志。

图1　蚰蜒岭上摄影忙

图2　朋自远方来

图3　领导来视察，心里比蜜甜

第四章 孤村夜语——考古日志选

发见直道四叠层[1]

9月19日　星期日　多云转晴

上六民工，继续发掘南桂花烽燧及垭口探沟，并在南桂花填方直道上新开探沟。

垭口探沟结束，老张、老陈、小贡立即赶到南桂花填方直道，几番观察、目测，本着位于填方直道的中部、路面平、路不太宽、避开树木的原则布探沟。经发掘，距地表八九厘米即见上层路面。至收工，上层路面已清完，还发现了二、三层路面的迹象及车辙。按此工作量和进度，明天发掘一定可以结束。

三人甚喜，曰：这可能是世界上土方量最小的考古探沟了。

天晴后，一口气干到现在，已经是第十天了，当然很累，不止一次地盼下雨。要不是有收获，真是撑不下来。

9月20日　星期一　多云转晴

上六民工，继续发掘南桂花烽燧及填方直道探沟。

填方直道探沟的二层路面清出了车辙辙梁，并出土残铁锸1件，极为意外。经电询焦南峰、赵化成、信立祥[2]等大家，认为铁锸的时代下限约为东汉。

至收工，该探沟的第三层路面基本清出，明日午前可望结束。

---

[1] 这五天的日志，择自2010年9月19—23日调查发掘黄陵秦直道时所记的考古日志。
[2] 焦南峰，陕西考古研究院前院长。赵化成，北京大学考古系教授。信立祥，中国国家博物馆考古部主任。

南桂花烽燧又发掘其西北方的四分之一，目前，除判断出烽燧平面为圆形外，墩台的基础情况、上台踏步、烧火区等仍无眉目，令人心焦。

下午4时许，增社及院里的闫毓民、张占民自西安来工地，老张陪同参观南桂花烽燧发掘现场。返驻地后，考古队全体邀闫、张至九岘晚餐，晚8时许返回考古队。

晚上，老张、增设与闫、张谈直道考古事，多有感慨。

9月21日　星期二　阴转小雨，有风

早起天阴重，有风，气温比昨日下降十几摄氏度，大家穿上所有的衣服还是觉得冷。

上六民工，南桂花烽燧与填方直道探沟发掘继续。另，抽出小刘清扫窑庄山直道探沟，绘图，老张照相，终于结束了这条土方量最大、现象最少的探沟的发掘。

上午近10时，增社带闫、张至窑庄山工地考察，老张介绍情况，又陪同参观了蚰蜒岭、垭口等工地。后去七里店、午亭子方向查看直道，行至白桦林，一棵碗口粗的白桦树被风拦腰吹折，横拦于道路，汽车受阻而返。

快收工时，南桂花填方直道探沟清出了第四层路面，犹豫再三，决定将探沟向南再扩方，明日再进一步发掘。原计划一天半完成的探沟，拖到两天半，又拖到三天，真是"人算不如天算"。

工地冷，午饭或是点篝火，或是钻到汽车里吃方便面。

晚饭在驻地，有月饼、苹果、酒，也算过了个中秋。

9月22日　星期三　多云

昨晚雨，停工一天。一口气结结实实地干了十二天，收获远远超过此前的近五十天，也该歇歇了。

早饭后，增社及闫毓民、张占民返回西安。

考古队开会，交流、总结发掘情况，整理发掘资料。

中午，考古队全体驱车赴宁县，自己慰劳自己，午餐肥牛火锅。餐后澡堂洗澡，每人7元，洗了个不亦乐乎。

9月23日　星期四　晴

上四民工，继续发掘南桂花烽燧与填方直道探沟。

图 1　四叠层探沟远眺

至收工，南桂花烽燧下方部分基础已现，顶部灰坑大部清完。探沟里的第四层路面清完，并出土了内面疑似大麻点的绳纹瓦，接着绘图、照相，回填了探沟中部简易路部分。

图 2　发现四叠层

可喜的是，在富县、黄陵两县的直道考古中，这是第一次发现四层路面的探沟。初步判断，上下四层的时代可能分别是：唐至明清、东汉至南北朝、西汉中期至晚期、秦至西汉早期。这一时代序列，与富县和蚰蜒岭的发现对应，可谓秦直道四叠层。下一步，希望七里店的发掘可以验证这一序列。

图 3　回填前再看一眼

逃离兔儿崾岘 [1]

2010年9月28日　星期二　阴转雨

又一个备受煎熬、累得灵魂出窍的一天。

昨晚天气预报：延安地区阴间多云，铜川地区小到中雨。发掘地点介于延安、铜川和甘肃之间。当地人说，他们看天气，多比照延安的，因而心存希望。半夜几次看天，阴而无雨。早起天在阴与多云之间，窃喜可以再干几天，争取在三四天内结束整个黄陵的发掘，以便早一天转战到甘泉。拖晚了麻烦就大了——陕北的天，说冷就冷，和你没商量。

前天即与兴隆关老闫说定，今天由他召集六民工，8时半在七里店集合开工。车到兴隆关时发现老闫尚未出发，且民工也未落实，好在昨天的二民工在。遂决定小刘、小贡继续发掘兔儿崾岘探沟，其余人及三民工至七里店发掘。

在七里店堑山道路偏南的狭窄处布线，共开5个探方。靠沟一侧的探方，距地表约20厘米即见路土，说明该探沟发掘的土方量不大。

近11时，老张、小姜驱车返兔儿崾岘工地。途中去兔儿崾岘，招得该地黑户志丹人小王一同去工地干活。

兔儿崾岘探沟清出了下层路面，其距上层路面约40厘米，表面坑洼不平，其上出晚期瓷片，与预想的一致。

---

[1] 该日记，择自2010年7—10月调查发掘黄陵秦直道时所记的考古日志。

近 12 时落小雨，林中选一大树下躲雨吃方便面。后，雨时停时续，延至下午 1 时多雨渐大，发掘无望，即电告七里店诸人撤出。3 时许，王谦、老陈及民工冒雨赶来，八人挤进一车往外赶。

一路雨更大，路滑，凡遇上坡八人必须下车修路推车，好不容易赶至兴隆关，八人都成了泥猴。5 时许，车在近南桂花的一个上坡处再次受阻。下车挖路，车轮下垫土、垫树枝，推车，折腾了近一小时毫无结果。几番考虑后，决定弃车步行走出山林，此时已 6 时 30 分。

至老芦堡的头两公里，天还不太黑，走得快而顺利。接下来就困难重重、艰难无比了。老芦堡后的一两公里，天完全黑了。起初，还能影影绰绰地看见一点路中间的草丛和路侧树林的上空，没多久就完全看不见了，不折不扣、千真万确是锅底一般黑。全凭着脚底的感觉，深一脚浅一脚，不管泥不管水地向前挪动。在视觉完全不起作用的情况下，只有两只脚在不断地告诉自己：上坡了——是平路——下坡了——踩进水坑了——走进路边的林子了——踏进路边的蒿草丛了。

在地狱般的黑暗中，各人的感觉器官似乎也出了问题。视觉作废不说，皮肤对温度的感觉也出现了混乱，浑身上下说不清是冷还是热。几个小时以来，雨水伴着汗水不断地流，全身的衣裤，包括衬衣、衬裤完全湿透。双腿和双脚冰冻而麻木，额头却冒着热气；背部和双肩明明是湿冷，胸口却不断有汗渗出。

不时地听到前面和后面的人滑倒在地的沉闷钝响，摸黑前去搀扶，又多是两人一同摔倒。事后计算，一路滑倒、摔倒的记录，少者七八跤，多者近二十跤，小姜甚至摔成了肋骨挫伤，几个月后才彻底康复。

墨黑的一切带

图 1　来雨了，赶紧回填

图 2　落魄半为鬼

给人的是深深的恐惧和绝望，甚至实验一下，闭着眼走几步与睁大眼睛走的感觉竟完全一样。老张担心，万一走散了，走岔了路，迷失在路边的林中，遭遇到野猪等野兽，会出大事的。人命关天呀。遂不断高喊着提醒大家：前面的慢点，后面的快点，千万不要走散了。

一片墨色中，幸亏小姜提醒：小贡，你的手机现在不开还等什么！幸亏小贡的手机还有电，小贡打开手机，走在最前边，其后依次是小刘、王谦、老张、小姜、老陈。后边的人终于可以看见前边人模糊的影子，前进有了方向。打头的小贡在前边不断地提醒：上坡了，下坡了，右边是斜坡，左边是水坑。中间的老张隔几分钟向后喊一声：老陈，跟上！老陈，在不在？经常是隔上好几秒钟才听到老陈低沉的回答：哎！连多说半句话的气力也没有了。

芦邑庄终于到了，这说明，最艰难的一段过去了，前边的六七里，路比较宽，也比较平。① 漆黑之中，大家靠着一堆谷草垛子歇息，抽了一根烟，继续一口气走到五里墩。

在五里墩，幸亏有增社开车接到了大家。回到桂花园，看表，10时29分。下车，老张喊：都别走，坚持一下，照一张相。尼康K20的镁光一闪，六个从另一个世界走出来的泥人的脸上，饥饿、寒冷、近乎休克的疲惫、麻木而无措。

进屋，换上干衣裳，一口气喝下增社准备的热姜汁可乐，努力寻回体内的一丝热气。

草草地吃了晚饭，顾不上细细地洗，全体闷头睡去。

---

① 兔儿嶑岘、老芦堡、芦邑庄，均为秦直道上曾经的居民点，今多已被废弃。

野林中的印象派[①]

2010 年 10 月 14 日　星期四　晴间小雷阵雨

上三民工，全天发掘七里店南直道探沟。

早 7：40，老张、小姜、老陈、小贡发，途中接北桂花、兴隆关三民工，9 时许至七里店南，发掘已停工半个月的直道探沟。

至收工，探沟中 T2 的上层路面已清完，T1、T3 的上层路面暴露，所出遗物多为宋代前后的瓷片。T5 已发掘 1 米余。进展较顺利。

下午近 2 时，研究院马明志陪同中山大学教授许某等共八人来工地，老张、小姜至芦邑庄接。嗣后，二人与来者参观了老芦堡、南桂花、蚰蜒岭等地的发掘探沟和直道。4 时许，马、许等离去。

时已响雷落小雨，老张、小姜急返七里店工地接老陈、小贡等人。

途中雨歇，下午 5 时多的子午岭密林中，10 月的阳光从乌云缝隙间并力斜撒，浅绿、赭黄的枝叶笼盖下，林间的土路上铺满带雨的落叶，透明和半透明的林木丛中夹杂跳跃着魔幻般的金黄，这一高纬度、落日前两小时的阳光绘制的明灭闪烁的山野，使人猛然想起英国《呼啸山庄》里乌云乍散后阳光斜射下的庄园古堡，想起莫奈、雷诺阿印象派的田野。

很后悔当时急于赶路，没能拍下这一林中景色。但又一想，再好的照片也难还原当时幻境般的感觉，哪怕是万一。

6：20 返回桂花园。

[①] 该日记，择自 2010 年 7—10 月调查发掘黄陵秦直道时所记的考古日志。

方家河老白[1]

2010 年 10 月 26 日　星期二　小雪

一早开门,远山和院内台阶上竟是白皑皑的雪,原来昨天后半夜就下了小雨,不知什么时候又变成了雪。

上午无法干活,整资料。老张完成了《圣马桥直道下山示意图》,老陈也修改、补绘了探沟图。

下午上四民工,继续发掘直道建筑遗址及探沟。

昨天的担忧被风吹散,T1 往下挖了几厘米就见到了下层路面,使人兴奋不已。但在靠山一侧,竟出现了两条排水沟。几个人观察、讨论了半天,才发现其中的一条是上层道路(与富县车路梁、桦沟口和黄陵蚰蜒岭的秦直道一样,甘泉方家河的秦直道也分为上下两层)的。明天必须填这半边,挖那半边,使人哭笑不得。

T1 靠河一侧的建筑瓦片清完,绘图毕。

T2 再向里扩 2 米,以与 T1 里的道路呼应。

今天虽说只干了半天,但结结实实一口气干了四小时零十分钟(早到了五分钟,晚下工了五分钟),还真出活。

一直和我们一起发掘的民工老白今年 61 岁,瘦瘦的,体重只有 70 多斤。据老白讲,从闹回民时就祖祖辈辈住在这里——甘泉县和志丹县交界处的方家河村。

---

[1] 该日记,择自 2010 年 10 月调查发掘甘泉秦直道时所记的考古日志。

老白当过近十年的民办教师，后来不干了，现在还是农民。干活时说到毛泽东，老白说：毛还是有办法。一是说一句话顶事，二是那时人的思想好。问到他这一辈子都去过什么地方，老白眯着眼睛想了想，说：南边最远去过西安，北边最远去过内蒙古。问去过内蒙古什么地方，说大柳塔。大家笑，因为大柳塔虽然靠近内蒙古，但还在陕西神木地界。老白一辈子没坐过火车，去西安坐的是汽车。考古队的小贡问：那你一辈子还没有出过省？老白想了想，说：去过太白，那儿归甘肃管。①再一问，老白去太白是走去的。

晚上，小姜、老陈去老白家串门，家里正屋挂着毛的像，是1966年的版。

---

① 方家河村，秦直道旁的居民点，辖于陕西省甘泉县桥镇，秦直道自北向南在此下山，过洛河。大柳塔，即大柳塔镇，辖于陕西省神木县。太白，即太白镇，辖于甘肃省合水县。

小钟的饭香[①]

2010年10月27日　星期三　晴

今日出太阳,气温回升。上三民工,继续发掘直道建筑遗址及探沟。

又是结结实实的一天,且高速公路上捡到钱包,出土一枚西汉武帝时期的五铢钱,为道路的年代提供了有力证据。

至收工,T1、T2靠河一侧的建筑瓦片全部清完,并绘图、照相。

T2又向靠山方向扩了1米。由于其上层路面与T1一样,被拖拉机破坏,因此,发掘时采取了一分为二、上下层路面同时发掘的方法,省工不少。仅仅半天,两层路面及排水沟、护坡基本清完,明日可以轻松地绘图、照相了。

下午与县文物局刘局长、永刚[②]联系,约定明日来工地。

晚饭吃手擀面,香。房东小钟站在灶边,看谁的碗空了,马上端过去盛第二碗。小姜幸福地直咂嘴,用好久都不用的上海普通话不停地说:手擀面,真好吃,跟在家里的感觉一样。

来方家河近十天了,几乎每一顿吃饭,大家在夸奖小钟饭菜好的同时,都要"忆甜思苦",控诉万恶的"旧社会"(考古队此前驻桂花园时,也按惯例雇佣女房东给考古队做饭,几个月下来,吃得大家叫苦连天)。桂花园的馍蒸得不透、黏牙,面条又粗又硬、不熟,米饭只吃了三四次,每次都夹生,做的菜又咸又辣不说,还特别浪费,一顿能用一斤油。

小钟笑眯眯地坐在炕上,享受着大家对她的夸奖,一句话也不说。

[①] 该日记,择自2010年10月调查发掘甘泉秦直道时所记的考古日志。
[②] 永刚,即王永刚,甘泉县国有资产管理局局长。嗜文物考古,多次在国家级刊物上发表考古论文,被誉为陕西省内水平最高的业余考古者。

桂花园出恭[①]

2011 年 12 月 16 日　星期五　晴

　　早蒙蒙亮，起床，按惯例出恭。早料到是一场苦差事，遂羽绒衣、毛线帽、围巾、口罩、狗皮护膝、登山鞋，披挂齐全，全副武装，视死如归般出门，赴室外 60 余米的公共厕所。

　　至，厕所无门无窗，实为仅有屋顶之半露天建筑。整个双坡顶的男厕仅有一面山墙从地面接连屋顶，前后檐墙不仅距屋檐空出近 1 米，再下的 1 米多还砌成镂空的花墙，整个厕所的通气性能极佳。

　　入，内漆黑，几乎被砖地上的尿冰滑倒。急忙点着打火机，避开尿冰寻得坑位。坑位六七个，均以水泥板砌成，约长 2 尺半，宽 1 尺，下距冰雪地面约 4 尺。脱裤蹲下，略带哨声的刺骨朔风立袭臀部，并延至双腿、下腹。未几，臀腿麻痛，以手抚搓，如同冻木。仆拼命咬牙给力，欲速战速决。幸亏多年来大小便通畅，无便秘积习，蹲移时，液体和半流体即喷薄而出，坠入冰地，发出单调的钝响。与夏秋间夸张的稀里哗啦多音节声完全两样，盖排泄物在自由落体的途中已半冰冻，坠地时冰对冰也。

　　细想起来，中国北方农村的此类露天或半露天的厕所好有一比。夏秋季犹如

　　[①] 该日记，择自 2011 年 12 月调查发掘黄陵秦直道时所记的考古日志。桂花园，甘肃省宁县桂花园林场所在地，位于子午岭主脉西侧，海拔 1540 余米，距秦直道 8 公里。

图 1　这间屋子距厕所 60 米

亚马逊河或湄公河流域的沼泽地，炎热、潮湿并极富生物多样性（黄豆大的绿头苍蝇、指甲盖大的牛虻、乒乓球大的屎壳郎和千军万马般奔腾蠕动的无尾巴白蛆及拖着尾巴的黄蛆）；冬季如同北极圈的荒野高原，寒冷、干燥、毫无生机。

最后，用卫生纸揩擦，如同揩擦路边的砖墙，皮肤没有一点知觉。

战斗结束，双手扶着隔离坑位间的矮砖墙艰难地站起。整理衣裤时想，起码还有一样好处，不臭。

拖着发木的双腿回到房间，十几分钟后，再次抚摸臀部，虽仍如冻木，但稍有麻木感也。

想当年造物主造人，使其臀部肥厚多脂，直叹其伟大并有先见之明也。

因在村里帮忙葬人，民工小董 10 时半方来，一起发艾蒿店。

五里墩南行，路上时有积雪，且土路两侧枯木折塌阻挡，多次下车清理。行约 6 公里至一上坡处，积雪更深，车打滑不前。三人下车修路、推车，无果，遂倒行掉头。一番折腾，三人浑身是泥不说，车内的暖水瓶也被打破了。

午，无开水，准备的方便面无法吃，每人一个鸡蛋充饥。

折返途中，调查、测量了堑山和纯山脊路段 7 个点。其中五里墩南的纯山脊路段笔直，长 104 米，连通南北两座山峁，加上路面异乎寻常地平整，可能是人工填方形成。此地为直道必经，开探沟的工作量极小，三个民工，两天可完成。倘若发现四叠层，可与南桂花之四叠层呼应，以避免其孤证也。

下午 5 时许返桂花园。

饭后开了电热褥，睡前关闭。谁知道床热室内冷，翻来覆去，折腾了两三个小时睡不着。最后，加穿了一件长袖衬衣，双臂得以放在被子外，才迷糊睡着。①

---

① 此次调查期间，最低温度为零下 12 摄氏度。

正 宁 祭
——哭十九条小生命[①]

2011 年 12 月 19 日

因为秦直道考古,甘肃的正宁县多次来,榆林子镇也曾经路过。对于这个镇,没留下什么印象,只记得当时有些意外:怎么这里也有一个榆林。

2011 年 11 月 16 日,一日之间,如同苏格兰的小镇洛克比一样,全世界都记住了中国的正宁县,稍微细心的人,甚至也记住了这个榆林子镇。而在此之前,可能百分之九十九的中国人都不知道甘肃省最东部的这个普通小县,更不要说这个镇了。

因为,这个县的这个镇,在一日之间,创造了人类灾难史、交通运输史上的两条世界纪录。

校车事故:一次死亡十九名儿童。

核载九人的小型面包车,竟然装进了六十四人。

西出正宁县城,我们考古队的车停在路边问路,被问的是个年轻人,听说我们去榆林子镇,说顺路,于是上车,很热情地给我们带路。

年轻人姓龚,家在榆林子镇农村,是一名开"半挂"的司机。说起校车事故,马上拿出自己的手机,让我们看他拍的现场照片。

---

① 该文是 2011 年 12 月调查陕西黄陵、甘肃正宁秦直道时所写,时距震惊世界的正宁县死亡十九名儿童的校车事故仅三十三天。

他首先纠正我们，不是十九人，是二十三人。后来，在医院治疗的小孩又死了四个。直到现在，还有不少孩子还在住院，有好几个已经是植物人了。

他讲述了血肉横飞的绞肉机般的现场：

高近4米、如装甲车般的拉煤货车，与高度和宽度仅有货车一半的校车迎头相撞，两个活生生的孩子竟从车窗肉饼般地硬挤了出去。在优质钢与劣质铁的高速碰撞、挤压下，校车前部的孩子已经分不清是谁的头、身体和四肢。每个稚嫩的个体，分解成了一个个小头、小手、小胳膊、小腿……

校车里只保留司机和副驾驶两个座位，其余的统统拆掉，小孩是一个贴一个站着的……

校车司机几天前刚买了辆小型货车，出事的前两天，没黑没明地偷运烟叶（烟叶由国家统一收购，私人不能收购、运输、买卖）赚钱，又喝了酒。第二天上班时，校长（当地人这样称呼幼儿园的负责人）见他精神不好，曾劝他歇一天……

校车里唯一的女老师怀了孕，她的孩子也在车上，死了，算上肚子里的，一家人死了三口……

我们来到榆林子镇西头的小博士幼儿园。幼儿园的铁栏杆门开着，园内空无一人。四合院布局的教室、宿舍和办公室环绕着中心的小广场。从教室的窗子看进去，长条凳整齐地摆在小桌上，讲台的桌子上静静地摆放着孩子的一摞摞作业本。

图1　和小姜在幼儿园门前

大门通道两侧的山墙设有专栏，平心而论，以乡镇一级的水准看，专栏的内容、形式和色彩都是不错的。右侧专栏里，花花绿绿的背景下，通栏七个字，字是彩色的艺术体，

第四章 孤村夜语——考古日志选

图2 考古人的献花

每个比脸盆还大:"幼儿园里真快乐"。

真快乐!泪水喷涌而出。天堂里的十九个小男孩、小女孩,让我说什么?我只能说,在下一次投胎时,你们一定要选择好路。

整个正宁县城都买不到成束的鲜花,我们买了盆白色的菊花,献在幼儿园的照碑前。花前的纸条上写着"哭十九条小生命——陕西考古人"。

来到出事现场。仅仅过去三十三天,在人和自然的双重努力下,宽阔平坦的柏油路上干干净净,没有一丝痕迹,更见不到一滴血。行人和车辆从这里匆匆而过,没有一个人停下来。任何一个经过这里的人都不会想到,十九个小冤魂聚集在这里,数百个爸爸、妈妈、爷爷、奶奶、哥哥、姐姐、弟弟、妹妹梦断在这里,两条世界纪录诞生在这里。

来的路上曾经想,现场或许会有一个标志,但立刻感到了自己的弱智。

在中国,从上到下成千上万的各类"工程"中,投入最大、最有成效的肯定是只做不说的"遗忘工程"。更多的鲜血和履带印记都会在几天内被清洁,更不要说这些孩子的血了。

在正宁县的宾馆、饭店,和接触到的五六个人交谈,对事故的过程和细节,各有说法,详略不一。但说到赔偿,却是众口一词的一致:"一个小孩赔偿四十三万六",有整有零。有的还补充说:女老师因为有工资,赔偿了六十五万。

有埋怨校车司机的,有埋怨卡车司机的,也有埋怨幼儿园的,但没有一个人埋怨政府。

名扬世界的正宁县,又一次为中国人,特别是中国的农村人,提供了一个新的生命价格。23万贫穷的正宁人,都在暗暗地掂量自己的生命,肯定有不少人说:值。

世间万物,最有价值,却唯一没有价格的,是人的生命。谁也没有给生命定价的权力,不管是以什么名义。中国社会,从秦始皇时代到今天的进步,不应该是生命价格的上涨,而是根本杜绝这样的交易。

有人会说,社会还是在进步嘛,那时候,枪毙了你,还要你掏子弹钱。

我无语。

幸亏有了互联网,使我知道,西方国家规定,校车司机必须是公务员;还规定,校车的安全性能是普通车的八倍;煌煌然的校车上路,其他车必须让道。也看到校车与一辆高级"悍马"相撞的照片,校车安然无恙,"悍马"的车头被撞扁,一副惨象。

我只能说:

2010年,因为药家鑫,全世界记住了中国。

2011年,因为小悦悦,因为正宁县,全世界再一次记住了中国。

2012年?

附:当日考古日志

2011年12月19日　星期一　晴

早饭再吃羊肉汤泡锅盔。

这两天,在宾馆、饭铺,和五六个人说到校车事故,当地人的反应远远没有想象的大。出乎意料的倒是,人们对赔偿数额记忆深刻,几乎众口一词,

图3 幼儿园里真快乐

图4 课桌上孩子的作业本

图5 事故现场干干净净

脱口而出："一个小孩赔偿四十三万六"，有整有零。

早饭后退房。上街买花，至榆林子镇悼祭十九条小生命。去了三个地方：小博士幼儿园、事故现场、死亡孩子最多的小寺头村。昨天和碰到的当地人说起校车事故，几乎是每说必哭。今天还好，只是在幼儿园里看到"幼儿园里真快乐"的大幅专栏时，泪水才喷涌而出。

返途又经县城。在调令关察看直道，转角午餐，再经金锁关。[①] 返西安。至家已7时许。

此次外出连皮五天，仆计开车400余公里。

今天途中老范[②]电，告诉金正日已死。

晚上写毕《正宁祭》。

[①] 调令关、转角，均为秦直道上的地名。调令关在陕西旬邑县与甘肃正宁县交界处的子午岭上，转角在陕西旬邑县子午岭东侧。金锁关，自古为陕西关中与陕北的界关，在陕西铜川市。

[②] 老范，范培松，陕西省遗产研究院考古研究员。

认真干就有收获[①]

2012 年 7 月 18 日　星期三　晴转阴

早 8 时，四人与二民工发，至五里墩南纯山脊路段旧地。

去年调查此地时记录如下：

GPS 编号：379。N 35°38′531″，E 108°31′419″，海拔：1566 米。

纯山脊路段长 104 米，山脊两侧较陡，与地表角度 60~70 度。路段笔直，路面平整。山脊宽 5~6 米，路面宽 3~4 米。

该纯山脊路段规整、笔直，连通南北两座山峁，加上路面异乎寻常地平整，有可能是人工填方形成。此也为直道的必经之地，应开探沟发掘，以期再次发现四叠层。

在上次开挖的探沟北侧重开 2 米宽的探沟。发掘 40 厘米后见上层路面，照相，绘图。继续发掘，在二层路面中部发现与直道平行的人工沟，经反复观察、商讨，确认人工沟开于三层路面。因天气预报说明日有雨，抓紧干至近 7 时方止。返回桂花园已 7 时半矣。

今日收获：1. 基本再次确认了直道的四叠层。2. 再次发现了人工破坏直道的现象，至此，该现象已在 4 个地点被发现。3. 破坏直道的时代与以前发现的吻合，都在两汉之间。

[①] 该日记，择自 2012 年 7 月调查黄陵秦直道时所记的考古日志。

很结实的一天。累，被牛虻疯狂叮咬（招架不住时，老张让一民工拿树枝不停挥打，其余人始能正常干活），但愉快。

直道，直道，只要认真干就有收获，就能填补空白。

图1　方便面泡上一会儿

赠子今病中

2014 年 3 月 27 日

今年 3 月，同学子今罹病住院，忆当年（1990 年）四人（王子今、焦南峰、周苏平、张在明）子午岭考察直道，得小诗赠之：

最忆当年子午巅，
热血四人正青年。
探秦反把秦皇骂，
一吐块垒震万山。

第五章 答延安电视台记者问

时间：2014 年 11 月 12 日

地点：西安植物园

采访人：延安电视台记者王军功

被采访人：陕西省考古研究院研究员张在明

采访内容：秦直道考古

一、请谈谈秦直道东线说和西线说的分歧

秦直道东线说和西线说的分歧由来已久，从上世纪 70 年代就开始了。这个问题长期没有解决，主要原因是，尽管秦直道的研究和调查比较早，但真正的实地考古一直没有开展，直到 2006 年国家文物局把秦直道列为国家大遗址保护项目，此后陕西省考古研究院组建了秦直道考古队，开始了秦直道的考古发掘。从 2006 年一直到 2012 年，前后六七年没有间断地进行了考古发掘、钻探，借这样的机会，才把这个问题基本解决了。

具体说，就要说到 2009 年富县桦沟口的发掘，这是秦直道发掘面积最大的一次，挖了 2000 多平方米，这以前的几次发掘，都是挖一两个探沟，面积也就是几十平方米、上百平方米。2009 年考古发掘的意义，就是第一次把秦直道的绝对年代卡住了。过去我们一直说，说了几十年它就是秦直道，但是，考古要用科学的证据说话。所以，通过这次发掘，用考古学的地层关系和有准确年代的遗物这两项，把秦直道的绝对年代卡出来了。结论是，富县桦沟口发掘出来的秦直道有上下两层路面，下层的时代是秦代和西汉早期，是最经典意义的秦直道；上层的时代是西汉中期到晚期。这是历史上第一次把秦直道的证据找出来了。

但是，2009 年的发掘，仅仅是确定了东线确实是秦直道，而没有证据说西线不是秦直道。你只能说东线是，拿出了证据，但你同时也要说西线不是，也要拿出证据，2009 年拿不出这个证据。所以，还存在着另外一种可能性：东线是秦直

道，西线也是秦直道。就是说，秦始皇修的秦直道到达兴隆关以后分了岔，同时又修了两条支线，这种情况也不能排除。这个问题怎么解决呢？后来在2010年，陕西黄陵兴隆关的发掘，不但又一次肯定了东线确实就是秦直道，同时也找到了西线不是秦直道的考古学证据。这几年考古发掘最大的成果就是，从考古学的原始意义上确定了秦直道，也就是确定了东线是经典意义的秦直道。至于西线怎么给它命名，那就是见仁见智的另外一个问题了。

关于目前秦直道的学术分歧，我的看法是：以史念海先生为代表的西线说，严格的表述应该是这样，秦直道的中段分为东线和西线，它并不包括秦直道的南段和北段。南段和北段学术界没有分歧。就是中段，从陕西黄陵兴隆关开始产生了分歧，一条路开始分岔，分成了东西两条。东边上蚰蜒岭，走陕北；西边向西北方向，经过午亭子，再经过甘肃合水、环县和陕西靖边、定边这一带，然后向北。这是在具体路线上的表述。

目前，中国考古界主流的意见是肯定东线说，因为他们主要根据考古成果，这个成果也拿到了2009年度中国的十大考古新发现，这是经过专家充分论证过的，得到考古学术界认可的。但是历史地理界在中国也是非常强大的，史念海先生是中国历史地理界泰斗式的人物，他的影响力非常大。而且目前他的弟子、学生，也是桃李满天下，根据他们多年来对秦直道的研究，他们中的大部分人还是主张西线说。

如果说目前考古界还有缺陷的话，那就是在西线做的考古太少了。这七八年的考古发掘基本都是在东线。在西线，仅仅挖了两个探沟，一个在兴隆关以北的兔儿崾岘，另一个在午亭子以南的七里店。这两个探沟的证据，都不支持西线说。但是，仅仅两个探沟的资料毕竟还是显得单薄了一些，有一点孤证的嫌疑。所以，从更严格、更科学的角度，西线应该再做一些工作，如果再挖三个探沟、五个探沟，拿出的资料也是这个结果，那么，前面的观点就更能站住脚了。这是秦直道考古上的一个缺陷，或者叫遗憾吧。

二、请谈谈"堑山堙谷"的秦直道修筑方法

"堑山堙谷"是司马迁《史记》中的记载，也是脍炙人口的，不管是搞历史的、搞考古的都知道它。《史记》对秦直道的记载非常简单，但是我们通过这些

年的调查发掘，觉得"堑山堙谷"这四个字，是对秦直道修筑方法最经典的概括，换成其他四十个字、四百个字，都没有这四个字来得准确和精练。

说简单一点，秦直道主要路段是沿着山脊修筑的，在这样的地带，修筑一条规格很高、国家级的交通大道，必须采取"堑山堙谷"的方法。把这四个字换成今天交通工程学的名词，就是挖方和填方。把靠山的这一侧挖掉，把靠沟的这一侧填起来。目前，全世界的山区修路，通用的方法还是这种方法，而秦直道在两千年前就用这种方法了，因为这是一种最经济实用的方法。通过我们的发掘，在十几个地点挖探沟或探方，都证实了文献记载的这种方法，就是把靠山的一侧挖掉，在靠沟的一侧把土一层一层地夯实垫起来，排水沟建在靠山的一侧。最后的秦直道路面，一半是挖方形成的生土，另一半是填起来的夯土，形成了一般宽二三十米，最多达到五六十米的秦直道的路面。

三、秦直道的特点和价值是什么

说到秦直道的特点，应该先给秦直道下一个定义，这是我们经过这么多年的发掘后总结出来的。那就是，秦直道是中国古代唯一沿山脊或高地选线的国家级交通大道，秦直道的线性顺直、弯道很大、规格很高，是中国乃至世界的第一条高速公路。

中国古代的道路非常多，从目前的考古资料看，最早在西周时期就有了国家级的大道，但是，这些道路都是在平原地区修筑的，山区就比较晚了。山区的古道路绝大多数都是沿着河谷选线，走山脊的基本没有。秦直道的选线打破了这一常规。秦直道为什么选在山脊上，我们在考古发掘时经常想这个问题。我们认为，最伟大的人不是秦始皇，是谁呢？是秦直道的设计者。尽管现有的文献史料没有记载他的名字，现在的考古发掘也不可能找到他的名字。但是我们根据秦直道的选线，觉得这个人太伟大了。如果在今天的话，他应该拿诺贝尔奖。

秦直道这样一种选线原则，是建立在中国北方，特别是陕北和内蒙古高原地带特有的地形上的。大家都很清楚，中国山脉的走向，大多数是东西向的，少量是大致南北向的，但不是绝对的正南正北。像大兴安岭、巫山、横断山大致是南北向的，但是斜了一些。唯一一条正南正北的山脉，就是陕甘交界的子午岭。从名称也能看出来，为什么叫子午岭，子午就是南北。所以，秦直道的选线很巧妙地利用了这一点。修秦直道是为了国家的防御，是汉民族对待匈奴的一种国防需要。匈奴在北方，汉族在南方，这条道路确实需要正南正北，这一点和子午岭完全吻合。

正因为秦直道打破了中国古道路沿河谷选线的常规，它是沿山脊选线的，它就有两个特点。首先，它比沿河谷选线工程量更大，河谷选线相对地势比较平，工程量相对小一些。山脊选线，本身道路就高，人类平常生活是沿着河谷的，仅仅爬到山脊上就有相当的工程量，这是秦直道修筑上的一个短处。但是从保护和使用的角度，这恰恰又成为一个长处。为什么呢？沿河谷选线的道路，尽管工程量小，但是容易受到自然的破坏。它靠近河流，河流一旦涨水，山洪暴发，容易冲毁道路。我们看秦岭和巴山里的川陕古道路，中国历史上很多有名的古道路都是这样一种情况。反过来呢，修筑秦直道的工程量很大，但修成以后，自然破坏的机会相对比较少，遭遇洪水冲毁、水土流失侵蚀的情况比较少，所以它能够比较好地保存下来。另外，由于秦直道废弃得早，废弃以后，基本被次生的森林覆盖，它和今天的居民点、今天的交通路线，也就是关中到陕北、到内蒙古的交通路线完全不重叠，两条线路是平行的关系。在这种情况下，秦直道被很好地保存了下来。

由此给秦直道下的定义是：它是两千年来，受人类文明干扰最少的中国古道路的一个活化石。从这个意义上讲，秦直道在中国，是一条保存最好的古道路，是最接近原始风貌的古道路。

位于平原的古道路，尽管文献记载的非常多，晚期的不说了，光说秦始皇修的驰道。当时从国都咸阳连接六国的道路，这些道路加起来的长度，要比秦直道长得多，但是考古调查，基本没有发现驰道的遗迹。原因就是不具备秦直道保存的条件，它们基本在平原上，以后人类的文明发展对它们的干扰太大了，所以很早就被破坏掉了。

再看山区的古道路。关中与甘肃间的回中道，秦岭里的武关道、子午道、傥骆道、褒斜道、故道，巴山的米仓道，四川与云南间的五尺道，历史上都很著名，但保存状况都很差，仅仅是在个别段落，保存有零星的遗迹，像栈道的栈孔、栈桩，石凿的碥道，或者是个别古道路的附属文物，像道路沿线的烽燧、修路碑、修路摩崖题刻等等，鼎鼎大名的丝绸之路更是如此。像秦直道那样，几公里、十几公里成段地保存着完整的古道路的路面，那是连想都不敢想的。

所以说，秦直道的保存得益于它的选线。

秦直道保存得好，主要指它的路面，特别是地处山脊上的堑山路面，两千年来，没有受到大的破坏而保存了下来。以后废弃了，但又被森林覆盖了。森林覆盖恰恰是一种保护手段，使它免于水土流失和洪水暴发的冲毁，让它得以保护。秦直道今天的走向，道路的规模、形制以及路面的宽度，和两千年前没有大的区别。

又要说到秦直道的设计者了，我们经常想这样一个问题：修秦直道之前，秦直道的线路有没有？哪怕是一条羊肠小道有没有？得出的结论是，肯定没有秦直道，没有这样一种规模的秦直道，但是当时民间的、老百姓走的羊肠小道断断续续还是有的。就是说，作为老百姓日常生产、生活的需要，要上山砍柴，上山采药，他们也要走出一条道来。秦始皇的作用，就是任用了一个伟大的设计者，把这些小道重新设计，利用了小道的一部分，建成了国家级的交通大道。

四、秦直道在秦汉两代和其后历代发挥了什么作用

这牵扯秦直道的作用和意义，关于这个问题，目前学术界的分歧也相当大。

我比较赞同从文明进化的大历史角度去看秦直道，结果是一种比较悲观的观点。那就是，秦直道修成以后的作用，和它的策划者秦始皇预期的完全是两回事，秦始皇预期的目的没有或者基本没有达到。秦始皇本来的想法，是通过修建秦直道，特别是秦直道和秦长城配合起来抵御匈奴。现在学术界基本认可这样一种说法：秦长城东西向，是横的；秦直道南北向，是竖的。秦长城是一个弓，秦直道就是一个箭，秦长城是防御，秦直道是进攻，有了这样一种防御和进攻体系的结合，才能达到抵御匈奴的目的。我的观点，从中国两千年的历史看，这个目的，仅仅在极个别的时期，百分之十的时期都不到，可能只有百分之五的时期达到了，就是比较有效地保卫了中原王朝，防御了匈奴。其余的大部分时期，百分之九十以上的时期，它没有达到防御北方游牧民族进攻的目的。秦直道甚至起到了，这个特别要紧，起到了一种反作用。因为秦直道和秦长城不一样，秦长城是一种防御，修好以后，可以让匈奴进不来，能起到一定的防御目的。修秦直道的本来目的是打匈奴，但是你反过来想，匈奴也可以利用秦直道打你。所以，从两千年的历史看，不少的时候，对中原王朝毁灭性的打击中，北方少数民族都是利用了秦直道。举一个例子，东晋十六国时期，匈奴的一支赫连勃勃建立的大夏王朝，从北方摧

枯拉朽地一直打到关中，占领了长安。他走的哪一条路呢？就是秦直道。大夏的国都在什么地方？就在陕北的统万城，就在秦直道的边上。这场战争完全是风扫残云，汉族王朝丝毫没有抵抗能力。这个实例最能说明这一点。

在唐朝，有好几次，北方的游牧民族一直打到了渭河边上，他们怎么那么快，怎么那么有效呢？也是利用了秦直道。这个在《新唐书》《旧唐书》里都有记载。所以，秦直道起到的作用，正面的作用是微乎其微的，很多时期不但没有起到正面的作用，反而起到了反面作用。但是，从一个更大的历史角度看，什么是正面？什么是反面？这又是另外一个问题了。你说北方少数民族不是中华民族的一部分吗？他们同样也是我们中华民族的一部分。在这里，不应该加入过多的道德评判，这是我的观点。

在冷兵器时代，决定战争胜败的是军事实力。在剽悍、凶残的游牧民族的骑兵和马刀面前，成熟的汉民族的农耕文明显得那么不堪一击，这就是中国古代战争史的主流。三千年来，中国大大小小几十个朝代的更迭，百分之九十以上，是西方或北方战胜了东方或南方，就是这个道理。

秦皇汉武的伟业，难以改变大历史的主流。

这一规律全世界通用，在欧洲，来自北方的游牧民族日耳曼人轻易地战胜了文明程度比自己高几个档次的罗马帝国，你能有什么脾气。

五、秦直道路面的宽度有好几种说法，请谈谈您的看法

秦直道路面的宽度，在历次的调查中不断地改变，也有一个不断发现、不断认识的过程。上世纪80年代的全国文物普查中，陕西对秦直道进行了比较系统的调查。当时对秦直道的认识，认为最宽的路面，由原来的40多米，扩大到50多米。按照当时最权威的数字，是富县车路梁的一个直道弯道处，是58米。后来对外公布的都以这个数字为准。后来在2010年，我们在黄陵兴隆关调查，又把这个结论推翻了。在兴隆关的东南边，蚰蜒岭这个方向，一段秦直道的路面宽度是66米。当时出乎我们所有人的意料，大家都很吃惊。这段秦直道是堑山路面，我们现场测量，长度在250米左右，宽度确实达到了66米。

紧接着一个问题就来了，秦直道为什么要修这么宽？过去传统的解释是交通运输的需要，为了多运粮草，需要两三辆甚至五六辆车同时并行。但是，经过这

几年的发掘，发现了一个很矛盾的现象，那就是在秦直道的堑山路段里，实际使用的路面、实际形成的碾压路面或者有车辙辙沟的路面，往往只占秦直道宽度的一部分，一般是占路面宽度的五分之一，或者四分之一，最多能达到三分之一。其余大部分路面是闲置的，基本没有发现碾压的现象。这个现象和前面的推测形成了矛盾。

经过这几年的思考，我们认为，这个闲置的路面，主要不是为了车辆行驶，而是为了驻扎军队。原因是，秦直道的南段和中段在子午岭上，或者在子午岭的支脉上，是沿山脊选线。山脊上基本没有平地，基本都是比较陡的山坡，但是几万人马，甚至十几万人马的驻扎宿营怎么解决，必须有一个平坦的地方。从军事防御考虑，不太可能下到沟底，这是军事上的一个常识，居高临下，防御对方偷袭。所以要住在高处。没有平地怎么办？只有把秦直道加宽，便于部队驻扎，除人之外，还有大量牲口的驻扎。

六、请谈谈秦直道的展示和利用

我说三点。

首先，是建立博物馆。秦直道700多公里的全程中，目前只有一个博物馆，在内蒙古的鄂尔多斯，是一个民营博物馆。这个博物馆虽然建好了，但是内蒙古段的秦直道还没有考古发掘，所以博物馆没有表现秦直道的考古资料。这个博物馆主要是文字、照片资料和一些实物标本，像秦直道沿线采集的一些筒瓦、板瓦。

秦直道全线的四分之三在陕西，而陕西没有一个秦直道博物馆。我的想法，首先是把秦直道博物馆建起来，最佳地点就是富县桦沟口，2009年的发掘地点，也是取得了中国十大考古新发现的地点，也是那年修建的青兰高速公路让道于秦直道的地点。这个发掘地点保护得非常好，发掘以后，我们用细沙、黄土把现场很细致地回填了。在现场把馆盖起来，把上面的回填土清理一下，就像半坡博物馆一样了。这样，秦直道沿线的一个非常典型的关卡遗址就实地表现出来了。人们现在看到的秦直道都是两千年以后的秦直道，真正的秦代路面没有人能看到，富县桦沟口博物馆就解决了这样一个问题。看完室内的考古现场，再上车路梁看山脊上的秦直道，这样展现秦直道绝对是独一无二的。这是我的第一个想法，也是一个呼吁。

第二，是秦直道的申遗。作为中国的古道路遗址，秦直道申遗的可能性是非常大的。我们知道，联合国教科文组织确立的申遗最根本的原则，就是人类文化遗产的原真性。他们最反对、最见不得的是原真性受到现代文明的干扰和破坏。而秦直道恰恰是中国古道路里受现代文明干扰最少、保持原貌最多的遗址。我相信，联合国教科文组织的专家来到富县车路梁，他们下车的一刹那，一定会发出惊叹。富县桦沟口发掘时，全国来过不少专家学者，我带他们上到车路梁，他们第一个感觉就是吃惊，紧接着一句就是感叹："只有秦始皇才干得出来。"我相信，这个感觉也会是联合国教科文组织专家们的感觉。所以说，秦直道申遗的可能性非常大、保险系数非常高。

第三，把秦直道打造成一个世界品牌的汽车拉力赛。说起全世界的汽车拉力赛，大家都知道法国的环法拉力赛、北非的沙漠拉力赛。中国也搞过汽车拉力赛，但离世界品牌还很遥远。我认为，最有可能打造成世界品牌的就是秦直道汽车拉力赛。这个拉力赛，起点是陕西淳化，或者是旬邑的石门关，终点是内蒙古的包头。秦直道的大部分路面都可以直接跑车，个别路段稍加修整，拉力赛的全程就可以解决，也不会造成对秦直道本身的破坏。大家知道，秦直道真正的路面是在现在地表80厘米至1.2米以下。在现在的路面上走，就算有一些破坏，也远远不是对秦直道本身的破坏，这种拉力赛的破坏是极表面的。所以，它能最大限度地提升秦直道的国际影响力，向全世界展示秦直道的魅力。

七、请谈谈国外专家对秦直道的评价

中国是一个文明古国，这个文明古国留给今天的有形遗产有什么特点，从文物考古的角度看，它主要是陵墓，第二才是建筑。如果按这一顺序排列，古道路在遗产里表现得是最少的。这是因为，中国考古界几十年来，由于种种原因，古道路考古是一个薄弱环节，对古道路的探索、发掘和研究，远远没有达到应有的高度，和欧洲一些国家、日本相比还有很大的差距。

举一个例子。2009年在富县桦沟口发掘，有一天在工地上，突然开来几辆车，下车的是日本古道路研究会的会长木下良先生，他带了十几位日本的古道路研究专家，专程来考察秦直道。他们听说我们在这里发掘，就来到工地。木下良先生是日本古道路研究的前辈，已经84岁了，身体非常好。我给他们介绍了桦沟口的发掘情况,然后带他们上了车路梁。一下车,这十几位日本专家都惊呆了,他们互相照相,有几个躺在直道的草地上打滚。他们问这段道路的年代,我很肯定地告诉他们,这是距今两千二百年到两千年间的秦直道道路,他们都很吃惊。他们说,在日本也发现了不少古道路,但大部分都是距今三四百年、六七百年的。他们发现最早的古道路离现在一千年多一点,相当于中国的唐代。他们说,两千多年的道路在日本是不可想象的。因为大家都知道,两千年前日本还是原始时代,那时候是不可能有国家公路的。他们还说,在日本,哪怕是三五百年的古道路,发现一条就会保护一条,绝不容许毁坏。他们还问,价值这么高的秦直道为什么没有好好发掘、研究和保护呢?这句话问得我无地自容。当时的我,真想指着考古工地前面的推土机对他们说:说不定就在明天,只要某个领导一个电话,你们看得津津有味、大加赞赏的这段秦直道和关卡遗址就会被这些推土机推掉,从这个地球上永远消失了。

可能是中国的文物资源太多,再加上整个社会对文化遗产的认识远远不够,我们忽视了太多的真正有价值的东西。

八、富县桦沟口秦直道能保存下来,有赖于各方面的努力,请谈谈这一情况

2009年3月,年刚刚过完,天还非常冷,陕北就打来了电话,说一段秦直道有被彻底毁掉的危险。当时省文物局把任务下到我们院里,我是国家文物局大遗址保护项目秦直道课题组的组长,又是秦直道考古队的领队,院里就委托我去。

当时面临的是什么情况呢?建设单位正在修建青(岛)兰(州)高速,路已经修到桦沟口秦直道的跟前,高速路两面夹击,东西两面离秦直道就剩下三四十米了,施工单位的推土机马上就要把这段秦直道全部推掉。当时的富县文物旅游局局长陈兰女士反复给他们说,这段秦直道非常重要,是全国重点文物保护单位,当时还没有进行考古发掘,但是根据调查资料,这一带很可能是秦直道上重要的一段。但是给施工方说不通,推土机马上就要推了。最后陈兰没有办法,就带着博物馆的人和当地的文物保护员,给他们说,如果推土机还要上,她就带着大家躺在推土机面前,你们要推就从我们身上过去,这才暂时把施工方挡住了。与此同时,她一天几个电话给省文物局打,给我们研究院打,我们就是在这种情况下

赶到了现场。

发掘不到一个星期，秦汉时期的车辙、路面就出现了，但是施工方不了解这些情况，他们认为，你们只要挖完了，我们就可以推掉了。所以，好几辆大型推土机就在考古工地前三四十米虎视眈眈地等着。他们天天派人到工地来看。每天见到我们只有一句话："你们什么时候挖完？"发掘出来的现象越来越多，从开始的一条车辙，两条车辙，最后发现了十三条车辙，发现了直道路边的建筑遗址，发现了车辙上妇女和儿童的脚印，发现了佐证路面年代的铜箭头和"大泉五十"钱币，发现了打破直道路面的弃埋坑。最后我们断定，这里是秦直道上一个规格很高的关卡性质的遗址。这个遗址太重要了，不能被建设方毁掉。我们把这个意思反复给他们讲，但是，他们只是建设方的一个承包方，他们讲他们的原则。他们认为，承包就是干活拿钱。最后我们给建设方，就是陕西省交通厅反复做工作，我当时说的最多的一句话就是：你们是负责修高速路的，中国的高速路有几十条，甚至上百条，但是我们挖出来的是中国第一条高速公路，是今天高速公路的爷爷，这个爷爷全中国只有一个，你们修的这条高速路，是孙子的孙子，现在碰上了，你说是爷爷给孙子让路，还是孙子给爷爷让路。反复给他们讲这个道理。

当时来考古工地的专家很多，不少是中国考古界和历史学界资深的第一流专家，像国家文物局专家组成员叶学明先生、中国国家博物馆的信立祥先生、中国秦汉史研究会的会长王子今先生、北京大学的赵化成教授、中国考古学会常务理事焦南峰先生等。考察过考古工地以后，这些先生也在各种媒体上，包括在中央电视台，呼吁保存这段秦直道和关卡遗址。最后，事情出现了转机，陕西省交通厅的总工，也是一位老先生，他来现场看过以后，就给建设方的人说，在这个问题上，咱们要听考古专家的意见，不要让人家说咱们这些搞工程的人没有文化。这是他的原话。后来，经过他在省上争取，终于争取到了追加一个亿，将这段高速公路改线，使这段秦直道永远地保存了下来。

录音整理：2015年1月28日

第六章 秦直道考古大事记

1987 年

12 月，与姬乃军等考察志丹、安塞秦直道。

1990 年

8 月 2—10 日，与王子今、焦南峰、周苏平步行调查秦直道，自起点淳化秦林光宫始，经石门关、马栏、刘家店、调令关至转角。

2002 年

7 月 15—22 日，与张铭洽自陕西淳化至内蒙古东胜调查秦直道。

2006 年

7 月，国家文物局大遗址保护项目秦直道遗址考古调查立项，陕西省考古研究所秦直道考古队成立，张在明任领队。

11 月 30 日—12 月 7 日，秦直道首次发掘，与刘彦博、王永亮、李春阳、王有为、郭周虎等在富县车路梁挖 2 个探沟。

12 月 12—29 日，在考古所基地整理富县车路梁段秦直道发掘资料。

2007 年

4 月 9 日—5 月 6 日，与张占民、李增社、王有为等发掘富县车路梁直道。其间，与陈兰、王永亮、李春阳调查马莲沟梁直道，与王沛、袁继民、王永亮、李春阳、王有为调查桦树沟梁、大麦秸沟梁直道。叶学明先生来工地指导。

2008 年

7 月 3—4 日，与张占民、刘彦博、张永超调查旬邑石门关直道。

7 月 24—26 日，与张占民、王甦川调查旬邑石门关直道。

8 月 2—7 日，与日本学者黄晓芬、宇野隆夫、臼井正调查淳化、旬邑、甘肃合水、富县、志丹、甘泉直道。

11 月 28—30 日，与刘彦博、陈小琴调查黄陵、甘肃宁县直道。

12 月 18—23 日，黄陵直道首次发掘，与李满仓开南桂花探沟，钻探，发现大型填方路段。

2009 年

1 月 13—16 日，与王甦川、王莉娜调查黄陵、甘肃合水子午岭直道。

3 月 2 日—5 月 23 日，与罗新、姜家乃等发掘富县桦沟口秦直道。其间，叶学明、信立祥、王子今、赵化成、焦南峰等来工地指导。日本古代交通研究会会长木下良等人来工地观摩。次年，该项目被评为 2009 年度全国十大考古新发现。

6 月 9—12 日，与姜家乃、肖健一考察黄陵、甘肃合水直道。

2010 年

6月25—29日，受邀赴日本东京参加日本古代交通研究会年会，发表"陕西省富县秦直道遗址发掘"的演讲。

7月13—15日，为黄陵直道考古打前站，有李增社、姜家乃、范培松。

7月21日—10月19日，与李增社、姜家乃、王谦等发掘黄陵兴隆关周边秦直道及烽燧，发见直道四叠层。

10月19—31日，与姜家乃发掘甘泉直道，发见直道上的交通转盘，确定了直道下山过洛河的线路。

11月15—16日，与李增社、姜家乃、范培松去黄陵工地验收回填的探方、探沟。

2011 年

9月7—10日，与日本学者黄晓芬及王沛、袁继民、谢妮娅、姜家乃、黄嘉清等调查安塞红花园、甘泉方家河、黄陵、甘肃宁县直道。

10月18—19日，应徐伊丽邀，与范培松赴富县车路梁考察、介绍直道。

12月15—19日，与姜家乃去黄陵、甘肃宁县、调令关、转角调查直道。

2012 年

3月17—20日，与日本学者黄晓芬、姜家乃调查桂花园、宁县、正宁、转角、调令关直道。

7月17—22日，与姜家乃、喻鹏涛、颜泽余发掘黄陵五里墩南直道，钻探黄陵艾蒿店、旬邑调令关、石门关、刘家店直道。

2013 年

8月12—15日，与北京、南京、四川、广东、甘肃和陕西十余位专家考察秦直道，自起点淳化林光宫始，经石门关、刘家店、调令关、五里墩、南桂花、兴隆关、午亭子、甘泉方家河，至富县车路梁。

2014 年

9月16日，与范培松、田静、徐卫民、侯海英等赴淳化林光宫秦直道起点，参加"善行天下"步行秦直道启动仪式，见史军、刘敬伟、徐伊丽等。其后数十天，与直道沿线的好友、同人保持联系，关注其行程。

2015 年

8月13日，陪同刘庆柱、曹发展、赵丛仓、刘瑞诸先生赴富县车路梁直道，交流历次考古发掘情况。

（文中提及的诸位先进、同人、好友，均未署单位、职衔，祈谅。）

第七章 秦直道考古资料索引

说　明

　　该索引由喻鹏涛整理，搜集了作者考古发掘调查的相关著作、论文以及相关的年鉴、新闻报道。

一、考古发掘调查著作（综合）、论文

［1］张在明主编：《中国文物地图集·陕西分册》，西安地图出版社1998年版。

［2］国家文物局秦直道研究课题组、旬邑县博物馆：《旬邑县秦直道遗址考察报告》，载《文博》2006年第3期。

［3］张在明：《陕西富县秦直道考古取得突破性成果》，载《中国文物报》2010年1月1日第4版。

［4］张在明、李增社、姜家乃、王谦、刘彦博：《2+2=4：秦直道发现道路四叠层与东西线之争——2010年秦直道考古收获之一》，载《中国文物报》2011年8月12日第4版。

［5］陕西省考古研究院：《2010年陕西省考古研究院考古调查发掘新收获》，载《考古与文物》2011年第2期。

［6］张在明：《秦长城与直道的构建》，见香港历史博物馆：《一统天下：秦始皇帝的永恒国度——国际学术研讨会论文集》，2012年版。

［7］张在明：《中国陕西省富县秦直道遗迹发掘》，见铃木靖民、荒木秀规编：《古代东方道路与交通》，2011年版。

［8］黄晓芬、张在明：《秦直道研究》，载《日本考古学》2011年第5期。

二、年鉴

［1］张在明：《秦直道遗址》，见《中国考古学年鉴 2007》，文物出版社2008年版。

［2］张在明、张占民、李增社：《黄陵县秦直道遗址调查》，见《中国考古学年鉴 2009》，文物出版社2010年版。

［3］米春改主编：《2009年中国考古十大发现》，见《中华人民共和国年鉴 2010》，中华人民共和国年鉴社2010年版。

［4］吴晓丛主编：《主动性考古调查和发掘工作 秦直道遗址调查》，见《陕西文物年鉴 2011》，陕西人民出版社2012年版。

［5］吴晓丛主编：《附录：2010年陕西文物工作热点要闻——本年度最为社会关注的10件大事》，见《陕西文物年鉴 2011》，陕西人民出版社2012

年版。

［6］肖健一、张在明：《秦直道遗址》，见《中国考古学年鉴 2011》，文物出版社2012年版。

三、新闻报道

［1］张永超、王雯羨：《旬邑发现秦汉宫殿遗址》，载《西安晚报》2006年2月16日。

［2］冯国：《秦直道标准化可比"二级公路"》，载《新华每日电讯》2007年1月11日。

［3］郭青：《秦直道首次被发掘取得重要收获》，载《陕西日报》2007年1月16日。

［4］武国荣：《秦直道》，载《人民日报》（海外版）2008年1月24日。

［5］杜洁芳：《博物馆让"秦直道"重现昔日辉煌》，载《中国文化报》2008年6月22日。

［6］李胜：《秦直道：横贯千古的华夏文明》，载《中国文化报》2008年7月14日。

［7］王薇：《奏响秦直道文化品牌工程最强音》，载《中国文化报》2008年7月25日。

［8］王卫平、康正、柳青青：《富县境内秦直道发掘取得重大发现——2200年前车辙现身秦直道》，载《华商报》2009年3月19日。

［9］石志勇：《延安发现秦直道车辙》，载《新华每日电讯》2009年3月19日。

［10］张春鸽：《富县秦直道考古又有新发现——专家建议加大保护力度》，载《延安日报》2009年4月8日。

［11］张玲玲：《秦直道研究和保护有很大空间——访中国人民大学国学院教授、中国秦汉史研究会会长王子今》，载《陕西日报》2009年4月20日。

［12］张玲玲：《700公里秦直道 呼唤秦地有座博物馆》，载《陕西日报》

2009年4月20日。

［13］文艳：《秦直道沿用至西汉末年》，载《西安日报》2009年4月28日。

［14］郭青、刘彦博：《秦直道考古发掘取得重大发现》，载《陕西日报》2009年5月3日。

［15］康正：《谁在两千年前留下脚印？》，载《华商报》2009年5月23日。

［16］董晓、贾琛璐：《发掘2000年前军用高速公路——秦直道发现当年妇孺脚印》，载《大公报》（香港）2009年5月25日。

［17］何勇：《秦直道：两千多年前"高速公路"今安在》，载《人民日报》（海外版）2009年7月14日。

［18］孔祥金：《我国两千年前的高速公路——秦直道》，载《公路隧道》2009年第1期。

［19］中新：《陕西首次发掘秦直道盘山道》，载《西安晚报》2010年2月20日。

［20］张在明：《陕西富县秦直道遗址》，载《中国文物报》2010年6月11日。

［21］童明康：《现代高速公路为古代高速公路让道——陕西富县秦直道遗址》，载《中国文物报》2010年6月11日。

［22］苏雁、李韵：《十大考古发现献给"文化遗产日"》，载《光明日报》2010年6月12日。

［23］王宜墨：《增加投入一亿元青兰高速绕过秦直道》，载《华商报》2010年6月12日。

［24］周艳涛、宫志芳：《2009年度全国十大考古新发现揭晓 我省两考古项目上榜》，载《华商报》2010年6月12日。

［25］吕华：《十大考古新发现 陕西占两项》，载《西安晚报》2010年6月12日。

［26］傅春荣：《秦直道：一个被遗忘的历史奇迹》，载《中华工商时报》2010年10月28日。

［27］周艳涛：《两千年前"古代高速路"秦直道发现"大转盘"》，载《华

商报》2011年2月18日。

[28]吕华:《陕西发现2000年前交通环岛》,载《西安晚报》2011年2月18日。

[29]文艳:《秦直道考古总计调查路线150公里 采集文物标本100余件——中国最早交通转盘现身》,载《西安晚报》2011年2月18日。

[30]吕华:《秦直道发现多处二千年前交通环岛》,载《西部时报》2011年2月22日。

[31]《考古证实秦直道经人为破坏废弃》,载《三秦都市报》2011年8月18日。

[32]陈黎、张琼雨:《秦直道东线说获肯定——世界最早高速路系人为毁弃》,载《西安晚报》2011年8月18日。

[33]周艳涛:《秦直道"东西线"之谜破解》,载《华商报》2011年8月18日。

[34]冯国:《秦直道曾"改线"为民族融合之路》,载《西部时报》2011年9月6日。

附录

说　　明

自南向北，以区、县为序，区、县内各遗址照片按遗址自南向北排列。

秦直道调查照片（118张）

1. 淳化（4张）

林光宫北　冲成深沟的直道　北—南

林光官北　冲成深沟的直道　南—北

林光官北直道　北—南

林光宫北直道 南—北

2. 旬邑（15 张）

石门关

石门关东峰

石门关西峰

附 录

石门关西峰

石门关下直道 东—西

石门关南直道 南—北

石门关北直道 南—北

石门关行宫遗址

石门关行宫遗址 瓦砾堆积

石门关行宫遗址　瓦砾堆积

石门关行宫遗址　础石

两女寨南直道　北—南

两女寨南直道　南—北

两女寨遗址远景 南—北

两女寨遗址 南—北

3. 黄陵（23张）

老芦堡直道　北—南

南桂花填方直道　东—西

南桂花填方直道　东—西

南桂花填方直道　北—南

南桂花填方直道 北—南

窑庄山直道及探沟 北—南

兴隆关直道　东—西

兴隆关直道　西—东

兴隆关东直道　西—东

兴隆关东直道地层剖面

蚰蜒岭花家坡

花家坡直道　东—西

花家坡直道 东—西

椿树园古道路 北—南

兔儿崾岘古道路及探沟　北—南

兔儿崾岘古道路及探沟　南—北

七里店古道路　南—北

七里店古道路及探沟　南—北

七里店古道路及探沟　北—南

七里店古道路及探沟　东—西

午亭子南古道路　北—南

午亭子南古道路　南—北

午亭子

4. 富县（31张）

椿树庄直道　南—北

椿树庄直道　南—北

桦沟梁直道　北—南

桦沟梁直道　北—南

桦沟梁直道　南—北

桦沟梁直道哑口　南—北

桦沟梁直道垭口　北—南

改线后的桦沟口高速路 北—南

坡根底上山直道 西—东

附 录

车路梁直道 北—南

车路梁直道与探沟 北—南

车路梁直道 北—南

车路梁直道 南—北

附 录

车路梁直道　南—北

车路梁直道　北—南

车路梁直道　南—北

车路梁直道与探沟　南—北

车路梁之夏

车路梁之夏

雪中车路梁

马莲沟梁直道　北—南

马莲沟梁直道　南—北

马莲沟梁直道　南—北

马莲沟梁直道　南—北

马莲沟梁直道　南—北

马莲沟梁直道垭口　北—南

墩梁直道与行宫遗址　北—南

墩梁直道与行宫遗址　南—北

墩梁行宫遗址远景　南—北

附 录

墩梁行宫遗址　南—北

行宫遗址的夯土台基

5. 甘泉（24张）

洛河南段直道　北—南

洛河南段直道　北—南

洛河南段直道　北—南

洛河南段直道　北—南

洛河南段直道　北—南

洛河南段直道　北—南

圣马桥直道的交通转盘　北—南

圣马桥直道夯土护坡与探沟　南—北

骡嘴沟直道与夯土护坡　南—北

骡嘴沟直道夯土护坡　北—南

骡嘴沟直道的堑山路面 南—北

骡嘴沟直道的堑山面

骡嘴沟直道的堑山凿痕

骡嘴沟直道 南—北

骡嘴沟直道 南—北

骡嘴沟直道 北—南

骡嘴沟直道凿孔遗迹

骡嘴沟直道凿孔遗迹

骡嘴沟直道凿孔遗迹

骡嘴沟直道凿孔遗迹

老窑湾直道　北—南

老窑湾直道的标志牌

榆树沟直道　南—北

榆树沟直道　南—北

6. 志丹（9张）

柏树畔直道　南—北

柏树畔直道　南—北

附 录

任窑行宫遗址与直道　南—北

任窑行宫遗址的大型夯土台基

任窑行宫遗址的夯土台基

古为今用的夯土台基

附 录

古为今用的夯土台基

行宫夯土台基与日本学者

任窑行宫遗址的秦汉瓦片

7. 安塞（4张）

杀人崾崄直道垭口　北—南

附 录

红花园行宫遗址与直道　北—南

红花园行宫遗址

鸦行山直道垭口　南—北

8. 内蒙古自治区（3张）

城梁直道　北—南

城梁直道豁口远景　北—南

秦直道博物馆

9. 甘肃合水（5张）

午亭子北古道路　南—北

马莲崾岘古道路　南—北

马莲崾岘古道路　南—北

涧水坡岭古道路　南—北

涧水坡岭古道路　南—北

附 录

秦直道考古工作照片(56张)

2006　富县车路梁直道发掘

2006　富县车路梁直道发掘

2006　富县车路梁直道发掘

2006　富县车路梁直道发掘

2006年 记录烽燧

2006年 调查羌村

2007年　富县马莲沟梁直道调查

2007年　叶学明先生在富县车路梁

2007年　叶学明先生在富县车路梁

2007年　叶学明先生在富县车路梁

2007年　叶学明先生在富县大麦秸沟

2007年　富县大麦秸沟梁直道调查

2007年 富县大麦秸沟梁直道调查

2007年 车路梁直道现场讲课

2007年　车路梁直道现场讲课

2007年　车路梁直道现场讲课

2007年　富县车路梁直道发掘

2007年　董一俊、薛东兴先生来车路梁

2008年　与日本学者调查富县桦沟梁直道

2008年　与日本学者调查甘泉骡嘴沟直道

2008 年 黄陵蚰蜒岭直道调查

2008 年 蚰蜒岭上问老农

2008年　黄陵南桂花直道发掘

2008年　南桂花：废弃窑洞的午餐

2008年 黄陵南桂花直道发掘

2008年 黄陵南桂花直道发掘

2008年 黄陵南桂花直道发掘

2009年 合水午亭子探路

2009年 再访合水马莲嶤岘

2009年 焦南峰先生在富县桦沟口

2009年　叶学明、张建林先生在富县桦沟口

2009年　叶学明先生在富县桦沟口

附 录

2009年 富县桦沟口直道发掘

2009年 信立祥先生在富县桦沟口

443

2009年　信立祥先生在富县车路梁

2009年　富县桦沟口被采访

2010年 黄陵老芦堡直道调查小歇

2010年 黄陵北桂花问老农

2010年　黄陵蚰蜒岭直道发掘

2010年　黄陵蚰蜒岭直道发掘

2010年　黄陵南桂花发掘烽燧

2010年　黄陵兴隆关直道调查

2010年　张仲立先生来黄陵桂花园考古队

2010年　中山大学学者与马明志先生来黄陵南桂花

2010年 黄陵七里店发掘

2010年 黄陵七里店发掘

2010年　黄陵兔儿崾岘发掘

2010年　黄陵兔儿崾岘发掘

2011年　安塞红花园行宫遗址调查

2011年　安塞红花园行宫遗址调查

2011年 安塞红花园行宫遗址调查

2011年 甘泉骡嘴沟直道调查

2011年 甘泉骡嘴沟直道调查

2011年 黄陵老芦堡直道调查

2011年 富县车路梁被采访

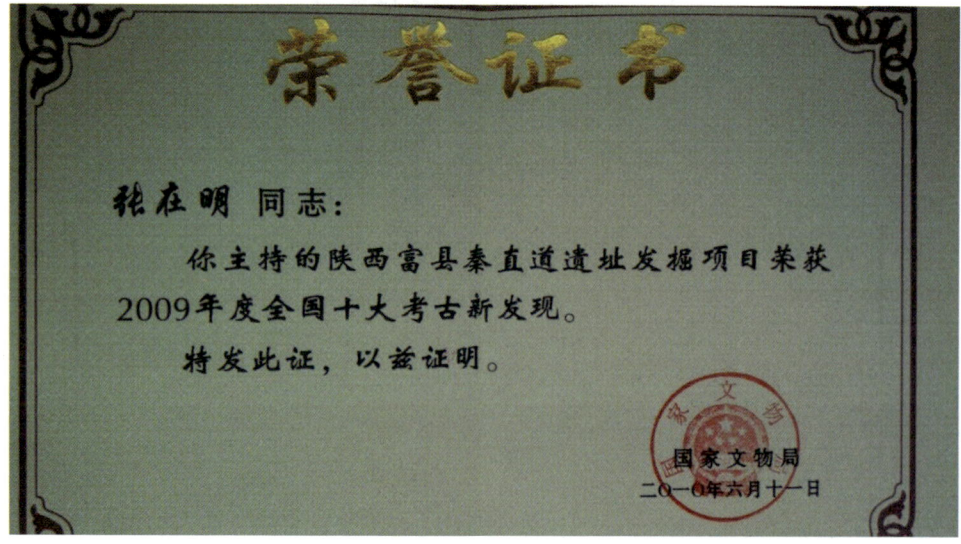

全国十大考古新发现证书

秦直道景色(14 张)

秦直道风景

秦直道风景

岭壑无语——秦直道考古纪实

秦直道风景

秦直道风景

秦直道风景

秦直道风景

秦直道风景

附 录

秦直道风景

秦直道风景

秦直道风景

秦直道风景

秦直道风景

秦直道风景

秦直道风景

后 记

如果仔细地看完这本书,你会说,秦直道考古前后矛盾很多,前面的许多判断,后来都改了。没错,这就是我想说的。

有一个古代笑话:一个人吃饼,吃了一个没饱,又吃了一个还没饱,连吃了七个,饱了。埋单的时候他说,早知道这样,就应该一开始就吃第七个饼。

头几年的秦直道考古,就是前边那六个饼。

20世纪80年代,出版了一本《近代著名中医误诊挽治百案析》,书中广集了数十位近代(包括少数清代)名医大家的上百例误诊挽治的医案,在社会上引起不小的轰动。当时心里想,这本书可以不朽,为什么?因为它写了这些名医大家的失误,说了实话。

说自己的错和失误,比说自己的正确和伟大更有价值,人应该有这样的眼光和境界,特别是手里有权的人。

回望历史,某一个行业,否定、批判越多,这个行业发展得就越快。一个行业老说伟光正,不能批评,这个行业一定落后。

从大历史看,那能让人吃饱的最后一张饼,永远也没有。

书中凡未署名的文字,作者都是敝人;照片的拍照者,除过敝人,还有王沛、姜家乃、王永亮、刘彦博、陈兰、王有为、范建国、黄嘉清、黄晓芬、谢妮娅、范培松等,不再一一注明。

最后的感谢,是自1987年至2013年,和我一起跑直道、发掘直道的人,名单很长,全部记在第六章"秦直道考古大事记"里。

再最后,是感谢老朋友芦苇和老同学张毅,原因我们三个知道。

张在明

2015年2月13日于海南琼海